創造か死か

ラテンアメリカに希望を生む革新の5つの鍵

¡CREAR O MORIR!

La esperanza de Latinoamérica
y las cinco claves de la *INNOVACIÓN*

アンドレス・オッペンハイマー
渡邉尚人 訳

明石書店

目次

謝辞

ロメロ・ブリットに特に感謝したい。彼は、世界でもっとも成功した芸術家のひとりであり、アイデアを示唆し、本書の表紙のためにアルベルト・アインシュタインの像を個人的にデザインした〔訳注：邦訳では使用していない〕。「革新、創造性、天才に関する本の挿絵には、アインシュタインの顔以上に良いものはないのです」と彼は言った。ブリット自身が成功したクリエーターであり起業家の生きた事例であり、「創造か死か」の一章に値するものであった。貧困の中に生まれ、一二人の子を持つ未婚の母の息子であり、そのうち三人が生まれて直ぐに亡くなっている。ブリットは、二二歳の時にマイアミに転居し、ココナッツ・グローブの街角で明るい生命力あふれる絵画を売り始めた。間もなく、コマーシャル・センターのアート・ギャラリーに絵画を並べ始めた。アブソリュート・ウォッカのラベルのコンクールで彼のデッサンの一つが選ばれてから、彼のキャリアは急上昇するまでになった。そこから先は、彼のデザインがミニ・クーパー、アウディ、スウォッチ、モバード、ウブロのようなブランドにより購入された。そして、彼の絵や彫刻、大量生産の彩色された物体——一部は、約一〇〇人を雇用するマイアミの工房で作られている——は、いくつかの見積もりによれば、年間八〇〇〇万ドルの勘定となる。ブリットに成功の秘訣は何かと質問した時、彼は、自然発生的に生まれてきたと述べた。「私は、きれいなものに囲まれるのが好きなのです。それは私を気分良くさせます。そして、私のしたことは、人々を気分良くさせる物事の全世界的な言語を創造することでした」と説明した。

　本書は、メキシコにあるペンギン・ランダムハウスの編集長、クリストバル・ペラの助力により大きな恩恵を受けた。彼は、原文を良くするために大変貴重な示唆を与えてくれた。ペラは、全ての作家が自分の本のために欲しいと思うような贅沢な編集長であり、並はずれた熱心さを持ち、いつもそれが何であれ手助けする準備ができており、足りない段落や余分な頁、改善できる概念等を探知する鋭い目を持っている。もうひとり、四六時中私に寄り添い、科学技術の世界のガイドとして尽くしてくれたのが私の妻であった。サンドラ・バックマンにこの本を捧げる。マイアミ大学神経学部の生物科学研究博士であるサンドラは、本書のために私がインタビューした多くの科学者が私に説明しようとしたことの理解――いくつかは他に比べてより幸運にも理解できた――を手助けしてくれた。最後に、『マイアミ・ヘラルド』紙の編集者ジョン・イヤーウッドにいつもの感謝を表したい。彼の助言は、常に私の文章を良くしてくれる。CNNスペイン語放送の幹部、シンシア・ハドソンとエドゥアルド・スアレスに感謝する。彼らは、本書で紹介する多くの革新家にインタビューするために、テレビ・スタジオを提供し支援してくれた。私の弁護士トマス・オッペンハイマー、彼はマイアミで最良の弁護士のひとりである。ICMの私の代理人であるクリス・ダール、私の同僚であるCNNとテレビ討論会の「オッペンハイマー紹介」の新聞プロデューサー、イスマエル・トレビーニョ、アナマリア・ムチニック、アンゲリーナ・ペラルタ、ベティーナ・チョウイ、そして、私の良き友人たちのエゼキエル・ストラール、最後に、本書を執筆するための調査の間、良いアイデアを探求するよう――そして他を捨てるよう――私を励ましてくれた多くの人々に感謝したい。

序文

アップル社創始者のスティーブ・ジョブズが亡くなった時、私は、今日まで自分自身に考え続けさせるコラムを書いた。その論説の中で、私は、私たちのラテンアメリカ諸国の政治アジェンダで中心となるべき、次のような一連の質問を提起していた。なぜ、アップル社創始者と同等かそれ以上の才能のある人がいるメキシコやアルゼンチン、コロンビアや中南米のいずれの国でも、あるいはスペインでも、スティーブ・ジョブズが生まれないのか？　マイクロソフト社創始者ビル・ゲイツやフェイスブック社創始者マーク・ザッカーバーグ等と同様、何がジョブズを米国で成功させたのか？　そしてなぜ、世界のその他の地域の数千の才能ある人々は、彼らの国々でそれを行うことができないのだろうか？

これらが、私たちの国々の政治的分析の中心にあるべき基本的質問である。なぜなら、私たちは、より発展する――そして貧困をより削減する――国々が、技術革新を生む国々であるという知識世界経済の中で暮らしているからである。今日では、国の繁栄は、ますますその天然資源には依存せず、ますますその教育システム、科学者、革新者たちに依存しているのである。より成功を収めている国々は、石油や水資源を持ち、銅や大豆を産する国々ではなく、最良の頭脳を開発し、最大の付加価値製品を輸出する国々である。成功したコンピューター・プログラム、新薬あるいは新しい衣服のデザインが、数トンの原料よりも価値があるのである。

この稿を執筆している時点で、アップル社のような企業がアルゼンチンの全総生産よりも二〇％以上も価値があり、ベネズエラの国民総生産の二倍以上であることは偶然ではない。そして、ルクセンブルグやシンガポールのようなひとり当たり国民所得において世界のもっとも富裕な国々の多くが天然資源を持っておらず——後者の場合、最近の取材旅行で観察できたように水まで輸入しなければならない国である——、他方で石油や天然資源の豊富なベネズエラやナイジェリアのような国々には、ひどい貧困がはびこっているのである。

そこで、大きな質問は、私たちの国々がひとりのあるいは数千のスティーブ・ジョブズをいかにつくるかということである。私の以前の著書で、特に『ラテンアメリカの教育戦略』の中で、教育の質が知識経済の鍵であると私は指摘した。そして、この前提は、引き続き正しいのである。ゲイツがインタビューにおいて私に指摘したように、もし、彼が情報世界への好奇心を掻き立てた最新世代のコンピューターのある中学校の素晴らしい教育を受けていなければ、マイクロソフトを創始し、コンピューターで世界に革命を起こすことは決してできなかったであろう。そして、もう一つのインタビューでゲイツが指摘したように、数年後に、彼は、早めに学校をやめたことを自慢するどころか、ハーバード大学中退を常に嘆いているのであった。

「確かなことは、マイクロソフトの好機を活用するためには、迅速に行動する必要があるとの結論に達したため、大学を辞めなければなりませんでした。しかし既に三年間の学士課程を終えていて、もし、私の中学校での大学単位を賢く活用していたらよかったのにと思います。ですから、私は典型的な中途退学者ではないのです」[1]

しかし、革新を促進するような環境を持たない良き教育が、驚くほどの一般教養を持つものの個人的なまたは国内的な富を少ししか持たない多くのタクシー運転手をつくり出すのも確かなことである。ジョブズやゲイツ、ザッカーバーグやその他の多くの者たちの場合で明白なように、創造的な頭脳を刺激するためには、良い教育の他にその他の要因が必要なのである。しかし、それは何なのだろうか？

この質問への答えを探すために私は本書を執筆するに至った。

研究調査を始める前に、私は多くのありうべき答えを探し出した。そのうちの一つは、過度の国家の介入は創造的文化を窒息させるということであった。二〇一一年一〇月に、ジョブズについての私の論説を発表した数時間後、私はスペイン人愛読者のツイッターのメッセージを受け取った。それは、こう説明していた。「スペインでは、ジョブズは何もできなかったでしょう。なぜなら自宅のガレージで起業することは不法で、誰も出資しなかったでしょうから」。このメッセージの意味するところは、私たちの国々の革新への最初の障害は、国家の過度の規制と才能ある計画に融資するためのリスク資本の不足である。これにはいくらかの正しさはあるが、説明が不十分である。ジョブズがスペインやラテンアメリカの多くの国々で起業するためには、非常に忍耐強く、そして幸運であることが必要だったであろうことは確かである。世界銀行の調査が示すところでは、アルゼンチンでは企業――ガレージでの自家製の仕事場であっても――を開設するのに一四の法的手続きが必要で、ブラジルでは一三、ベネズエラでは一七必要であるが、米国及び先進国の大多数の国々では、必要な手続きは、わずか六つである。[2] しかしながら、メキシコやチリのような多くの国々では、ここ数年で、官僚的な障害をかなり削減し、企業を開設するために、現在では米国と同様の手続きだけ要請するようになった。もし、生産的創造力にとっての主要な障害が国家の官僚主義であれば、メキシコやチリは、既にジョブズ並みの世界的な起業家を生んでいるべきである。

もう一つの政治領域の極端な説明は、より多くの国家的介入が必要というものである。この説明によれば、私たちの政府が科学産業パークにより多く投資していないゆえに、私たちの国々がより多くの革新者を産み出していないというものである。最近の数年でラテンアメリカの多くの大統領たちが、華やかに科学技術パークをオープンしたが、それは、彼らが確言するところでは、国家を世界レベルの偉大な研究センターに変えるであろうということである。既に、ブラジルにはこうした科学技術パークが二二あり、メキシコには二一、アルゼンチンには五、コロンビア五、その他の国々でも多く建設中のものがある。この全てが、企業や大学、政府に物理的に近くにあることで、知識移転や革新を容易にするという一九五〇年代に米国や英国で生まれた前提の下に創設されているのである。しかし、最近の研究によれば、これらの科学技術パークは、不動産プロジェクトであり――開所式を行う大統領の政治的利益以外は――、革新の分野では、少ししか成果を生んでいないのである。米州開発銀行（IBD）の最近の報告書は、「ラテンアメリカでは、科学技術パークの政策がその目的を達成するにはほど遠い」と結論づけている[3]。

最後に、私たちの国々には、なぜジョブズ並みの世界的革新リーダーが現れないのかについてのより広く知られる別の説明は、文化の違いによるというものである。この説明では、例えばヒスパニック文化は、垂直性、服従、異文化に対する忍耐のなさという長い伝統を有し、それが創造性を制限するというのである。この文化決定論も、それほど私を納得させるものではなかった。もし、垂直性や服従が問題であれば、韓国――全ラテンアメリカとカリブ諸国の一〇倍もの新発明の特許を生み出すアジアの小国――は、スペイン語を話すどの国よりも革新を生み出す頻度は低いはずである。

ジョブズに関する『マイアミ・ヘラルド』紙の論説で、私は別の説明に賛同した。そしてその説明を引いて、私たちの国々でジョブズが現れない主要な要因は、私たちが、失敗を許さない社会的、そして法的な文化を持っていることにある。偉大な創造者たちは、勝利する前に何度も失敗していると私は書いたが、そのためには、失敗を許す社会が必要である。

ジョブズは、五六歳で亡くなったが、二〇歳の時、自宅のガレージでアップル社を共同設立した。しかし、一〇年後、三〇歳足らずでアップル社内の権力闘争に負けた後、同社から解雇された。彼の不運への転落は、世界中の主要紙の表紙を飾った。

私たちの多くの国々なら、ジョブズのキャリアはそこで終わっていたであろう。企業コミュニティの反応は、「不運だった」「彼の時は過ぎてしまった」「終わった」、あるいは単に「去ってしまった」というものであった。しかし、シリコンバレーでは、アップル社解雇の後、ジョブズは、彼がのちに彼の人生でもっとも創造的であったと述懐した時期を始動させるのである。新会社を創設し、それに融資する新しい投資家たちを得た。シリコンバレーの革新文化の中では、失敗は大多数の成功者が耐え忍ぶべき仕事上の経験なのである。ジョブズは直ぐに再起した。同じことがスペインやラテンアメリカで起こったであろうか？　ジョブズのように、自分の経歴の中で繰り返し災難に遭った者が、私たちの国々で、再起し、成功することができたであろうか？

この章を書いた後、創造的な人々や革新的文化をもたらすものは何かを探る目的で、地球上でもっとも創造的な頭脳を持つ幾人かにインタビューするため、カリフォルニアのシリコンバレーにあるパロアルトや、多くの国々に取材旅行をした。この取材旅行の目的を言い換えれば、いかにして個人や国のレベルで自分たちをより創造的なものに変えるか、いかにして自分たちのアイデアを、より良く生きることを支援するような経済的に利益のあるプロジェクトに変えるのかについて探る、ということである。この取材旅行とインタビューにおいて、私は、驚くほど有益な答えのいくつかに出合った。後進性の宣告を受けるのとは逆に、私たちは、自分たちの才能を——後で見るように、私たちは才能を持っているのである——、創造性の推進のために活用できるのである。革新は民主化されつつあり、ますます私たちの射程に近づいているのである。

続くページを通して、世界のもっとも傑出したいくつかの革新についての報告から私が学んだことを読者と共有することとしたい。

【注】

1　ルイサ・クロール「ビル・ゲイツは、大学格付けには何か意地の悪いものがあると述べた」『フォーブス』誌、二〇一三年一月三一日。

2　「Doing Business 二〇一三」世銀及び国際融資コーポレーション、二〇一三年。

3　アンドレス・ロドリゲス＝ポセ「ラテンアメリカの科学技術パーク——現状の分析」米州開発銀行、二〇一二年六月、一九頁。

第一章　来るべき世界

●私たちは根本的な変革の時期に入りつつある

カリフォルニア州パロアルト。本書の執筆を始めた時、私が訪問した最初の場所は、カリフォルニアのシリコンバレーであった。そこは、議論の余地なく、世界レベルの革新の中心地であり、グーグル社、アップル社、フェイスブック社、イーベイ社、インテル社、そして数千の先端技術会社の本部があった。私は、シリコンバレーの成功の秘密が何なのか、そして、他の国がそれと競い合うために何ができるかを調べたかったのである。頭の中には一〇〇〇の質問を用意していた。

サンフランシスコの周辺、カリフォルニアの北部地域に世界的な革新企業が驚くばかりに集中している要因は何か？　米国政府が、技術開発の拠点としてその地域を指定し、そこに企業を開設するように多大な便宜を科学技術企業に供与しているのだろうか？　あるいは科学技術企業が防衛産業との契約に惹かれたのか、世界の科学技術研究で最良の大学であるスタンフォード大学に近いからなのか？

サンフランシスコ空港で車をレンタルした後、私が最初に立ち寄ったのは、技術革新に関する主要な研究センターの一つであるシンギュラリティ大学であった。私はそこで、デューク大学とエモリー大学の教授で、同大学の革新担当、研究副学長であるビベック・ワドワと会う約束があった。彼は、『ウォール・ストリート・ジャーナル』紙と『ワシントン・ポスト』紙に定期的に執筆する革新の導師である。ワドワは、その週に開催される世界中の企業家たちが参集するセミナーに参加し、ロボット工学、ナノテクノロジー、宇宙研究、サイバー医学、その他の先端分野の最新研究に関する種々の講演を聴くよう私に勧めていた。

しかし、私の最大の関心事は、彼にインタビューすることであった。ワドワは、革新に関するテーマを研究した数少ない人であり、その他多くの米国人専門家とは違ったグローバルな視野を持っていた。

サンフランシスコ南部に向かって四五分ほど運転してシンギュラリティ大学に到着した時、最初に私の注意を引いたのは、その本部があまり印象的なものではなかったことである。ガラスの塔や超近代的な建物に出合うどころか、そこにあった大学は、――典型的な大学ではない。なぜなら学士号や修士号を与えるのではなく、企業家や優秀な起業家に講義を行うからである――何度か軍用バラックとして使われた古い建物であった。そこは一九四〇年代に建設されたNASAのアメス研究パークであり、一九五八年にNASAが移転したあと、現在はあらゆる種類の科学技術企業に貸与されている。ほとんどの建物は二階建ての軍用バラック倉庫で、どれも同色に塗られていた。そしてシンギュラリティ大学は、そのバラックの一つに過ぎず、芝生の上には大学であることを示す小さな標識があった。ワドワは、私を非常に温かく出迎え、静かに話せるよう会議室に案内した。彼は中年男性であり、周りのほぼ全ての人たちと同様に、ノーネクタイで襟もとのボタンをとめずに白いシャツを着ていた。ワドワが語ったところでは、彼はインドに生まれ、キャリア外交官だった父親の任地であるマレーシアやオーストラリア、その他多くの国々で育った。二三歳の時、父親が国連に異動となったのを機に、ワドワはニューヨークに引っ越し、そこでニューヨーク大学の企業経営修士を履修した。卒業後、コンピューター・プログラマーとして働きはじめ、仲間と一緒に多くの企業を立ち上げた。そのうちの一つは、設立後数年で一億一八〇〇万ドルで売却された。数十年後、心筋梗塞を患い、より平穏な暮らしを求めて、ワドワは革新に関する教育と研究に専念するようになった。

●秘密は「人々」

シリコンバレーの秘密は何かという私の質問に対し、彼は私が期待していたのとは非常に異なる回答をした。「それは人です。シリコンバレーの秘密は、政府や経済的インセンティブや科学技術パークなどとは全く関係ありません。それらは役に立たないお金の無駄です。秘密はここに集まる人々の種類なのです」。

私は、ワドワが何を言いたいのかよく分からないまま、何か信じられないように彼を見た。

次に私は、シリコンバレーと米国の他の場所の人々の違いは何なのか、と質問した。ワドワは、シリコンバレーには、民族的・文化的多様性、そして性的多様性までが受容される環境に惹かれて世界中からやってくる創造的な頭脳が特別に集積している、と答えた。シリコンバレーの住民のまさに五三％が外国人であり、彼らの多くが中国、インド、メキシコ、そして世界中からの若い工学士や科学者であり、そこでは自分たちのアイデアを発展させるための適当な環境を見つけているとワドワは説明した。「カリフォルニアの考え方、頭脳の開放、異なるものへの礼賛は、シリコンバレーの成功と大いに関係があるのです。そして、スタンフォード大学があることと研究開発における優秀性は、多くの技術企業がここにやってくることに疑いなく貢献しているのです」。

「しかし、第一の要因は人なのです」とワドワは力説した。「あなた自身でそれを確かめることができますよ。マウンテンビューの中心街のカストロ通りを歩いてごらんなさい、私が言っていることを目の当たりにすることでしょう。カフェには、ラップトップを抱え、スタートアップ・プロジェクトにどっぷりつかり、知り合いでもないのに周りのテーブルに向かってソフトウェアの問題解決に意見を求める若者たちであふれています。この若者たちはみんな第二のマーク・ザッカーバーグになりたいのです」。

インタビューが終わり、ワドワが言っていたことを自分たちの目で確かめようと、私たちはシンギュラリティ大学から車で五分のところにある小さな街のマウンテンビューに行った。中心街のカストロ通りには、中国、インド、ベトナム、メキシコ料理の店があり、鍼灸院や精進料理の市場、それに尋常でない数の本をそろえた書店が集まっていた。そこは興味深い現象である。米国の主要な書店チェーンが、出版社の危機と電子書籍の出現の犠牲となり、閉鎖されつつある時に、インターネットの発祥地であるシリコンバレーでは、書店が急増しているのである。カストロ通りの一画に、客で一杯の三つの大型書店――ブック・バイヤーズ、イースト・ウエスト、ブックインク――を見つけた。

近くにあるオリンパス・カフェでは、長髪や髪を結び、あるいはスキンヘッドの若者たちでほぼ全てのテーブルが埋まっていた。ワドワが私に忠告したように、ラップトップの上に身をかがめ、多くが耳にイヤホンを付け、開発しようとするソフトウェア・プログラムが一体どんなものになるかイメージしようと全力で集中していた。もし、彼らのうちの誰かが、ゲームを楽しんでいるとしたら、彼はうまくごまかしているのである。なぜなら、暇つぶしをしている者には、誰も無駄に視線を向けることはないからである。しかし、もっとも注目されるのは、人種や民族が混ざっていることである。実際にどのテーブルでも、米国人の若者が中国人、インド人、ラテン系、そして世界のその他の地域の若者たちと一緒にいる。そして通りを歩いているのは、異なる人種や民族のカップルばかりである。米国人男性と中国人女性、インド人男性とメキシコ人女性、中国人男性とインド人女性等々。ワドワが言っていた民族的・文化的・性的な多様性が、多文化都市のニューヨークやボストンで見慣れたものよりもはるかに多く、随所で見られた。

カストロ通りのカフェでコーヒーを飲みながら、私は、ワドワが述べたこと全てを消化しようとしていた。ここで見ていること聞いていることは、自らのシリコンバレーをつくろうとしている多くの国々にとって良いニュースではないかと考えないわけにはいかなかった。もし、革新の秘密が、資金あるいは経済的インセンティブ以上に人の才能にあるのであれば、創造性のニッチが開花しつつあるラテンアメリカやヨーロッパ諸国の多くに、将来の世界で革新のリーダーの一員となる素晴らしいチャンスがあるのである。

●ラテンアメリカの潜在力

革新を刺激するもっとも重要なものは、経済的刺激を与えるか、官僚的障壁を削減するか、ビジネスフレンドリーな雰囲気を持つかである、との数年前の学界や企業界の一般的な確信とは異なり、今日もっとも重要とされるのは、良い教育システムに支えられた創造的な頭脳を持つ批判的大衆を擁することであると、ワドワは私に述べていた。そして、彼は、メキシコシティ、サンパウロ、ブエノスアイレス、ボゴタ、チリのサンティアゴや多くのラテンアメリカの都市で創造的な才能の大きな潜在力を見たと明言した。そこでは、芸術家や発明家、起業家の飛び地――以前は「ボヘミアン地区」と呼ばれていた――があり、おそらくは知らないうちに「カリフォルニアの考え方」と共通の多くのものを持っているのである。

しかし、どんな起業も困難にする法制を持つ国々で科学技術企業が生まれることができるのであろうか？ ビジネスフレンドリーでない雰囲気、ひどい官僚制、そして汚職が大きな障害であることは疑いがない。序文で述べた世銀の調査によれば、新企業を登録するために一七の法的手続きが必要となるベネズエラや一四の手続きが必要なアルゼンチン、一三の手続きが必要なブラジルとコロンビア、そして、手続きを完了するために通常数ヶ月もかかる国々では、革新企業を創設することは難しいのである[1]。

そして、世銀の同様の調査が指摘しているように、失敗を許さず、閉鎖したり改編したりしなければならない企業家を何年間も排斥し、経済的荒廃を余儀なくするような法律を持つ国々では、商業的ハイリスク企業を創設することは難しいのである。しかしながら、シリコンバレーの経験と最近の革新についての専門家の研究は、創造的頭脳の集中は、逆に集団的創造性の主要なエンジンであり、経済的環境よりもはるかに重要な要因であることを示している。

●革新者たちはワクワクさせる場所に住みたい

この現象に着目した最初のひとりが、トロント大学のリチャード・フロリダであった。彼は、革新のための主要な条件がビジネスに有利な環境を持つことであるとの一〇年前の革新理論を根本的に変え始めたのである。彼の著書『クリエイティブ資本論――新たな経済階級の台頭』（井口典夫訳、ダイヤモンド社、二〇〇八年）で、フロリダは、将来性のある企業が創造的な頭脳を惹きつけるのではなく、逆に創造的頭脳の集中が企業を惹きつけるとの理論を展開した。フロリダ自身が何度ものインタビューで私に説明したように、これはラテンアメリカにとって良いニュースである。この地域には、創造的な頭脳を磁石のように引きつける特別なダイナミズムを持つ多くの都市があり、重要な革新センターへと変わりうるのである。

「創造性を生み出すものは何でしょう。何よりもそれは、創造的な人々の存在です」とフロリダは述べる。「創造性が、ある偉大な天才個人に由来するとの考えは大いなる作り話です。現実には、創造性は社会的プロセスなのです。私たちの偉大な進歩は、私たちが学び、共有し、協力する人々からくるのです。時代や地域を問わず、常にそうでした。古代のアテネ、ルネサンスのフィレンツェ、一九世紀末のウィーンやパリ、第二次大戦後のニューヨーク、これらの都市ではかなりの程度、その条件により多くの分野で信じられないほどの天才が花開いたのです。その住民の多様性、豊かなソーシャルネットワーク、自発的に人々が集うことができアイデアを交換できる公共の空間のおかげで、新しい考え方を生むことができたのです。そして、その資金的・組織的・商業的なインフラにより、そのアイデアを現実のものに変えることができたのです[2]」。

フロリダは、一九九四年にハーバード大学客員教授としてボストンに住んでいた時にこの結論に達した。ある日、『ボストン・グローブ』紙の一面を読んでいて、少なからず興味をそそられた。その記事は、インターネット企業のライコス社がピッツバーグからボストンに引っ越すことを報じていた。それまでカーネギー・メロン大学の経済学教授としてピッツバーグに住んでいたフロリダは、唖然とした。ライコス社は、カーネギー・メロン大学の教授たちにより創設され、同大学の卒業生により育まれ、ピッツバーグ市のあらゆる経済的インセンティブを受けていた。なぜライコス社は、税金や労賃がはるかに高く、財政的なインセンティブを与えず、はるかに不利な経済的環境である都市ボストンへの移転を決定したのであろうか？

フロリダは次のように当時を思い起こす。「この記事は、私が革新について知っていると信じていたもの全てが間違いであることに気づかせ、私の考え方を根本的に変えさせたのです[3]」。彼はこのテーマについて研究しはじめた。講座で教えるためにピッツバーグに帰った折、経済学修士課程で、卒業後ピッツバーグにどのくらいの学生が残るのか質問した。すると「『ひとりも』手を上げた学生はいませんでした」とフロリダは回想する。「そこで、どこに引っ越すつもりですかと質問したところ、全て同じような答えが返ってきました。『活力のあるところに住みたいです』、『ワクワクするところに住みたいです』、『躍動している都市に住みたいです』。そして、私は自分自身に言いました。『ああ、ここには、研究しなければならない何かがあるぞ』と[4]」。

フロリダは、先端技術企業の動きを調査しはじめた。そして、ライコス社のケースが異例ではないことを発見した。多くの企業は創造的頭脳のある場所に移っていた。「ライコス社はただ一つの理由でボストンに移転したのです。企業の科学技術的側面のみでなく、マーケティング経営やビジネス開発、全ての機能にとって、革新的な人材の恒常的な源泉にアクセスできるようにするためです。そして、その人材はボストンにいたのです」フロリダはこう確言した。[5]

それでは、どこに創造的な人々が集まるのか？　次にフロリダは自問した。彼が見つけた答えは、革新的な頭脳はいつも最良の大学の周りや大企業の周りに集まっているのではないというものであった。シリコンバレーの事例を調査した後、彼は、革新者たちは、「伝統的な会社の規則の外、官僚制の外で働くことが許され、生産手段を管理でき、リスク資本は債務ではなく資本として提供される」場所に集まる傾向があると結論づけた。[6]そして、あるインタビューで私に述べたところでは、その後の数年でラテンアメリカで非常に有望な多くの場所を見つけたのであった。

●アルゼンチン、ブラジルあるいはメキシコには、シリコンバレーが存在しうる

ラテンアメリカに革新が開花する可能性については、多くの同僚たちよりもはるかに楽観的であるとフロリダは私に言った。ブエノスアイレスやメキシコシティ、サンパウロの大学は、世界の最良の大学には含まれておらず、それらの国々はビジネスを行うための最良の環境を持っていないにもかかわらず、創造的な人々で一杯の活気あふれる都市を有しているのである。革新の地理的分布を研究した数少ない研究者として、フロリダは言った。「私はかなり論争呼ぶ結論に達しました。革新のために最適な場所は、創造性を革新に変えることのできる大学があること以上に、芸術や新しい音楽が開花し、大きなゲイ人口を抱え、良い料理があるところなのです」。

フロリダは、何年もの間、音楽の世界──彼はロックの熱烈なファンである──で革新を研究することに専念した。そして、科学技術に適用可能な多くの教えを発見した。「音楽に関する私たちの研究で興味深いことは、革新を可能にするエコシステムが、絶え間のない人々の組み合わせと組み換えをもたらすということです。ロックバンドは、常に結成され、解散し、再結成されるのです。ホワイト・ストライプスの音楽クリエーターのジャック・ホワイトは、成功が組み合わせと組み換えの絶え間ないプロセスの結果であると誰よりもうまく定義しました。あなたが失敗すれば、新たな組み合わせを探すのです。成功とは、行きたいところに到達するのを手伝ってくれるチームの新メンバーを見つける能力なのです」とフロリダは言った。

彼の研究の最終結論は、革新の開花する場所が、一般的にお金より才能を賛美するということである。そして、「それはラテンアメリカにとって良いニュースです。なぜなら、それが多くの都市の特徴だからです」とフロリダは付け加えた。「スティーブ・ジョブズがシリコンバレーで敬われたのは、お金持ちだったからではなく、良いことをしていたからです。それが、革新を創り出す場所のいつもの特徴なのです。ニューヨークでは、例えば、ウォールストリートの銀行街では革新は見つけられず、チェルシーの芸術家の住むところで見つけられるのです。同じことが、ほとんど全ての革新の中心地で起こっています。ラテンアメリカ、なかでもブラジル、メキシコ、アルゼンチンでは、ことに音楽や芸術において、非常に創造的なエコシステムが見られ、金持ちよりも才能のある人を敬う特徴がやはり見られるのです」とフロリダは指摘した。

●未来の世界

もし、ラテンアメリカの多くの国々が、革新社会のための本質的な条件である創造的な頭脳の大きな蓄えを既に持っているのであれば、挑むべき課題は、質を向上し、その教育システムを世界に同化し、企業の失敗に対し、はるかに寛容な法律システムを創設することであろう。何もしないことによりもたらされる危険は大きく、この地域を恒常的な遅れへと運命づけるであろう。なぜなら、来る数年間に、先進国を周辺諸国からさらに引き離す途方もない科学技術の進歩が起こるであろうからである。

大多数の科学者たちが一致するところでは、次の一〇年間に紀元前三五〇〇年頃に車輪が発明されて以来、人類が造り出した全てのものよりも革命的な科学技術による発明がなされるだろう。その理由は、科学技術が飛躍的に、ますます急速に発展しているからである。今日では、メキシコ南部やボリビアの高地の先住民がiPhoneによって、二〇年前の米国大統領やＮＡＳＡが持っていたよりも多くの知識にアクセスしている。そしてそれは来るべきものの単なる前兆にすぎない。ムーアの法則と呼ばれるもの――インテルの共同創始者ゴードン・ムーアによる一九六五年の論文に基づく――によれば、コンピューターの容量は、ほぼ二年毎に倍増する。そして同じことがほとんど全ての現在の科学技術において起こるのである。

シリコンバレーの数千の企業――その多くが、ゲイツ、ジョブズ、そしてザッカーバーグのような二〇代の起業家によって率いられている――は、数十年前のインターネットの到来と同じかそれ以上に、私たちの暮らしを変えうる驚くべき革新を市場に売り出している。シンギュラリティ大学やシリコンバレーの多くの企業訪問の間、私は、今後数年で到来する主要な革新のいくつかを見る機会を持ち、予想以上であったことに唖然としたのである。

私に見せてくれたものの中でも、どんなものも家庭で個人で製造でき、世界中の工業生産を消滅させるであろう3Dプリンター、これまでSF映画の中だけで見てきたロボットのように、私たちの助手、ボディーガード、伴侶やセックス奉仕者になりうるロボット。そして、徐々に現在の車に取って代わる運転手なしの車。車が目的地まで連れて行ってくれる間に、私たちは仕事をし、本を読み、眠ることが可能である。同様に、グーグル・グラスのようなコンピューター眼鏡で、例えば庭を見れば、眼鏡のレンズに各々の植物の名前が見え、料理を見れば各々の食物が何カロリーであるかが分かり、パーティーに行けば挨拶する人々の名前が見えるのである。これら全ての発明は既に存在し、それらのうちのいくつかは何年も前から開発されてきている。しかし、大量販売を妨げるコストの問題や法的障害が克服されつつあり、それはコンピューターで起きたのと同様、より速く起こり、ますます新しい産業に機会を与えてゆくであろう。

靴を作る3Dプリンター

ほんの少し前まで紙だけに印刷していた印刷機に、今や3Dプリンターが加わり、靴、衣類、自動車部品、台所食器、宝石、おもちゃ、人体臓器、食糧を製造することが可能なのである。そしてそれは、産業リーダーたちの説明によれば、私たちの一人一人が自宅で何でも製造——オーダーメードで——することを可能とし、私たちが知っている製造業を変革する新たな産業革命をもたらすであろう。大量生産のかなりの部分が個人生産により代替されるであろう。

3Dプリンターは、二〇一三年、バラク・オバマ大統領の議会での一般教書演説――米国における大統領のもっとも重要な演説――で「実際、全てを製造する方法に革命を起こす潜在力を有する発明」として言及され、一躍有名になった[7]。

多くの米国の発明家たちが、二〇世紀の八〇年代から3Dプリンターの実験――何人かは製造しつつあった――を行っていたにもかかわらず、オバマは、オハイオのヤングタウンの古い小屋で操業し、パソコンのように日常使用する器具に3Dプリンターを変えるために多くの企業と協力している付加製品革新協会に言及したのである。

現状では、3Dプリンターは、建築家、工学士そしてデザイナーによって、主に模型を作るために利用されている。以前は、建造物を計画中の建築家は、数千ドルと数週間をかけて特別な工場に模型作りを発注しなければならなかったが、今や、3Dプリンターを使えば、わずか三〇分、一〇ドル以下で模型を作ることができるのである。もしその仕上がりが気に入らなければ、好きなように作り直せば良いのである。

これらの3Dプリンターはすぐ必要なものを瞬時に製造するために使われている。もし、人がボタンをなくしたり、オーブンの取っ手や、自動車部品、祖母の義歯が壊れたり、製造中止となった機械部品を製造したいのであれば、家庭用3Dプリンターでこれらのものを直ぐに作れるのである。複製したいものを携帯電話で写真に撮り、コンピューターにｅメールで送付し、サイズと希望する材料を画面で明示し、「印刷」ボタンを押すだけで、望むものを得られるのである。

この装置が動くのを私が初めて見たのは、3Dプリンターについてのワ　ＣＮＮ番組の間であり、販売業者がスタジオに持ち込み、どう機能するかを説明したのである。その器具は、デスクトップ・コンピューターほど大きくはなく、ミシンと歯科医の回転式器具の合わさったものか、あるいはレーザーガンのようであった。器具の真ん中には、開かれたスペースがあり、望むものを形作るまで、針がプラスチックの材料を下の方に発射し、層の上に層を重ねてゆくのである。仰天したとはいえないが、パソコンやIT電話と同様、やがて欠かせないものとなるであろう物の初歩的なバージョンをスローモーションで見ているように感じた。

サンフランシスコにあるオートデスク社――自動車及び建築デザインの巨大企業――の訪問では、3Dプリンターで作られたプラスチック部品で全体が作られたバイクを見せてもらった。そこでの説明によれば、バイクのエンジンは、プラスチックの複製であったが、自宅で部品を作り、本物のエンジンに合体できるのは時間の問題である。オートデスク社研究部長のゴンサロ・マルティネスは、3Dプリンターに使える素材が既に七五種類存在し、多くの企業が新しい「マルチ素材」――プラスチックと他の素材との混合――で工作していると確言した。

「NASAは、宇宙船に3Dプリンターを搭載しようとしていて、それは何かが壊れた時に宇宙空間で再印刷できるようにするためです。地上を呼び出し、『ヒューストン、問題発生』と言う代わりに、『ヒューストン、3Dプリンター用の立体画像を送ってくれ、ここで印刷しよう』と言うのです」とマルティネスは説明した[8]。「私たちは自宅で冷蔵庫や自動車、あるいはその他のどんなものでも壊れた時には、同様にすることになるでしょう」。

そして私たちの消費するほぼ全ての生産物については、ますます大量生産が少なくなり、より個人使用となるであろう。メイカーボット社は、大衆向けに3Dプリンターを販売している企業の一つであるが、二〇一三年にニューヨークに最初の店舗を開設し、レプリケーターと呼ばれる低コストの家庭用3Dプリンターを販売している。それを使えば、その日の気分によって、好きな大きさ、形、色の眼鏡フレームを製造することができる。

ニューヨークのソーホー地区にあるメイカーボット社の店を訪問した時には、既に3Dプリンターで作られた時計や宝石を売っていた。そして、新しい店を見るために世界中からバスを連ねてやってくる日本人やドイツ人、その他多くの国々からの観光客が3Dプリンターでできた頭部の像を持って帰ることができるのであった。それはおそらく写真の未来となるもので、メイカーボット社の販売員たちが訪問客をコンピューターのカメラの前に座らせて、顔をスキャンするだけで出来上がりである。間もなく頭部の複製が印刷され、観光客は未来世界の前兆としてそれを家に持ち帰るのである。私は3Dプリンターで作った自分の像を見るという誘惑に抗いがたく、スキャナーに身をまかせ、少ししてから小さな像を受け取ったが、それは皆が私に言うには、驚くほどに私に似ていた。

多くの人が、3Dプリンターは、ヘンリー・フォードが自動車の大量生産を開始して以来の革新であり、私たちが知っている製造業の大量生産を凌駕するだろうと予言する。先進国は、ますます製品の輸出を減らし、ますます製品の設計図やデザインを輸出するようになろう。新しい製造業のマントラは、「デザインを売り、製品は売らない」であろう。すなわち、私たちの衣類、家具、食品のデザインまでもインターネットで購入し、好きなように変更し、そして、それを製造できる家庭用印刷機がもし家になければ、近所の商業センターにある3Dプリンターの店で指示し、およそ数分後にそれを引き取るために立ち寄ることとなろう。

製造業は再発明されねばならない。3Dプリンターは自宅のパソコンで好きなように製品を作る能力を持つがゆえに、新製品を発明するか途中で死ぬかという選択を製造業に強いるであろう。企業や国々の標語は、「創造か死か」となろう。

●ピザを配達するドローン

米国がイランとアフガニスタンでアルカイダのテロリストを攻撃するために使った無人飛行機——またはドローン——は、輸送産業に革命を起こすであろう。商用ドローンは、警察の監視、農地の家畜のモニター、海でおぼれている人の救助等に既に使われはじめている。直ぐにもピザの宅配やフェデックスの小包配達にも使われるようになるであろう。米国連邦航空庁（FAA）は、二〇一五年末にドローン利用のために米国の全空域を開放し、二〇一八年に国の空域を巡航する一万機以上の民間ドローンを持つ計画を有している。商業目的のドローンは、一〇〇メートル以下の高度を飛行し、空港から五キロの距離を保持しなければならないとFAAの官吏は述べた。「今日、飛行機でできることは全て、将来は無人飛行機でできるようになるでしょう」と、ドローンに関する米国政府への助言機関であるミトレ・コーポレーションの研究員アンドリュー・R・レイチャーは指摘した。[9] ノースダコタ大学の教授ベンジャミン・M・トラプネルのように幾人かは、無人飛行機が商業飛行の有人飛行機にさえ取って代わるかもしれないと予想している。既に英国では、遠隔操作の無人飛行機による地域飛行の実験が行われている。不確かなところもあり、機長を乗せ、今のところ乗客は運んでいない。

しかし近いうちに航空会社は、操縦室の二名のパイロットを、地上パイロット一名と操縦室パイロット一名に代替させ、その後二名の地上パイロットに代替させるようになるであろう。それは、エレベーターが人間により操作されなくなった過渡期と似たものでしょうとトラプネルは明言した。[10]

世界レベルの商用ドローンの主要な起業家のひとりである3Dロボティクス社社長、二六歳の若きメキシコ人ジョルディ・ムニョス——彼の個人的経歴については、もっとあとで話すことにしよう——は、日常的に商用ドローンを利用する最初の人々は、農業従事者、警察、消防士、また、例えば海でおぼれている人を救助するために派遣する沿岸警備隊となるだろうと確言した。今日では、農業従事者は彼らの農地で起こっていることを何も分かっておらず、そのため過度に灌漑したり、過大あるいは過少に農薬を散布したりすることになる。ドローンは、この問題を解決しつつある。ジョルディ・ムニヨスの企業は、既に五〇〇ドルでドローンを販売しており、それはGPSを搭載して作業し、土地の水位や農薬を測定するために農地をモニターするのである。同様のことをする有人飛行のために、農業従事者は一時間あたり約一〇〇〇ドルを支払っている。しかしそれは始まりでしかない。ドイツのベルリン自由大学の学生は既に、ピザを宅配するための無人ヘリコプターを作っているのである。ピザ宅配ドローンの開発者は、それをレオナルドと呼び、ピザ屋から教授と学生たちが野外のテーブルに座って待っている大学まで飛行するドローンの軌道のビデオをユーチューブに掲載した。ビデオは、教授——ラウル・ロハス・ゴンサレス——と学生たちが、無人飛行機の到着を祝いながら、空輸されたピザを食べようとするところで終わっている。

私がそのビデオを初めて見た時には、遊びのように思われた。しかし、ドイツの大学で人工知能を教えるロハス・ゴンサレスは、ピザや薬、軽量の製品を配達する技術は既に存在し、利用されつつあると私に述べた。そして私たちがこうしたドローンを日常的に見られるようにするためには、ドローンが都市で墜落したら誰が責任を取るのかというような法律問題を解決することであると述べた。多くの企業が、既に建物の屋上にピザを配達するシステムを完成しつつある。フェデラル・エクスプレスやUPS、その他の宅配企業は、既にシステムを企画中であり、行動に移すための当局のゴーサインを待っている。

ドローンについてのCNN番組を作った時に、私は3Dロボティックス社の若き社長ジョルディ・ムニョスを招待し、ドローンによるピザの宅配は、商業的に実現するにはあまりに高価なものとなるのではないかと質問した。もしかすると無人飛行機よりもリムジンでピザを配達させたほうが安くつくのではないのか、と。ムニョスは微笑みながら答えた。

「全くそんなことはありません。なぜなら、今やドローンは充電可能なバッテリーを使っているため、全く燃料を必要としないのです。そのうえ、運転手やパイロットのサラリーを支払う必要がありません。ドローンは、非常にシンプルな材料を使っていて、非常に単純な装置なので、バッテリーで三〇〜四〇キロ飛行し、ピザを置いて帰ってくることができるのです」。そして、ドローンの大量商業利用を許可する法律が発効すれば直ぐに、「その適用は無限となるでしょう」と付け加えた。[11]

●運転手のいない自動車

もし、グーグル社の運転手のいない自動車を自分の目で見なければ、それは信じられなかったであろう。しかし、自動車のデモンストレーション――屋根にグーグル社製の小さな司令塔がついたトヨタ・プリウス――をシリコンバレーで見て、私は、次の一〇年間で、私たちの住む都市の街角でこの種の自動車をますます多く見ることとなろうと納得した。現在では、メルセデス・ベンツやアウディ、キャデラックのいくつかのモデルは、既に往来で自動的にブレーキをかけたり、アクセルを踏んだり、駐車までできる自動操縦システムを有している。しかし、これらの車は全て、未だに、運転者が注意を払いどんな操作にも介入できるように、準備している必要がある。それに引き換え、グーグルの無人自動車や、世界中で開発されつつある近くの車との距離を測るセンサーを持つ無人自動車は、運転手は注意を払っている必要がない。グーグル社の本社から数ブロックでのデモンストレーションで私が見たように、運転手はもう運転しない。眠ったり、仕事をしたり、あるいは列車に乗っている時のように座席を回転させて他の乗客と会話することができるのである。

グーグル社の無人自動車を開発中のチームの一員であるブラッド・テンプルトンは、この車が優位に立つ主な要因は、きわめて安全なことであると私に説明した。今日、米国での自動車事故は、毎年三万四〇〇〇人の死者、二四万人のけが人を出し、世界保健機関（WHO）は、世界中で毎年一二〇万人の死者、五〇〇〇万人のけが人を出すと見積もっている。多くの場合、飲酒運転、居眠り運転、あるいは携帯電話でメールを打っていて注意散漫になることにより引き起こされるとWHOは述べている。「ロボットは、一般的にお酒を飲みません」とテンプルトンは冗談を言った。「そして、居眠り運転もしません。無人自動車は、今日私たちが使っている車よりもはるかに安全なのです[12]」。

グーグル社によれば、無人自動車は、自動車事故による死者の数を九〇％減少させ、道路での車の数を大きく減らし、そのうえ、ガソリンを大いに節約する。同様に、自動車のより効率的な利用を可能にするのである。なぜなら、運転手がいないぶんより多くの人が乗れて、都市の渋滞解消を助けるだろうからである。それぞれの仕事場に多くの人を降ろし、おそらく郊外の離れたところに駐車し、一日の終わりに帰宅する乗客を拾いに戻ってくるであろう。都市は、現在駐車のために使っている空間を利用でき、それを公園や緑地に変えることができる。「自動車は、午前九時に私たちを仕事場に降ろし、午後六時に私たちを迎えにくるのです。その間にもクリーニング屋に衣服を取りに行ったり、学校へ子供たちを迎えに行ったり、郊外のどこかに駐車するように頼むことができるのです」とテンプルトンは明言する。

グーグル社の自動車を開発する工学士は、毎日自動車を運転することで失われる労働時間の節約を計算しなくとも、自動車事故に関係した支出を計算すれば、米国だけで年間なんと四〇〇〇億ドルも節約されると付け加えた。[13]『フォーブス』誌に引用された調査によれば、交通渋滞——多くの場合事故による——は、米国では毎年四八億時間の労働時間の損失、一九億ガロンのガソリンの損失となる。[14]近いうちに、車が目的地に運んでくれる間に、私たちは仕事をしたり、本を読んだり、休んだりすることができるようになるだろう。そして、ネバダ、フロリダ、テキサス、カリフォルニア等のいくつかの州では、もたらされうる全ての種類の節約を見越して、道路での無人自動車を許可するための法律を既に承認している。

もちろん、全てがグーグル社の工学士たちが描くようになるかというと、それほど単純なものではないだろう。二〇一一年半ばに、カリフォルニアのマウンテンビューにあるグーグル本社の近くで起こった、グーグル社の無人試乗車の最初の事故が報じられた。そして数ヶ月後、別の事故――グーグル社の別の車が停止信号で停車した時に後ろから衝突された――が起こった時には、無人自動車の安全性に新たな疑問を引き起こした。しかしながら、二〇一二年三月、グーグル社はユーチューブに一つのビデオを載せた。その中では、目の不自由な人がグーグル社の自動車に杖をついてやってきて、運転席に座り、市街を嬉しそうにドライブし、ファストフードのレストランやクリーニング店で止まったりする様子が写されていて、その間、自動車はひとりでに運転されているのである。その少しあとに、グーグル社は、試験的な無人自動車――約一ダース――が既に五〇万キロを無事故で走行したと発表した。そして、パロアルトで私が見たデモンストレーションは、無人自動車が機能することを保証するものと思われた。

懐疑主義者は、無人自動車が急増することを遅らせる要因が他にもあると主張している。それは、高いコスト、事故が起こった時――運転手がいないので――の法的問題で、被害者は自動車メーカーに対して裁判を起こすことになるというようなものである。しかしながら、専門家の多くは、無人自動車の価格はコンピューターで起こったようにめまぐるしく下がり、自動車企業に対して起こりうる裁判は、問題とはならないであろうと考えている。なぜなら、自動車の持ち主が、その自動車の行動による責任の一部を引き受けることによる法的な方策が見出されるだろうからである。非常に早く、たぶん次の一〇年間に、無人自動車は、現在の駐車場の異なる利用を可能としながら、大都市の外観を変えるであろう。そしておそらく交通渋滞問題の解決を大いに支援するであろう。

●自動復元化素材

3Dプリンターとそれに供給する開発中の「マルチ素材」と共に、「自動復元化素材」が直ぐにも市場に出回るだろう。すなわち、自らを復元する素材で、そのために、取り換えや修理に出す必要性を減らし、多くの製品の有効寿命を拡大できるのである。

シュワルツェネッガーの映画『ターミネーター』を覚えているだろうか。その中で敵の砲撃を受けたあと、ロボットの人口皮膚が溶け、直ぐに復元される場面がある。スタンフォード大学のジェナン・バオに率いられる研究者グループは、ロボットの骨格や義足等の人工器具の利用のために、開発が可能なポリマーを基礎にした柔軟で、電気を通し、圧力に敏感な素材を作り出した。傷を負った時に復元する防腐素材の膜のような、より初歩的な自動復元化素材のバージョンは、既に市場に出回りつつある。

イリノイ大学により発明された防腐復元素材の膜の加工企業オートマティック・マテリアル社のジョー・ジュリアーニによれば、その製品は船舶産業、特に船や桟橋、石油プラットフォームで既に利用されている。防腐膜は、二つの微小なカプセルを内包しており、一つは復元成分、もう一つが触媒を含んでいる。防腐膜が傷ついた時に、微小カプセルが割れ、その中味が接触し、傷を修復するのである。この技術により、海洋・海底プラットフォームの有効寿命を引き延ばすことができる。例えば、維持管理が難しく、巨額のコストがかかる遠隔地で既に利用されつつある。[15]

引っ掻いたあとに塗装が自動復元されたり、衝突後に元の状態に板金が戻る自動車を私たちが持つことは、ずっと遠い先のことであろうか？ 全ては、その日がそれほど遠くないことを示している。

逆に、多くの企業が、軍事産業や自動車産業に利用される自動復元ガラスを間もなく生産すると予測している。この新しいガラスは、衝撃を受けた後、フロントガラスのひびの中に直ぐに浸透し、衝突後、運転手が視界を失わず、危険な状態から逃れられるようにするであろう。同じ技術が私たちの携帯電話や多くの他の製品にも利用できよう。そこから、映画『ターミネーター』のサイボーグのような自動復元カバーを持つロボットまでは、あと一歩であると専門家たちは言う。[16]

●もののインターネット

私たちを取り巻く身の周りのあらゆるもの——台所用品から衣服まで——は、間もなくマイクロチップを内蔵し、「もののインターネット」と呼ばれる新しいエコシステムを通じて互いに接続されるであろう。インターネットが人々を接続するのと同様、この新しいエコシステムは、互いに物を接続するであろう。例えば、冷蔵庫の水のフィルターの耐用期限が来た時には、人間を介さず、フィルター工場のコンピューターに予備品を直接発注できるのである。コーヒーチェーンのスターバックスは、冷蔵庫が空になりつつある時に新しい飲み物を冷蔵庫が直接発注できるようにするため、新エコシステムへの接続を既に計画中である。次のステップは、冷蔵庫が、ミルクや野菜がなくなりつつある時にそれを察知し、私たちに知らせることやスーパーマーケットに直接注文することであろう。技術研究企業のインターナショナル・データ・コーポレーションによれば、この業界は二〇二〇年には九兆ドルの産業になり、あらゆるものに一〇億個のセンサーが取り付けられ、二一二〇億以上のものが新エコシステムに接続されるであろう。「もののインターネット」のいくつかのインパクトは議論の余地なくポジティブなものとなろう。衣服にセンサーを付けることとなり、それにより、例えば老人が卒倒した時には、衣服自体が緊急サービスを呼ぶために、もはや救急車を誰かが呼ぶ必要はなくなるのである。また、おそらくは、飛行機の衝突は少なくなるだろう。なぜなら、飛行機部品の一つひとつがマイクロチップを持ち、その有効寿命が近づくと、損壊する前に修理されるよう中央コンピューターに知らせるからである。そして、膨大なエネルギーや水が節約されるであろう。なぜなら、既にバルセロナのような世界の多くの都市で行われているように、マイクロチップが電気の利用や全ての家庭用品を管理し、配管に漏水がある時には知らせるのである。

二〇一四年のラスベガス電化製品見本市では、最初の人工知能歯ブラシやテニスラケット、ベッド等が出展された。人工知能歯ブラシは、私たちの歯磨きの頻度や磨き方を記録するセンサーを持ち、歯の衛生の習慣をどう改善するかについての指示と共にデータを私たちの携帯電話に送信するのである。一方、センサー付きのテニスラケットは、私たちがラケットを握る形とどのようにボールを打つのかを記録し、どんな間違いを犯しているのか、そしてどうやってショットを改善するかについての指示ビデオと共に携帯電話に情報を送信するのである。テニスのインストラクターがどうなるかは、大いに疑問である。人工知能ベッドは、私たちの呼吸や動き、睡眠中に何度目覚めるかを記録するセンサーを有し、いかにして良い睡眠をとるかについての示唆をeメール送信するのである。

しかし、「もののインターネット」は憂慮すべきインパクトも与えるだろう。多くの製薬企業は、薬の容器のフタにマイクロチップを取り付けることを計画中である。それは、何日もフタが開けられていない時に、患者が薬を飲んでいないことをフタが医者の執務室に知らせるためである。私たちを取り巻く物に私たちが監視されることとなりうるのである。また、物がしかるべく機能しない危険性も存在する。ミルクがなくなったと知らせる見知らぬ人の冷蔵庫からの間違った電話が殺到するかもしれない。さらに悪いことには、私たちの体や衣類にセンサーを取り付けている世界では、これまで以上にサイバーテロの危険性が増すのである。ハッカーが患者のペースメーカーを調整する医師のコンピューターに侵入した時に何が起こるだろうか？　あるいは、あるハッカーが戯れに人工知能の衣服への指示を変えて、プログラムされているよりもより熱くまたは寒くした時にはどうなるのか？しかし、これまでにインターネットで起こったことと同様、こうした危険性があったとしても、おそらく「もののインターネット」に接続された物の進歩を阻止することはできないであろう。

●ビッグデータ——二一世紀の黄金

二一世紀において、情報は、かつてない権力と金の源泉となろう。なぜなら、インターネット、ソーシャル・ネット、「もののインターネット」の拡大により、サイバー空間には、かつてなく私たち一人一人のより多くの情報、何を買うのか、何を読みたいのか、どんな映画を見るのか、何を食べるのか、どの種類の衣服が好きなのか、どこに旅行するのか、誰が友人か、政治的な立場はどうか、性的な好みはどうか等の多くの情報が存在するからである。

何かをインターネットやクレジットカードで購入するたびに、あるいはツイッターやフェイスブックに何かを書き、ＧＰＳに行き先を載せる時には、私たちのデータと共に足跡をサイバー空間に残しているのであり、これらのビッグデータは、自動車から政党まで、どんなものであれ私たちに売り込みたい者にとっては、非常に大きな価値を持つであろう。

世界経済フォーラムの調査が指摘しているように、データの量の増大とその処理は、一九世紀のサンフランシスコにおける黄金熱や二〇世紀のテキサスの石油ブームと似たブームを生み出すであろう。情報は、新たに黄金や石油と等価のものになったのである。そして、これらのデータを蓄積し、処理し、分析する――私たちの現在の消費習慣を形作るのみでなく、私たちの嗜好が何なのか、将来はどうなるのかを投影しつつ――準備が整っている国々は、もっとも繁栄するであろう。

良いニュースは、ビッグデータが早めに伝染病の探知を可能にする――例えば、風邪の症状について通常以上の人がインターネット検索をしている時や特定の薬を購入している時に、政府に警告する――、あるいは交差点を通過する人の量に従い、信号をうまく同調させる街路に設置されたセンサーによって交通パターンを発見することによって、大都市の交通をより耐えられるものとするのである。「私たちは、個人及び集団のレベルで最良の決定を行うことを可能とするため、私たち全員と全ての物についてのかつてない、より多くの情報を収集し、測り、分析できるであろう」と世界経済フォーラムの調査は確言している。[17] 悪いニュースは、もちろんサイバー空間での情報の急増は、米国の国家安全保障局について暴露されたように、私たちが考えるよりも多く政府が関与するスパイ活動に口実を与え、私たちのプライバシーの喪失が拡大する可能性があることである。

●心拍を測る時計

医師が病気を診断し、その調査と経験をもとに薬を処方するという私たちの知っている医学は、間もなく古臭くなるであろう。新しい医学は、デジタル化され個人仕様となり、生身の医師は、私たちの診断を行い、私たちのＤＮＡにもっとも適した薬を処方する自動化されたコンピューター・プログラムを監督する役割を持つこととなろう。

数百の企業が、既にセンサーを内蔵した腕時計や腕輪を商品として販売しており、それは、絶えず脈拍を読み、心拍についての情報をデータバンクに送信し、データバンクはどんな異常が起こった場合にも警告サインを出すのである。そして、新センサーの情報は、ありうべき異常につき私たちに警告するのみでなく、人工知能のおかげで、伝統的な医師が与えうる現状のものよりもはるかに効果のある最良の診断と治療を受けることを可能にするであろう。医師が患者との体験に基づいて薬を処方するかわりに、クラウドに蓄積された強力なデータベース――ほぼ無限の量の情報を蓄積し、私たち一人一人に個人仕様のかたちで対応できるクラウドの中のコンピューター――は、以前に同じ病苦で治療を受けた数百万人の統計データをもとに、自分の場合にもっともよく効く薬を処方するであろう。

「過去の医療が一時的で副作用がある一方、未来の医療は、継続的でプロアクティブなのです」とダニエル・クラフトは私に説明した。彼は医師で発明家であり、シリコンバレーにあるスタンフォード大学の新しい医学利用技術の起業家である。「以前は、私たちは多少痛ければ医者に行き、医者がその痛みを鎮める処置をしていました。今では、時計や携帯電話、衣服に付けて持ち歩くセンサーのおかげで、私たちの健康をたえずモニターでき、痛くなる前に行動できるのです。今日まさに、私は、一日中、私の健康を点検しているのです。なぜなら、ｅメールをチェックするたびに、携帯電話画面の生体データを見ているからです[18]」。

クラフトは、脈拍を読み、どんな問題についてもかかりつけの医師に警告するセンサー付きの時計を私に見せ、この時計を四五ドル以下でインターネット販売する数ダースの会社が既にあると言った。そして、iPhoneをポケットから取り出し、AliveCorと呼ばれる企業からインターネットで購入した携帯電話カバーの裏側の細長い帯状の部分に、数秒間私の指を押しつけるように求めた。直ぐにクラフトは、携帯電話からとったばかりの私の心拍数の検査結果をeメールで送付してきた。

その後、私にウィジングズという企業の人工知能携帯電話に接続されたゴムバンド型の血圧計を見せた。携帯電話は、即座にデータをeメールを通じて本人あるいは望む医師または医療歴を保存するデータバンクの記録保管所に送信するのである。血圧計は、iHealth社が提供する類似のものと同様、数年前からインターネットで一〇〇ドル以下で購入できる。クラフトは、病院全体を管理していたが、今は時計と携帯電話に集中していた。「以前は、医師が私たちに薬を処方していました。今や、どの薬を飲むか見つけるために、iPhoneのアプリケーションを処方するのです」と冗談半分にクラフトは笑顔で私に言った。

そして、クラフトが私に見せたセンサー付き時計を含めてそれらは直ぐにも古臭くなり、私たちの体に埋め込まれたミニセンサーに取って代わられるであろう。これらのミニセンサーは、私たちの体温や器官の働きについてスーパーコンピューターに報告し、いかなる初期の問題についても、前もって私たちに警告するのである。既にバイオハック社のように私たちの多くの器官からのデータを継続的に通信するための移植片を開発する多くの企業があり、医療――現在は主に病気を治すことに専念するが、しばしば遅すぎることとなる――を、ますます予防的なものにしている。

●薬を処方するスーパーコンピューター

米国医師会会議においては、医療の卓越した生身の医師たちにはますます光が当たらなくなっており、二〇一二年にラスベガスで行われた保健情報経営システム協会の年次会合で初めて紹介されたIBMのコンピューター、ワトソンのような機械にますます光が当たるようになっている。ワトソンは既に有名である。一九七七年にチェスの世界チャンピオン、ガルリ・カスパロブとの試合に勝ったIBMのディープ・ブルーと同様、ワトソンは、二〇一一年に有名なジェオパルディ・テレビの番組の二人の決勝進出者を負かし、一〇〇万ドルを獲得したのである。

しかし、ジェオパルディでのワトソンの勝利のもっとも注目に値する点は、インターネットに接続しないまま司会者の質問に答えたことであった。ワトソンは、そのハードディスクに全ての種類――多くの百科事典を含めて――の約二億ページの情報を蓄積しており、自らのデータベースを駆使して質問に答えられたのである。二〇一三年にラスベガスでの社交界デビューの少しあと、IBMが肺がん患者のための情報処理に向けた医師用のワトソンの最初の商業アプリケーションを市場に売り出した。その先を見据え、病院に行くと看護師が待合室に来て、「さあどうぞ、ロボットがお待ちしております」と言われる日は近いのだろうかと、多くの人々が自問しはじめた。

ウェブMDのような医師閲覧インターネットサイトは既に数百存在するが、ワトソンの発明者は、このスーパーコンピューターがはるかに速く、はるかに多くの情報を処理できると確言している。なぜなら情報処理能力――数百万人の医療歴の記録を含む――と人間の医師よりも多くの経験に基づく診断を行う能力を持っているからである。人間の医師は、多くの場合、約数千人の患者を治療した個人的な体験に基づいて診断と処方を行うが、ワトソンは数百万人の患者の蓄積されたデータをもとに診断と処方が行えるのである。

保健サービスのためにワトソンを「訓練」する医師のひとりマーティ・コーンによれば、医師が診断のうえで犯す間違いの大部分は、自由にできるデータのごく一部に過度の信頼を置きたがる人間の性向のせいである。[19] ワトソンの医学的利用についてコーンが『アトランティック』誌に説明したところでは、病院では毎日、医師は二つか三つの経験をもとに診断を行っていて、異なる診断をもたらすその他の症状を無意識のうちに排除していた。それに引き換えワトソンは、より多くのありうべき診断メニューを医師に提供でき、医師の経験だけではおそらく考慮されなかった診断の可能性を見ることができる。間もなく医師たちは、現在、聴診器を持ち歩いているように、ワトソンを――ラップトップかタブレットかロボットのかたちで――携行するようになるであろうとコーンは指摘した。

これは、ワトソンが生身の医師に代替することを意味するのか？　おそらく違うであろう。しかしこのスーパーコンピューターやその競争者たちは、医師により多くの情報を持った決定を行うことを助ける素晴らしい道具となろう。コーン自身が、ワトソンは「技術的補助」として確実に、直ぐに、どんな医師にとっても不可欠となるだろう、そしてセンサーから受け取る情報――時計や腕輪、人体の移植片による――により、このスーパーコンピューターは、病気に気づく以前に病気が進行中で、何を助言するかについて、私たちに警告するのである。

●個人仕様化教育

技術、特にインターネット通信による教育の増加のおかげで、未来の学校は現在とは正反対に機能するであろう。子供たちが学校に勉強しに行き、家で宿題をするかわりに、家でビデオやコンピューターのインタラクティブ・プログラムを使って勉強し、学校で先生の助言を受けて仲間たちとグループ学習しながら宿題をするのである。言い換えれば、若者たちは、現在学校でやっていることを家でやり、現在家でやっていることを学校でやるようになるだろう。

子供たちがひとりでビデオを見ながら——分からないことにぶつかった時には、止めて、巻き戻しできる——、コンピューターで実用練習問題をやり、その後学校で、先生の助けを借りて、未解決の問題を解きながら勉強できればはるかに多く学べるということが発見された後、フリップスクール、あるいは「反転学校」は、既に米国で急増しつつある。

「逆」に機能する学校は、サルマン・カーンによる通信無料授業ブームの後、普及しはじめた。カーンは若いバンカーで、学校で問題を抱える従妹を助けるために、数学と代数の短い授業の無料ビデオをユーチューブに載せることを始めた。間もなく、世界中の数百万人の若者たちが彼の授業を見るようになった。カーンが私に語ったように——そして第八章でより詳しく見るように——、クラスで解けなかった数学や代数の問題の理解を助けてくれたと感謝し、クラスよりもビデオではるかに多く学んでいるという若者たちのeメールが大量に送られてきた。二〇〇八年にカーンは、無料通信ビデオのカーン・アカデミーを創設し、二〇一四年には、毎月二八言語で約一〇〇〇万人に無料ビデオを提供している。それを追うように、コーセラ（Coursera）やユダシティ（Udacity）等の大学生のための通信無料授業による類似のサイトが出現し、カーン・アカデミーと同様に世界の教育システムを変革しつつある。

反転学校に関する『ニューヨーク・タイムズ』紙の第一面記事は、「ほぼ全ての（専門家たち）は、クラスを反転させる戦略が機能するとの前提に賛同している」と指摘している。[20] 同紙は、ハーバード大学ベッカム・センターの教育技術研究者のジャスティン・レイチの言葉を引用している。彼は、「反転学校」は、「広汎な賛同の得られる自分の執筆する唯一のテーマ」であると確言している。[21]

いくつかの具体的な事例調査では、地区最悪の学校の一つであるデトロイトのクリントンデール中学校の場合、教室の時間と機能を反転することで、わずか一年で留年する学生の数をかなり減らすことができた。同記事によれば、変更前は、学校の三〇％の生徒が留年していたが、教室の機能を反転した年には、その割合は一〇％となり、学校を卒業し大学に進学した生徒の数は六三％から八〇％に上昇した。

しかし、カーンがインタビューで私に告白したところでは、彼のアカデミーでもっとも重要なことは、ビデオではなく、各々の児童の必要性に応じた教育を個人仕様化する新技術である。カーン・アカデミーは、既にビデオ教材の他に、各人が自分のペースで進めるよう生徒に実用練習問題を提供している。カーンが発明したアルゴリズムのおかげで、授業は生徒のそれぞれの学習速度で進められる。それは、あらかじめ与えられた各人の嗜好情報をもとに映画を推奨するネットフリックス（Netflix）が使っているものと類似している。そして、先生たちは、各生徒の進歩をコンピューターで確かめることができ、これにより各生徒のペースと好みに合わせた教育の個人仕様化が可能となるのである。

これら全てが教育——一八世紀にプロシア王が今日「プロシア・モデル」と呼ばれるものを導入して以来、実際には何ら変わっていない——を根本的に変えるのである。プロシア・モデルは、全ての子供に読み書きを義務的に無償で教えることを目的とし——そのモデルはそれほど明確には述べていないのだが——、幼い頃から早起きし、学校へ行き、上司の権威を受け入れる習慣を持つ従順な労働者階級を育成するものである。それ以来、現在までほとんど何も変わっていない。大多数の学校は、教室に同じ年齢の子供たちを集め続け、教室では全生徒が先生の方を見て座り、ベルの音で授業が始まり終わるのである。一日の授業が終われば、子供たちは翌日のために宿題を家に持ち帰る。農耕社会で子供たちが農場で両親を手伝えるように創設された夏休みまでが昔のままであり、まるで世界が都市社会に変化しなかったかのようである。

しかし、カーン及び大半の教育の未来学者によれば、そうした学校は直ぐに終焉を迎えることとなろう。未来の学校は、各人が違ったかたちでの学習方法を持つことがますます受け入れられるため、現在の学校とは何も関係なくなるであろう。ある者は、午前により勉強でき、他の者は午後により勉強ができる。ある者はより視覚的に学習し、他の者はより聴覚的に学習する。ある者は一時間続けて勉強し、他の者は二〇分間隔で勉強できる。新しい教育技術は、各人が自分の好きなように独自のペースで勉強できるようにするのである。そして、これまで先生の講義を聴くために「学校に行く」と呼んでいたものは、生徒が家で解くことのできなかった問題を先生の助けを借りて解くための宿題の監督の時間に変わるであろう。

●星への旅

一九六九年のアポロ一一号による最初の月への有人旅行の後、約五〇年間、宇宙探査の記事は新聞の第二面に移っていたが、間もなく再び大きなニュースとなり、おそらくは今後数年間に多くの人の話題となるだろう。二〇一〇年にバラク・オバマが、NASAの新指導部は、二〇二五年までに小惑星への有人飛行便を、二〇三〇年代の半ばに火星への有人飛行便を派遣できるよう専心すると発表したが、多くの宇宙産業の指導者は、これらの飛行便は、定められた期限前に実現される可能性があると予測している。彼らの幾人かは、次章で見てゆくように、初めての月への有人旅行から五〇年を迎える二〇一九年に米国政府の重要な発表があるのを待っていると述べた。

宇宙探査への民間産業の乱入——英国の風変わりな大富豪リチャード・ブランソン卿のヴァージン・ギャラクティック社——やインターネット・ペイパルの支払いシステム創設者イーロン・マスクによる宇宙旅行会社は、既に宇宙航空産業に革命を引き起こしている。民間宇宙産業開発支援のためのNASAの六〇億ドルの支援により、ヴァージン・ギャラクティック社やスペースX、その他の企業は、以前のような使い捨てのものに代わって、「再利用可能な」宇宙船を建設している。これらの宇宙船は、インターネットや電話通信の価格を下げることになる衛星による宇宙植民地開拓のための宇宙ステーションへの貨物輸送、宇宙旅行——旅行費用が下がるに従い、ますます重要な産業となることが期待されている——、そして他の惑星に官民ミッションを打ち上げるために使われよう。ブランソンへのインタビューで、ヴァージン・ギャラクティック社やその他の宇宙旅行会社は、単なる億万長者のための道楽——宇宙への二、三時間の旅行で、旅行者ひとり当たり二〇万ドルかかる——であり、少ししか科学に貢献しないのではないかと質問した時に、待ってましたとばかりに彼は笑顔で私に答えた。「歴史を通じて、主要な技術の進歩の多くは、航空機の先駆者であるライト兄弟のように富裕な人々により行われました。彼らはその時代には不可能と思われたことを行い、それは全人類に裨益することとなったのです」。

「考えてみてください、人類が飛行機で太平洋を横断しはじめた時、それを行ったのは富裕な人々でした」とブランソンは私に言った。「この富裕な人々が飛行機での旅行の先駆者であったおかげで、今日では、多くの人が飛行機で旅行できるようになり、価格が下がったのです」。続いてこの英国の大富豪は、宇宙旅行の民間会社のおかげで「私たちは、宇宙に人を運ぶのみでなく、大量の科学研究を行うこととなるでしょう。現在かかる費用の何分の一かで宇宙に衛星を配置することができるでしょう。それは、あなたの電話代をかなり値下げし、インターネットやWi-Fiの価格をかなり下げるのです[22]」。

マスクは、他方で、火星への有人ミッションのようなもっと野心的な計画を既に研究していた。この企業家は、彼の計画が火星に八万人の常設植民開拓地をつくるためにインフラ建設を開始することであると非常に真面目に公言した。そして、彼がそう述べただけでなく、この計画のために彼は何千万ドルも投資しようとしていた。

●「テクノ・ユートピア主義者」対「テクノ懐疑主義者」

こうした科学技術の革新により私たちの暮らしの質は改善されるのだろうか？　それとも反対に、

家庭用3Dプリンターや無人自動車、医師に代替するスーパーコンピューターや銀河宇宙旅行が、ますます富裕者と貧困者を分かち、より科学技術に依存し、より人間的でない世界へと連れてゆくのだろうか?

シリコンバレーやその他の世界の革新センターの革新者にとって、それはすいぶん昔に克服された問題である。科学技術の進歩は、貧困削減と私たちの暮らしの質の向上の主要なエンジンであることに何ら疑いはないと彼らは確言している。世銀の資料によれば、世界人口に占める開発途上国の貧困率は、一九八〇年の五二%から二〇一〇年の二〇%に半減した。それは大部分が「緑の革命」――穀物栽培を最大化するために一九六〇年代以降生み出された科学技術の総体――のおかげであり、それは、インドのように飢えに苦しむ国々がわずかな年数で食糧の純輸出国へと変わることを可能とした。

もし、寿命の見込みについての資料を見れば、世界の平均寿命は、二〇世紀初頭の三一年から今日ではほぼ七〇年となり、世界の最貧国でさえ、医学の進歩のおかげで、人はより長く生きるのである。そして、世界の暮らしの質を見れば、今日では、より長く生きるのみでなく、より良く生きているのである。最貧国でさえ、既に大半の人々は、裸足では歩かず、寒さをしのぐ衣服を欠くことはない。今日、歯医者に行って局所麻酔を注射し、歯を治すのに何も感じないのと、一〇〇年前に麻酔なしでヤットコで臼歯を引き抜くことの差を想像してみてください、と楽観主義者たちは主張する。

世界でもっとも富裕な男ビル・ゲイツは、今日では、最貧国のポリオやその他の病気と闘うことに専念している。彼は、新しいワクチンとその他の科学技術の進歩のおかげで「最近の一〇年で、これまでにない、より大きな進歩がありました」と指摘し、「一九六〇年代には、人類の三分の一が富裕者で三分の二が貧困者でした。今では、世界人口の最大の中心部分は、中産階級です。ブラジル、メキシコ、タイ、中国です。世界の最貧層の割合ははるかに少ないのです」と付け加えた[23]。そしてこれは、基本的に農業と公共保健における科学技術の進歩によるもので、これらの国々が貧困から脱出することを可能にした主要な要因であると説明した。

二〇三五年までに「実際に貧困国はなくなることでしょう」とゲイツは、二〇一四年の年次公開状で予言した。

●豊饒の時代？

「テクノ・ユートピア主義者」は、最近の一〇年が来るべき進歩のほんの小さな前兆にすぎないと考えている。シンギュラリティ大学学長で国際宇宙大学の共同創始者ピーター・H・ディアマンディスと共同執筆者スティーブン・コトラーは、その著書『楽観主義者の未来予測――テクノロジーの爆発的進化が世界を豊かにする』（熊谷玲美訳、早川書房、二〇一四年）の中で、人類は「今や根本的な変化の時期にあり、その中では、科学技術が地球の一人一人の男女、子供の生活の質の平均レベルを実質的に向上する潜在力を持っているのです。一世代の間に私たちは、過去に数少ない富裕者のために取っておかれた財やサービスを、それを必要とし望む全ての人に与えることが可能となるでしょう。全人のための豊かさは私たちの手の届くところにあるのです」と明言している[24]。

しかしながら、多くの懐疑主義者は、ディアマンディスやその他の未来の科学技術擁護者たちをユートピアを売る人と見ている。ポリオや天然痘のワクチン、最近ではエイズ治療のような医療の進歩が数億人の命を救ったことに疑いはないが、実際には、過去二〇〇年間の科学技術のあらゆる変化も世界の貧困根絶を達成できず、未だに下痢や肺炎のような相対的に克服が容易な病気のために毎年数百万人の人々が死に続けていると悲観主義者たちは主張する。

「科学技術の導師たちは、過去の多くの福音主義者と同様、世界の最貧の場所で彼らの小さな機器が達成できることについての軽率な楽観主義者です」とワシントンDCにある独立研究機関世界開発センターのチャールズ・ケニーやジャスティン・サンデファーは述べている。

「科学技術の進歩と貧困削減の間の脆弱なつながりは、誰をも驚かすものではありません。なぜなら科学技術の多くが、富裕国の問題を解決するために富裕国で発明されたからです」と付け加えた[25]。iPhoneやiPad、3Dプリンターや無人自動車は、未だ貧困で暮らす数十億人の生活を変えないでしょうと指摘した。そして、懐疑主義者たちは、家庭用3Dプリンターが、誰もが家で武器を製造できるような破壊的な潜在力を持つように、多くの新しい科学技術が持ち込む危険性について警告している。

言い換えれば、無人飛行機はピザを運ぶだけでなく、爆弾を投下するために誰にでも利用されうるのである。誰が正しいのか、「テクノ・ユートピア主義者」か「テクノ懐疑主義者」か？　双方ともそれぞれに良い論法を展開するが、その議論は、半分だけ水で満たされたコップの、満たされた半分を見るか、空の半分を見るかの違いでしかない。しかし、確かなことは、好むと好まざるとにかかわらず、新しい科学技術は止められないということであり、いくつかの国がどんなに抑止しようとしても――米国のジョージ・ブッシュ政権が幹細胞研究で行ったように――他の国が取って代わるであろう。カリフォルニア大学教授のスーザン・フィッシャーが説明したように「科学は急流のようです。

なぜなら、いつもその流路を見つけるから」[26]。挑むべき大きな課題は、できるだけ多くの人々に恩恵を与えるために、新しい科学技術をどう導くかということである。

●「手仕事」から「頭脳労働」へ

今後数年で加速化される科学技術の進歩は、私たちの生活を大きく変えるのみならず、どの国がさらに進歩し、どの国が遅れてゆくかを決定するであろう。これは、私たちが知識の時代にいるためであり、そこでは高い付加価値の製品を開発する国々がますます富裕になり、原材料あるいは基礎的製造品を生産し続ける国々がますます遅れてゆくであろう。

既に前作『米州救出』（二〇〇五年）と『ラテンアメリカの教育戦略』（二〇一〇年）で私が述べたように、世界は変化しており、石油や大豆、金属を売り、製造産業のための部品を組み立てながら国が繁栄するだろうというラテンアメリカの大統領たちは、自分自身か国民をだましているのである。五〇年前、農業生産と原材料生産は、世界総生産の三〇％を占めていたが、現在では、はるかに少ない数値であり、これは世界経済における重要性が引き続き低下していることを示している。世銀によれば、今日農業は世界総生産の三％を占め、工業は二七％、サービス業が七〇％を占めている[27]。私たちは、手作業に基礎を置く世界経済から頭脳労働に支えられた世界経済へと、さらに移行しつつあるのである。

しかし、グーグル社やアップル社のような企業が多くのラテンアメリカ諸国よりも大きな総生産を持つのは偶然ではない。また、シンガポールや台湾、イスラエルのような原材料を持たない小国が、ベネズエラ、エクアドル、ナイジェリアのような石油に富む国よりもはるかに繁栄していることや、ビル・ゲイツ、カルロス・スリム、ウォーレン・バフェットのように世界でもっとも富裕な人物が、原材料ではなく、科学技術やサービスを産み出す企業家であり続けていることも偶然ではない。科学技術が飛躍的に進歩しているために、この傾向は今後数年間にますます加速されよう。

●ラテンアメリカにおける科学技術の遅れ

ラテンアメリカの科学技術の遅れのもっとも明白な証拠は、この地域の国々が登録する新発明の取るに足らない特許数に示されている。新しい発明の特許数は、革新と科学技術の進歩の主要なバロメーターとなるが、私たちは世界の最後尾にいるのである。ラテンアメリカの多くの大統領が、新科学技術パークを開所するたびに、あるいは新しい科学技術企業を歓迎するたびに言及する作り話とは逆に、この地域の科学技術の遅れは憂慮すべきである。国連の資料によれば、韓国あるいはイスラエルのような小国までが、それぞれラテンアメリカとカリブの全諸国よりも多くの特許を毎年生んでいるのである。

韓国は、五〇年前にはひとり当たり国民所得がラテンアメリカのほとんどの国よりも低かったが、現在では国連の世界知的所有権機構（WIPO）に毎年一万二四〇〇件を登録し、イスラエルは約一六〇〇件を登録するのである。これに比べて、WIPOによれば、ラテンアメリカとカリブ全諸国の総計はかろうじて約一二〇〇件（その内訳は、ブラジル六六〇件、メキシコ二三〇件、チリ一四〇件、コロンビア八〇件、アルゼンチン二六件、パナマ一八件、ペルー一三件、キューバ九件、ベネズエラ一件）である。[28]

ラテンアメリカ諸国の数値は、大国の国際特許申請数と比較すればさらに憂慮される。米国は、ＷＩＰＯに毎年五万七〇〇〇件の国際特許を登録し、日本の登録数は四万四〇〇〇件、中国は二万二〇〇〇件、ドイツは一万八〇〇〇件である。[29]

もう一つの世界の大きな革新指標である米国特許商標事務所の国別特許登録数も、同様の数字を出している。同事務所の二〇一四年報告書によれば、二〇一三年において、米国は一四万八〇〇〇件、日本五万四〇〇〇件、独一万七〇〇〇件、韓国一万六〇〇〇件、台湾一万二一〇〇件、中国六六〇〇件、イスラエル三二〇〇件である。これに比べて、同年にブラジルは二九〇件、メキシコ二〇〇件、アルゼンチン八〇件、チリ六〇件、コロンビア二〇件、キューバ一三件、コスタリカ九件、エクアドル八件、ペルー三件、ボリビア二件である。[30]

なぜ、ラテンアメリカ諸国はその全ての人的才能を活用して新しい発明特許を登録しないのだろうか？　大学や企業に〝特許を登録する文化〟が存在しないことや、新製品の研究開発のための貸付やリスク資本が不足している事実も含めて多くの理由がある。もう一つの理由は、知的所有権に対する敬意の欠如である。どうせ自分のアイデアは盗まれるのに、何のために特許を取るために時間と金を浪費しなければならないのか、と多くの発明家は自問する。

私がスイスのジュネーブに本部のあるＷＩＰＯの経済部長カーステン・フィンクに、ラテンアメリカの国際特許登録が少ないのは何に原因があるのか質問したところ、彼は、「ラテンアメリカ諸国が取り組まなければならないのは、革新が開花できるようなエコシステムの創設です」と答えた。

そして、「それには、他の場所からの才能を惹きつけるための、良い教育システム、研究開発を刺激する財政的インセンティブ、リスク資本を支援する融資メカニズム、質の高い人々の移動を有利にする政策を持つことを含みます」と付け加えた。[31] しかしながら、これらの問題の多くは、少し前にラテンアメリカ諸国と同様の問題を経験した韓国やシンガポールのように、比較的早く解決できるのである。

●科学の首都

科学レポート――『ネイチャー』誌の研究出版物――は、世界の学術界でもっとも威信のある雑誌の一つであるが、二〇一三年に科学研究におけるもっとも重要な都市についての世界地図を出版した。私は、それを見た時に、フラストレーションと悲しみの混じり合った感情を抱かざるをえなかった。私はこの地図に、ラテンアメリカの都市が数多く出てくると思ってはいなかったが、少しぐらいは出ているだろうと期待していた。しかし、ラテンアメリカ諸国とその都市を全く見つけられなかった。新興国の台頭についての全ての思惑や、政府による科学技術の進歩について、ラテンアメリカ諸国のリーダーたちが請け合っているにもかかわらず、地図は、地球の北半球を明るく南半球を暗く示していた。

この地図は特別に意義深いものであった。なぜなら雑誌の編集者の主観的意見ではなく、この五〇年にアメリカ物理学協会の雑誌に発表された世界中の二〇〇〇都市以上からの四五万件以上の記事と科学的な引用に基づいているからである。地図に付随する記事によれば、米国の物理研究の割合は、一九六〇年代の全世界の八六%から現在は三七%以下に下落したものの、米国は今も世界のトップにいる。ボストン、バークレー、ロサンゼルスが物理学における世界のもっとも重要な科学生産センターであり続けており、東京（日本）、オルセー（仏）がそれに続いている。世界の主要二〇都市のリストは、シカゴ、プリンストン、ローマ（伊）、ロンドン（英）、オックスフォード（英）を含んでいる。

しかし、この出版物によれば、世界の科学知識生産都市の上位一〇〇都市のリストには、ラテンアメリカのどの都市も入っていない。地図と一緒に載っているリストでは、世界の科学研究の上位一〇〇都市のうち五六％が米国とカナダにあり、欧州が三三％、アジアが一一％を占める。ラテンアメリカを含めることを忘れてしまったのか、と私は自問した。

この数値を読んだあと、私は、一覧表をきちんと読んだのかを確かめるために、研究責任者の研究社のひとり、ノースイースタン大学のニコラ・ペラ教授に電話した。「事実、どの国も忘れていません。最初の一〇〇都市にラテンアメリカの都市は一つも入っていないのです」と私に断言した。[32] この地図は、特許分野のみならず科学出版物においても、ラテンアメリカ諸国とその重要な都市は、科学研究の主要な地図には記載されていないことを示しているのである。

●最悪の大学？

ラテンアメリカの大学が、最良の大学国際ランキングの最下位にあるという状況は、二〇〇五年の『米州救出』で注意を喚起しはじめて以来、あまり変わっていない。二〇一三年には、ラテンアメリカの大学は、世界の最良の一〇〇大学に一校も入っておらず、三つの主要な国際ランキングにもラテンアメリカの大学は一校も入っていない。この地域の多くの国がG20――世界でもっとも富裕なグループ――に入っており、二〇一四年にブラジルは世界第六位の経済大国で、メキシコが第一四位であったにもかかわらずである。

三つのランキング――なかでも博士号を有する教授の割合、国際科学雑誌に発表された研究論文の量、登録された特許の数――は、米国の大学を上位一〇位の大半に位置づけ、五〇位までにシンガポール、中国、韓国、その他の新興アジア諸国の高等教育機関を一致して位置づけている。それに対して、ラテンアメリカの大学は、一〇〇位以降にようやく現れ、片手の指で数えられるくらいの数しかない。

この種の研究の先駆者である『タイムズ』誌の高等教育別冊（THE）のランキングでは、最初に登場するラテンアメリカの大学は、ブラジルのサンパウロ大学であり、二二六位から二五〇位のグループの中に現れる。[33] 世界の最良大学のランキングQSで知られる第二のランキングでも、最初に掲載されているラテンアメリカの大学はサンパウロ大学であるが、一二七位である。[34] 中国の上海交通（Jiao Tong）大学により作られた第三のランキングは、ラテンアメリカ最良の位置に、サンパウロ大学を一〇一位から一五〇位の間のグループに位置づけている。そして、ブエノスアイレス大学（UBA）は、一五一位から二〇〇位のグループに位置づけている。[35]

●私たちは全員、哲学者、社会学者、そして詩人です

ラテンアメリカの大学が国際ランキングで成績が悪いいくつかの理由は、科学研究への相対的に少ない投資と民間部門の参加が少ないことであり、これが、少ない国際科学出版物や少ない特許登録の結果を生んでいる。ラテンアメリカでは、あまりに多くの哲学者や社会学者、心理学者、詩人を生み

出し、科学者や工学士はあまり生み出していない。

イベロアメリカ・インターアメリカン科学技術指標網（ＲＩＣＹＴ）の資料によれば、毎年ラテンアメリカ・カリブの大学を卒業する二〇〇万人の若者の六三％が、社会人文学課程を卒業し、他方で一八％が工学、精密科学、自然科学の学士課程を卒業し、残りが医学、農業、その他の課程を卒業している。[36]アルゼンチンのようないくつかの国では、大きな公立大学は、心理学部には工学部の三倍の学生を有し、ここから、ひとりの「Ｃｏｃｏ（頭）」――アルゼンチン人が頭をこう呼ぶように――を治すために三人の心理学者を養成していると揶揄される。[37]これに比べて、中国や大半のアジア諸国の大学は、社会人文学学士課程よりもはるかに多くが工学科学技術課程を卒業するのである。

そして、ラテンアメリカ諸国の世界レベルでの研究開発投資は悲惨なものである。マドリードに本部のあるイベロアメリカ諸国機関（ＯＥＩ）の資料によれば、ラテンアメリカで行われている投資は、世界投資のわずか二・四％にすぎない。これに比べて、世界の研究開発投資の三七・五％が米国とカナダで行われ、三二・一％がＥＵで、二五・四％がアジアで行われている。[38]

内外の研究投資と民間分野の研究投資の割合がこれほども少ないのだから、ラテンアメリカの世界レベルでの新発明の特許登録がこんなにも少ないのも偶然ではない。

●ＰＩＳＡテストで最低

ラテンアメリカの科学技術の遅れの大部分は小中学校から生じており、そこでは、教育の質が世界の他の地域からますます遅れをとっている。若者の数学・科学の知識と読解力を測る一五歳の学生を対象とする国際学力テストPISAによれば、ラテンアメリカの生徒たちの成績は、参加した六五ヵ国の最後尾に位置している。中国やその他のアジアの国々の生徒は、試験の全ての科目で、世界レベルの最良点をとっている。数学では、中国上海の若者が第一位をとり、シンガポール、香港、台北、韓国そして日本が続いている。リストのさらに下には、スイス（九位）、フィンランド（一二位）、ドイツ（一六位）、スペイン（三三位）、ロシア（三四位）、米国（三六位）、スウェーデン（三八位）、チリ（五一位）、メキシコ（五三位）、ウルグアイ（五五位）、コスタリカ（五六位）、ブラジル（五八位）、アルゼンチン（五九位）、コロンビア（六二位）、ペルー（六五位）がいる。科学と読解の結果も同様であった。[39]

数学、科学技術分野での良き教育の不足が、ラテンアメリカ諸国の科学技術の遅れや原材料輸出への過度の依存、そして――二一世紀の二〇年代に原材料価格の上昇が止まった時――、経済の減速を助長してきた。今や、収入源を多角化し、新しい知識経済に参画するためには、特に数学と科学に力点を置いて、教育への国民的な執心を生み出すことが課題である。

これは、アルゼンチンやブラジルが大豆の生産をやめるべきで、チリが銅を忘れるべきで、メキシコが基礎的製造業を放棄し、完全に先端技術に専念すべきであることを意味するのか？　もちろんそうではない。すべきことは、原材料や製造業に付加価値をつけることであり――そのためには、工学士、科学者、技術者が必要である――、同時に競争的優位を持てる分野で革新を開発することである。

●コーヒーの例

コーヒーの例は、この点をよく説明している。『米州救出』を執筆した時、私はハーバード大学教授の言葉を引用したが、それによれば、米国では、消費者に三ドルで売られるコーヒー一杯のわずか三％しか、コロンビア、ブラジル、コスタリカ、ベトナムそして豆のその他輸出国の栽培者たちに還元されていなかった。残りの九七％は、コーヒー豆の遺伝工学、加工、マーケッティング、流通、広報、その他知識経済を形成する仕事の責任者のポケットに入っていた。五年後に『ラテンアメリカの教育戦略』を執筆した時、高付加価値の産品に対して原材料の相対的低落現象は増大しつつあると明言した。その本の中で私は、サンサルバドルでの講演の終わりに、エルサルバドルの主要なコーヒー豆生産者のひとりが私に近づいてきて、こう述べたと語った。「アンドレス、あなたは間違っています。生産者に残る割合は、三％ではありません。本当の数字は、一％に近いのです」。

それ以来、この傾向はますます加速化されてきた。コーヒー豆に付加価値をつけた国々――高級な味のコーヒーや薬用コーヒー、コーヒー・ビスケット、コーヒー・リキュール、詰め替えのコーヒー器具の生産、海外への流通販売チェーンの開設等――は、大きな恩恵を受け、他方で原材料のみを売り続けた国は、取り残されていったのである。

ベイン・アンド・カンパニー社の調査によれば、「コーヒーは、低い技術の産品がより大きな経済価値を産むためにいかに改善できるかを示す例である」。米国では、シンプルなコーヒー一杯が約五〇セントで売られる一方で、スターバックスのようなコーヒー・チェーンが提供するプレミアム・コーヒーは一杯四ドルで売られる。もし、これにエスプレッソのコーヒーメーカー――平均三〇〇ドルで販売されている――や、これらの機器のためのスペシャル・コーヒー袋の新市場のようなその他の革新を加えれば、コーヒー産業は近年急成長し、年間一三五〇億ドルの市場になっているのである。

コーヒーの消費が世界でわずか二一％しか増加しなかった一方で、その調査によれば革新は、コーヒー産業の価値を八〇％増加させたのである[40]。

●革新のエンジン

ある国々が他の国々よりも革新的であるためには何をすればいいのだろうか？　革新を可能とする星の数ほどの要因――専門家はそれをエコシステムと呼ぶ――がある。このエコシステムが存在するためには、質の高い教育、新製品の研究開発に投資を行う企業や大学、あらゆるところから才能を惹きつけるグローバル研究センター、企業と大学の絶え間ない相互作用、リスク投資を後援する経済的環境、新企業創設を奨励する法律、同じ都市における創造的頭脳の集中等がなければならない。

しかし、鍵となる要因は、あまり話題にのぼらないのであるが、個人的失敗について寛容な社会文化である。個人的な失敗への寛容が共通要因――日本のような数少ない例外を除き――であることを、私は米国であれ、英、独、仏、フィンランドあるいはイスラエルであれ、主要な世界の革新センターにおいて発見した。英国首相ウィンストン・チャーチル卿による「成功とは、情熱を失わずに、失敗を繰り返すことである」という有名な定義は、革新社会に共通する主要な特徴の一つを示している。

●シリコンバレーの人々は失敗を自慢する

シリコンバレーの訪問中、私の注意を引いたことの一つは、人々が自分たちの失敗を語る率直さである。あそこで私が知り合った多くの企業家たちは、自らの失敗を、成功と同じように笑みを浮かべて、自発的に私に語ったのである。

サンフランシスコでの最初の夜に、オートデスク社のレセプションで、私はひとりの若い企業家に、何に専念してきたかを尋ねた時、彼は非常に率直にソフトウェアの開発だと語ったあと、直ぐに――私が質問していないのに――五つの会社を立ち上げ、四つが倒産したと付け加えた。そして、私の驚きの表情に気づいて、幸い会社の一つは非常にうまくいっていることをあわてて補足した。この会話をはじめ、その夜の会話から確認できたところでは、失敗を容認することは、シリコンバレーの企業家の典型的な特徴なのであった。

「ここの人たちは、失敗を自慢するのです」とワドワは肩をすくめながら私に言った。彼は、シンギュラリティ大学で私を出迎え、革新における人的要因の重要性について警告した教授である。「シリコンバレーでは、失敗を列挙する時は、まるで大学の学位を列挙しているかのようです。ここでは全員がそれぞれの失敗から何かを学び、それゆえに、以前より賢くなったと考えているのです[41]」。

カリフォルニアのパロアルトには、世界の革新者たちが集まっている。「あそこでは、住民の五〇%以上が他の国で生まれているのです」とワドワは私に言った。「世界の大半の国々や米国の他の地域とはとても違う文化があります。ニューヨークでは、バンカーはスーツとネクタイで現実のあるいは想像上の成功を自慢するのです。ここシリコンバレーでは、もっとも富裕な企業家やもっとも威信のある科学者はジーンズやバミューダパンツにサンダル履きで歩き、彼らの失敗を非常に平然と話すのです。まるで別世界です」。

ワドワは、正しかった。数日前にマイアミで、私はＣＮＮのために、ニューヨークの不動産王ドナルド・トランプにインタビューする機会があった。絶え間ない自らの成功の売り込み――そして、失敗の否定――は、シリコンバレーのもっとも成功した起業家たちに見出された誠実さと鋭く対照をなしていた。カリフォルニアの革新企業家とニューヨークの大企業家は、実際に二つの異なる世界から来たかのようであった。

●ドナルド・トランプ――「私のは、失敗ではなかった」

二〇一二年の一時期、共和党の大統領候補になることを切望した大富豪トランプは、荒れ果てたホテルとゴルフ場を二億ドルで購入したことを宣伝するためにマイアミにやってきた。施設をリニューアルして、超高級な観光地に変えるのである。米国が最近脱出しつつある不動産バブルについてのインタビューで、私はトランプに、失敗から何を学んだかを尋ねた。インタビューの少し前に私は、トランプの経歴についての多くの記事を読んでいたが、それは失敗で満ちていた。彼のいくつもの企業が破産を宣告されていた。そのうえ、トランプ・エアラインという航空会社を始めたものの派手に失敗し、同様に、ウォッカのブランドは、売り出した後生き残れなかった。ところが驚いたことに、失敗から何を学んだかという質問に対し、彼は怒って反発したのである。頭を揺り動かし、プレスに飽きずにかつらではないと主張する金髪の垂れ髪を振り払い、私に言った。「私は全然失敗していない」と。「しかし、あなたは三度破産を宣告されていますよ……」。私はできるかぎり丁重に言い返した。明らかに、私は彼の誠実性と知的洗練性の欠如に失望した。しかし、次の週に、パロアルトのワドワと話すまでは、私は、カリフォルニアやシアトル、米国西海岸の州の革新世界の大富豪――ゲイツやジョブズ、ザッカーバーグのような――と、ニューヨークの不動産、金融ビジネスの世界の大富豪の間の違いが見分けられなかった。

前者は、ジーンズとシャツにサンダルをはき、革新及び慈善基金で世界を救おうとし、失敗を誇らしげに語るのである。後者は、トランプのように糊のきいた白シャツと固くひからびたネクタイを着け、社会的な大義にはあまり関心を寄せず、商業的な失敗を恥ずべき敗北として扱い否定するのである。そして前者の多くがその富を過小評価する一方で、後者は富を賛美するのである。二〇〇六年に『ニューヨーク・タイムズ』紙が、トランプの資産は本人が確言していた数一〇億ドルではなく、一億五〇〇〇万ドルから二億ドルのみであると書いたことに対し、トランプは五〇億ドルの賠償を求めて裁判を起こした――それはあとで、裁判官により退けられた――。ニューヨークの企業文化では、カリフォルニアと違って、重要なのは外見なのである。

●電球発明家の一〇〇〇回の失敗

個人の失敗についての社会の寛容は、シリコンバレーで非常に私の注意を引いたが、あとで私が学んだところでは、革新的社会では歴史を通じて絶えずそれは存在したのである。人類のほぼ全ての偉大な発明家たちは、成功の前に大きな失敗をしているのである。大量生産の電球を発明し、一〇九三以上の製品の特許――蓄音器や映写機を含む――をとった企業家トーマス・アルバ・エジソンは、伝記作家によれば、大量生産の電球を発明するために一〇〇〇回以上試みて失敗した。そこから多くの人は、彼が次のように述べたとしている。「私は一〇〇〇回失敗したのではなく、電球の発明は一〇〇〇の段階を必要としたのです」。

電話の発明者、アレクサンダー・グラハム・ベルは、電話の特許を一〇万ドルで今日ウェスタン・ユニオンと呼ばれる会社に売却することを提案し拒否された。一九一〇年にハーバート・N・カッソンにより出版された『電話の歴史』によれば、この提案を受けた電信会社（現在のウェスタン・ユニオン社）の幹部は、できる限り丁重に質問した。「私たちの会社が電気のおもちゃを買って何になるのですか？」[42]。この歴史のもう一つの解釈は、おそらく典拠はあやしいが、世界の主要なビジネス・スクールで使われているもので、ベルの提案の調査を担当したウェスタン・ユニオン社の委員会が電話のアイデアは、「馬鹿げている」と結論づけたというものである。提案を評価した委員会の覚書と思われる文章によれば、ウェスタン・ユニオン社の幹部たちは、ベルの機器の通信の質が非常に悪いため、その提案は何の役にも立たないというのである。「使者を電信事務所に派遣して、完全に明白に書かれたメッセージを発信できるという時代に、誰が、この鈍い機器を使う気になるだろうか？」と委員会のメンバーが話したということである。

航空機の先駆者とされるオービルとウィルバーのライト兄弟は、一九〇三年一二月に有人初飛行を成功裡に行う前に一六三回試みて失敗している[43]。多くの先人たちはあまり運がなく、成功する前に事故で死亡しているのである。自動車産業の先駆者ヘンリー・フォードは、大量生産による大量使用の最初の自動車であるT型フォードを発明する前に、一ダース以上の自動車モデルを製造した。その伝記作家たちは、T型フォードと呼ばれるのはモデルAから始めてTに至るまで一九回改良する必要があったからだと述べている。

実際全ての成功物語は、科学技術の世界のみならず、商業、政治、芸術の世界においても失敗の連続なのである。英国首相ウィンストン・チャーチルは、絶えず聴衆に失敗に負けない重要性を思い起こさせていた。この政治家は、留年を繰り返した成績の悪い生徒であり、三度転校し、サンドハースト王立陸軍士官学校の入学試験に二度不合格になっている。クラスで最悪の生徒ということで際立っていたハロー校訪問の際の一九四一年一〇月二九日の有名な演説で、彼は生徒たちに言った。「決して敗北に屈するな！　決して敗北に屈するな！　決して、決して、決して、決して、何においても、大きくても小さくても決して敗北に屈するな。名誉と常識から生まれる確信のある場合を除いて」。

●創造性は遺伝か？

おそらく、歴史の中で発明家や革新者は、アップル社の創始者ジョブズ本人のように、根気強く、執着心を持ち、奇抜で、しばしば鼻もちならない者であったろう。創造性についての多くの心理学研究によれば、革新者は、外向的で自由に実験し、他の人を喜ばすことにはあまり構わず、どこか神経症的であることで際立っている。言いかえれば、「狂気じみた天才」のステレオタイプは現実からそれほどかけ離れてはいないのである。

ハーバード大学心理学教授で創造性の心理学的特徴の研究でもっとも知られるひとりであるシェリー・カーソンによれば、アルバート・アインシュタインは、通りに落ちている吸いさしのシガレットを拾って彼のパイプに残ったタバコの葉を詰めていた。また、ロバート・シューマンは、彼の音楽がベートーベンやその他の亡くなった音楽家により墓場から伝えられていると信じていた。そして、作家チャールズ・ディケンズは、彼の想像の中だけに存在する犯罪者の少年を傘で振り払おうとしながらロンドンの街路を歩いていた。

「創造的な個人は、普通の人の眼に風変わりと見えているだけでなく、彼ら自身、異質で社会に適応不能な人と見ているのです」とカーソンは述べた。「脳の像の発見と分子生物学、心理学的研究は共に、創造性と奇抜さがあわさっていることを示唆しています」。そして、それは、「入ってくる情報を頭脳が濾過する形での産物です」と指摘した[44]。

カールソンは、一九六六年のレオナルド・ヘストンの研究――それは、精神分裂症と診断された母親の息子たちは、精神分裂症を患っていない女性の息子たちよりもより創造的な職業を選ぶのが常であることを示している――やその他の後に続く研究を引用している。それによると、創造的な人は、軽度な精神病的無秩序という一種の特別な個性を持っているのである。

これは、何ら新しい見解ではない。既にプラトンが、古代ギリシャで詩人と哲学者は、結局は狂気であるが、神により与えられた錯乱である「神の狂気」を患っていると警告しているとカールソンは確言した。また、アリストテレスは、既に詩人と憂鬱との間には関連があると指摘しており、それは今日鬱病と分類されているものであるとカールソンは付け加えた。

●少しの狂気と多くの大胆さ

それでは、創造的な人は、何らかの狂気を持っているのだろうか？　カールソンによれば、ハーバード大学での独自の研究は、これらの遺伝的特徴それ自体が創造性を促進するとは結論づけていないものの、この種の特性は、頭脳のフィルターがより少ないことにより、天才が新しい発見を実現した時に持つ「ユリイカ（発見）」の瞬間について説明するのを助けると確言した。これらの特別な個性の頭脳は、フィルターがより少ないことで、アイデア――あとで天才的才能となりうる思考や本能と同様に幻覚――が無意識から意識の状態に移ることを可能にするとカールソンは明言している。

ノーベル経済学賞の受賞者で、ハリウッドの有名な映画『ビューティフル・マインド』で不朽の名声を得たジョン・フォーブズ・ナッシュは、科学的な発見をどうやって行ったかと質問された時に、非常に平然と、数学のアイデアが超自然的な幻覚や宇宙人がやってくるのと同じように頭脳にやってきたと語った。これら全ての創造性についての発見は、「ビジネスの世界においてまでも、既に創造的な思考と型通りではない行動との間の関係が評価されることが増えており、ますます後者が受け入れられるようになっているのです」とカールソンは確言した。

その理由により、企業が創造的な頭脳を評価するに従って、より進歩した国や都市の企業は、風変わりな人をもっと適合させ同化させる目的で、規則により多くの例外を作り始めており、芸術家や作家、科学者、サイバーネットのオタク、リスクを引き受ける起業家が集中するコミュニティが急増しつつあるとカールソンは指摘した。そして、「ますます独創性や大胆さが評価されるのです。これらの企業共同体の幹部たちは、風変わりな衣服に寛容で、伝統的な社会のプロトコールを脇に置き、革新を促進するために型通りではない労働の時間割を許可するのです」と確言した。

●革新の三つの「T」――技術、慣用そしてタマ

私がインタビューした、もっとも成功した革新者たちの多くが、革新には、失敗への寛容さに加えて、リスクへの熱狂が必要であると述べた。彼らのほとんどは、人生のある時期に、破産寸前であったり、私たちの多くが取らないリスクを引き受けていた。ヴァージン・レコードや宇宙観光の会社ヴァージン・ギャラクティック社、そしてあらゆる業種にわたる数百社の創設者であるリチャード・ブランソン卿は、成功する企業は、失敗で終わるプロジェクトを打ち上げる従業員への寛容の文化を醸成し、リスクを取ることにインセンティブを与える企業なのだと私に説明した。そして、「失敗への恐れは、革新を消滅させるのです。絶えずリスクを引き受ける必要があります」と強調した。

ブランソンの人生は、本書の後半に見るように大きな成功と派手な失敗の繰り返しであった。子供の頃から、刑務所で終わるか、億万長者となるのか、またはその両方かと予言されていた。そして、事実、彼自身が語ったように、獄中で一夜を過ごした。彼は、レコード会社であれコカコーラのような巨大企業であれ、はるかに強力なライバルに常に襲いかかっていった。マスコミの注意を引くために、戦車を借り上げてニューヨークのタイムズ・スクエアへ行き、コカコーラの巨大な看板に主砲で狙いを定めることまでした。

私生活においてまでもブランソンは危険なスポーツが大好きであった。第七章で詳しく見てゆくが、この人物は、太平洋横断航海の世界記録を破り、大西洋を小さなヨットで横断し、スカイサーフィンをしながら英仏海峡を渡った。私が、なぜそれほど危険なスポーツをやるのかと尋ねると、次のように答えた。「冒険家になることと企業家になることはそれほど違わないのです。どちらの場合も、人

は巨大な問題を克服することを決心し、克服するために準備し、最後に目を閉じこう言うのです。『神のお気に召すように』と」。そして「スポーツと同様ビジネスにおいても、人は夢が現実になるように努めますが、それにはリスクを取ることが必要とされるのです」と付け加えた。

宇宙企業において、ブランソンの最大のライバルのひとりであるイーロン・マスクは、彼の宇宙プロジェクト・スペースXに最初の一億ドルを投資した後、何度も破産の瀬戸際にあった。そのプロジェクトでは、火星に到着し――冗談ではなく――そこに八万人の植民開拓地を作ることが盛り込まれている。CBSの六〇分番組の記者が、スペースXの度重なる失敗の後に、より快適な引退生活を送るために、できるだけ財産を守ることを考えないのですかと尋ねた時、マスクは答えた。「決して、私は決して降参しません」[45]。少し後になって、マスクは電気自動車テスラの企業に最後の四〇〇〇万ドルを再び投資するのであった。

ブランソンとマスクは、リスクを取る革新企業家の典型であるが、彼らと共通点を持たない成功した革新企業家は少ない。フロリダ教授がいつも言う冗談のように――企業が創造的な頭脳を引きつけるのではなく、創造的な頭脳が企業を引きつけるのである――、偉大な革新家は、Tの文字で始まる三つの特質を常に持っているのである。すなわち、科学技術（Tecnología）と寛容（tolerancia）そして……タマ（testículos＝睾丸の意）である。

●環境が天才を作り、その逆ではない

しかし、創造性に関する心理学的研究でもっとも興味深いのは、天才は、たとえ並はずれた知性を

持って生まれたとしても、それだけでは人類に変化を与える発明を産むことはないことである。助言者や協力者、競争者に囲まれ、家族により支えられて、適切な教育を受けた時にはじめて発明を生むことができるのである。そしてこれから見るように、革新は数多くの協力プロセスであり、個人の天才的能力の所産であることはあまりない。天才といった時に最初に頭に浮かぶ人物であるアルバート・アインシュタインを含め、それは協力的な環境の産物であった。

アインシュタインは、四歳からしゃべり始めた平凡な子供であったが、ただ彼の伯父ヤコブの早くからの手助けと、青年期に勉強するよう励ました他の助言者のおかげで、科学的著作を執筆できたのであった。『創造的協力』の著者であるベラ・ジョン＝ステイナーによれば、アインシュタインの最初の妻のミレヴァ・マリッチが彼の初期の研究の大きな助けとなった有力な形跡がある。ジョン＝ステイナーによれば、二人の間の愛の手紙は、スイス工科大学の同僚であったアインシュタインとマリッチが「共通の関心事である夢と科学的協力」を共有していたことを示しているという。[46]

アインシュタインと同様、科学技術、芸術の偉大な革新者の大半は、協力的なプロセスの結果で生まれた。時代の全てのパラメーターを壊した孤独の創造者と一般に見られているもうひとりの天才ピカソでさえもが、彼の同僚との相互影響のプロセスの結果の産物であった。歴史は彼をキュビスム運動の父として記憶しているにもかかわらず、ピカソは、芸術家ジョルジュ・ブラックとの緊密な友情と協力により大きな恩恵を受けたのである。ジョン＝ステイナーによれば、ピカソ自身、何年も後にこう告白している。「ほどんど毎日、午後にブラックのアトリエに行っていたか、ブラックがいつも頭に浮かんでいました。一日中、ひとりが、もうひとりの作った物を見て、それぞれの作品を批評し合ったのです。作品はもうひとりが認めなければ完成しなかったのです」[47]。

同じことかそれ以上のことが、ゲイツ、ジョブズあるいはザッカーバーグのような私たちの時代の科学技術革新者にも起こっている。私たちの大半は、ザッカーバーグがフェイスブックを発明したことを賞賛しているが、彼の企業は、フレンドスター社やマイ・スペース社等の先例企業の革新的変形なのである。

ジョン＝ステイナーやフロリダ、ワドワ、その他多くの創造性の研究者が指摘しているように、孤独な天才という着想は作り話である。偉大な革新とは、何もない中での天才的才能のひらめきではなく、創造的なエネルギーにあふれる都市や、革新的頭脳を持つ隣人に養分を与えられ、新しい科学技術を疲れることなく経験し、失敗に寛容で、一〇〇〇の障害を前にその発明を推進するために必要な大胆さを持つ創造的な頭脳の結果である。

●数の天才

世界は並はずれた知性を持つ人であふれているが、環境に恵まれなければ、何ら人類に顕著な貢献をもたらさないのである。一九一九年にインドのバンガロールで生まれた女性シャクンタラ・デビは、世界でもっとも知性の高い人間のひとりである。彼女の父親は、定期的にサーカスで働いていたが、彼女が小さい時に計算を解く並はずれた能力を持っていることを発見し、直ぐにも人前で働かせた。デビは、最初はインドで、そして直ぐに国際的な観衆の前で有名になった。ロンドンでの実演の一つで、デビーは、七六八六三六九七七四八七〇×二四六五〇九九七四五七四九の計算を頭の中で行い、三〇秒で一八九四七六六八一七七九九五四二六四六二七七三七三〇という正解を出したのである。彼女は、人間コンピューターであった。

しかしながら、二〇一三年半ばに八三歳で亡くなった後、『タイムズ』誌は、超自然的な知能にもかかわらず、デビーは、「永続的な貢献は何も行わなかった……天才少女は、賞賛される大人となったが、影響力を持たなかった」と指摘した。「もし父親がサーカス芸人ではなく、グーグルの工学士であれば、デビーはどうなっていただろうか?」と『タイムズ』誌は問いかけている。「そして、二〇世紀初頭のバンガロールで育てられる代わりに、シリコンバレーで育てられていれば何が起こったであろうか?」と。答えは明らかである、おそらく、彼女の人生は非常に違った展開を見せていたであろう。[48]

『個性と社会的心理学ジャーナル』で発表された米国とドイツの最新の心理学研究は、天才――そして、一般的な創造的頭脳――が、同じ都市や同じ空間で開花するのが常であることを確認している。[49]同研究は、創造性や企業家を作り出す傾向について、米国の六〇万人以上に調査を行い、革新者は一緒に集まる傾向があると結論づけている。「起業家の個性は、地理的にグループ化する傾向にある」と確言し、ドイツと英国における同様の調査が同じ結論に達したと付け加えている。

同じことがラテンアメリカで起こっている。そこでは、風変わりな生活スタイルへの寛容さに惹きつけられた若者たちが多く集まり、ワドワとフロリダが指摘したように創造性と革新が花開いているのである。以前は、最良の場合でもこれらのボヘミアン的な場所は観光的な呼び物と見られていた。今日では、巨大な経済的潜在性を持つ生産的革新の価値ある温床として見られるべきであり、おそらく多くの政府により創設された高価な科学技術パークよりも国の将来にとってはるかに重要であろう。サンパウロ、ブエノスアイレス、メキシコ、チリのサンティアゴ、ボゴタのこれらの地区や、その他多くのラテンアメリカとヨーロッパの都市から偉大な世界の起業家たちが輩出されるだろうとワドワとフロリダは確言した。そして、現在の偉大な革新者の何人かにインタビューするために世界歴訪の旅に出て確認できたように、これは既に起こり始めているのである。

【注】

1 「Doing Business 二〇一三――中小企業のためのよりスマートな規制」世銀／国際融資コーポレーション、二〇一三年。
2 リチャード・フロリダ「都市は、創造性の聖水盤」ニューヨーク・タイムズ・ブログ、二〇一三年九月一五日。
3 リチャード・フロリダの演説、第二二回EBN総会、北アイルランド、ロンドンデリー、二〇一三年五月二九〜三一日。
4 同前。
5 同前。
6 同前。
7 バラク・オバマの一般教書演説、二〇一三年二月一二日。
8 シンギュラリティ大学オートデスクの戦略研究部長ゴンサロ・マルティネスの講演、カリフォルニア州パロアルト、二〇一三年三月一一日。

9　マチュー・L・ワルド「それを単にドローンと呼ばないで」『ニューヨーク・タイムズ』紙、二〇一三年二月一日。
10　同前。
11　CNNスペイン語放送「オッペンハイマー紹介」のための筆者のジョルディ・ムニョスへのインタビュー、二〇一三年四月一六日。
12　筆者のブラッド・テンプレトンへのインタビュー、カリフォルニア州パロアルト、二〇一三年三月一一日。
13　チュンカ・ムイ「シートベルを締めてください」『フォーブス』誌、二〇一三年一月二二日。
14　同前。
15　テイム・ヒュメ「汝自身を癒す――『生物に感化された』自分を治す素材」CNN、二〇一三年二月二二日。
16　同前。
17　「グローバル情報技術報告書二〇一四年」世界経済フォーラム、六頁。
18　筆者のダニエル・クラフトへのインタビュー、カリフォルニア州マウンテンビュー、二〇一三年三月一一日。
19　ジョナサン・コーン「ロボットは今あなたを見るでしょう」『アトランティック』誌、二〇一三年三月。
20　ティーナ・ローゼンバーグ「教育を反転しながら」『ニューヨーク・タイムズ』紙、二〇一三年一〇月九日。
21　同前。
22　CNNスペイン語放送の「オッペンハイマー紹介プログラム」のための筆者のリチャード・ブランソン卿へのインタビュー、二〇一三年五月三一日。
23　ブラッド・ストーン「ビル・ゲイツ――慈善家」『ブルームバーグ・ビジネスウィーク』誌、二〇一三年八月八日。
24　ピーター・H・ディアマンディス、スティーブン・コトラー『楽観主義者の未来予測——テクノロジーの爆発的進化が世界を豊にする』フリープレス、二〇一二年、九頁。（熊谷玲美訳、早川書房、二〇一四年）
25　チャールズ・ケニー、ジャスティン・サンデフール「シリコンバレーは、世界を救えるか?」『フォーリン・ポリシー』誌、二〇一三年七月、七四頁。
26　ピーター・H・ディアマンディス、スティーブン・コトラー、前掲書、三〇四頁。
27　「世界開発指標」世銀、二〇一三年［http://wdi.worldbank/org/table/4.2］。
28　「米国と中国 Drive International Patent Filing in Record-Setting year」www.wipo.int　二〇一四年三月一三日。
29　同前。
30　ベイ特許・商標事務所、原産地と種類による特許数、暦年二〇一三年、www.uspto.gov　二〇一四年三月。
31　アンドレス・オッペンハイマー「先に進む国々」『ヌエボ・ヘラルド』紙、二〇一四年三月二七日。
32　筆者のノースイースタン大学のニコラ・ペラ博士への電話インタビュー、二〇一三年五月一〇日。
33　世界大学ランキング二〇一三年［http:timeshighereducation.co.uk/world-imoversity-rankings/compareniversities］。
34　QS世界ベスト大学ランキング［http://www.topuniversities.com/university-rankingus/world-university-rankingus/2013］。
35　中国、上海交通大学の世界最良大学ランキング［http://www.shanghairanking.com/ARWU2013.html］。
36　ICYT,www.ricyt.org/omdocadpres,cuadro「高等教育卒業生」、二〇一四年。
37　アンドレス・オッペンハイマー『ラテンアメリカの教育戦略』討論、メキシコ、一七頁。

38　「開発と社会的つながりのための科学技術と革新」イベロ・アメリカ諸国機関、マドリード、二〇一二年、三五頁。
39　経済協力開発機構のPISAテスト、二〇一三年、そして、「ラテンアメリカは、教育に関する報告書の最後尾を占めている」『エル・パイス』紙、スペイン、二〇一三年一二月四日。
40　「ビック八」、ベイン&カンパニーの調査、三五頁。
41　シンギュラリティ大学の元革新学部長で副学長兼カリフォルニア州パロアルトのデューク大学工学部教授ビベック・ワドワへの筆者のインタビュー、二〇一三年三月一〇日。
42　「私が発見したこの魔法の一〇万ドルの数字についての最初の言及は、一九一〇年の『電話の歴史』からである」ハーバート・N・カッソン、五五〜五九頁。
43　アーサー・レストン「ウィルビーとオービル・ライト――クロノロジー」六九頁、[http://history.nasa.gov/monograph32.pdf]。
44　シェリー・カーソン「解放された心――なぜ創造的な人々は変人なのか」『サイエンティフィック・アメリカン』誌、二〇一三年四月一四日。
45　イーロン・マスクとの六〇分インタビュー、CBS、二〇一二年六月三日。
46　「天才の秘密――輝く才気の本質を発見しながら」『タイム』誌特別版、二〇一三年。
47　同前。
48　同前。
49　「米国、ドイツ、英国における起業家的個性の地域的配分と相関関係」『個性と社会的心理学ジャーナル』誌、二〇一三年四月。

第二章　ガストン・アクリオ——レシピをプレゼントする料理長

●レシピを公開しない料理人は消滅する

多くの科学技術の革新企業家にインタビューを始めて私が学んだ主要な教訓は、ライバルとの競争よりも協力が成功の鍵の一つということであった。未だに多くのビジネススクールで競争の美徳と強者の法則について教えられていることと異なり、今日では、ますます多くの革新者たちが、反対の道を進み、成功に到達している。ケーキを大きくすれば全員が、特に優秀な者たちが恩恵を受けるとの前提のもと、競争者たちと協力しているのである。そして、ペルー人シェフのガストン・アクリオの場合以上にこの現象をうまく説明する事例は少ない。アクリオは、世界でもっとも知られたラテンアメリカのシェフである。彼は、一一ヵ国に三七のペルー料理店の中心地——ニューヨーク、サンフランシスコ、マイアミ、マドリード、ブエノスアイレス、ボゴタ——を建設し、毎年一〇〇万ドル以上の請求書を発出する。[1] 彼は料理法という些細なものを、ペルーの総国民所得の九・五%を代表する億万長者の産業に変えたうえ、経済社会的現象に変化させた夢想家である。ノーベル賞文学者マリオ・バルガス・リョサが書いたように、アクリオは料理人及び企業家としての成功により勝利を収めたが、しかし「彼の偉業は社会的・文化的なものである」。二〇世紀の九〇年代の半ばにアクリオが新しいペルー料理を創作あるいは発見し、それを福音主義者の情熱で広め始めてから、一九九〇年にはペルーに一校もなかった料理学校が、今日では三〇〇以上も開校され、約八万人の生徒を擁するに至ったのである。[2] ペルー料理法協会によれば、首都ペルーだけで毎年一万五〇〇〇人の料理人が卒業するのである。[3]

今日では、アクリオに負うところの大きいペルー料理ブームのおかげで、ペルーでは、大学の専門課程の学生より料理学校の生徒の方が多いのである。そして、リマ市――少し前までは灰色に煤けた退屈な都市なので、詩人セサル・モロが「リマ、醜い女」と形容した――は、グローバルな都市に変わり、パリやローマを抜いて、二〇二一年には世界の美食の首都になることを目指しているのである。

多くの旅行者たち――私もそのひとりだが――がペルーに行くのは、かなりの部分、そのレストランや、世界のどこにも見当たらない新しいアイデアと味わいで食卓を囲む人をいつも驚かせるアマゾンとアジアの味の混ざり合った料理の独創性に惹きつけられてのことである。

ペルー料理は、アヒや現地のジャガイモ、オリュコ、ユカ、キノア、パリャーレス、あらゆる種類の魚といったアンデスの産品に革命を起こしてきた。そして、ペルーの新しい料理現象と共に、それを国家的な誇りの一つに変えたのである。今日、お国自慢ついて質問すると、料理がマチュピチュに次いで二位を占め、文化、芸術、自然の景色、歴史をはるかにしのぐのである。[4]

そして、一夜にしてこの料理は、三八万人のペルー人を雇用する国の経済発展の柱となった。ペルー料理協会（Apega）の資料によれば、ペルー料理ブームにより、ペルーにあるレストランの数が、二〇〇一年の四万軒から、二〇一二年には八万軒に急増し、アルゼンチンに三〇〇軒以上、チリ一〇五軒、米国五〇〇軒以上、東京には少なくとも四七軒のペルー料理店がある。主にシェフや高級レストランのオーナー向けの名高い英国の雑誌『レストラン・マガジン』は、最近ランキングを発表したが、それによれば、全ラテンアメリカの最良のグルメ・レストラン一五軒のうち七軒までもがリマ市内にある。

●「もし墓場までレシピを持って行くのなら、君は存在しないこととなる」

しかし、おそらくアクリオの経歴でもっとも興味深いのは、創作した新しい料理やその職業的成功――今日では、夫人と共に開設したアストリッド&ガストンや他の九つのレストラン・チェーンを有する――ではなく、その料理帝国を構築したやり方である。企業経営のマニュアルが吹聴することに反して、アクリオは、リマで始めた時から、彼の競争者たちにレシピを隠さなかった。全てがマニュアルの逆であった。彼は、もし他のレストランが新しいペルー料理法があるというニュースを流しはじめれば、それによって全員が恩恵を受けると考え、世界中にレシピを広めたのである。

マイアミで彼と知り合った時に、彼の成功物語について初めて私に語ったが、その成功を共同作業であったと紹介した。彼は「レシピを広めない料理人は、消えるべく宣告されているのです」と私に言った。「料理人像は変わりました。以前は、『料理人は、墓場まで彼の秘密を持って行く』と考えられていました。しかし、それは過去のことです。今は単にレシピを広めない――ネットワークやマスコミを通じて――料理人は、存在しないのと同じなのです」。

アクリオは、私が懐疑的となるのを感じたのであろうか、私が頼む前にその寛大さの理由について説明しはじめた。私に述べたところでは、「今日では料理のレシピは本来つかの間のものなのです。

もしレシピを墓場に持って行くなら、あなたは孤立した天才であり、忘れ去られるでしょう。革新の世界や料理の分野においては、運動を起こさねばなりません。私たちペルー人料理人は、競争するのではなく分かち合うのです。私たちは、全員のためのものであり、全員に恩恵をもたらすブランドを構築しているのです」。私は、全てに納得したわけではないものの、驚きと称賛の入り混じった気持ちで彼を見た。私は、成功のレシピについての詳細を語ってもらう前に、ペルーで料理人が下等な職と見られていた時代に、パリで料理人としてスタートしたところから語るよう頼んだ。

●「父親は私を弁護士にしたかった」

アクリオは、裕福な家庭の生まれである。リマでもっともエレガントな地区の一つであるサン・イシドロ地区のロス・ラウレレス通りで育った。彼の父親ガストン・アクリオ・ベラルデは、地主の一族出身の工学士であり、政治に一生を捧げてきた。一九六五年にフェルナンド・ベラウンデ・テリーの第一期政権で勧業公共事業大臣に任命された。一九八〇年には上院議員に選出され、一九八五年と一九九〇年に再選された。アクリオの家には政治家たちが出入りし、四六時中、政治が息づいていた。

ガストンは上院議員アクリオ・ベラルデの唯一の息子であり、四人の姉がいた。子供の頃から、父親と他の政治家たちの会話には漠然と興味があったが、熱中させるものではなかった。彼は小太りの子供であり、美味しいものを食べるのが好きであった。「六、七歳の頃、自転車で出かけて、市場でイカを買っていました」と当時を思い起こした。「私の家では、誰も料理をしなかったのです。母も姉たちも誰も。それで、私はイカを買ってきて、祖母の本を手に取って読み、レシピを作り、料理を作っていました。私の父は、この子は『奇妙な遊び』をしていると考えてでもいるように、横目で私を見ていました」。

アクリオは、どこからこの料理への愛着が来たのかはよく分からないが、台所が政治の世界や自宅の多くの女性たちからの隠れ場所であったかもしれないと推測している。「姉たちがいたので、台所ではあまり多くの時を過ごせませんでした。でもあそこでは、姉たちの世界から少し隠れていることができました。おそらく、それで台所との関係が生じたのだと思います。そこでは私はまるで隔離されているようでした」と明言した。

上院議員のアクリオ・ベラルデは、息子が台所で時間を過ごすのを誇りに思っていなかった。「父は私を弁護士か政治家にしたかったのです。小さい時から、国会での討論を見せるために私を会合に連れてゆきました。彼の政党の新世代の将来の政治家を育成する夢を持っていたと思います」。アクリオはこう振り返った。

●「大学を退学しました」

父親が期待した通り、アクリオはリマの伝統校の一つサンタマリア高校を良い成績で卒業し、法律課程を続けるためにカトリック大学に入学した。とはいえ、自分が入学しなくてすむようにあらゆることを行ったと告白したのではあるが。入学試験に合格するために日夜勉強する代わりに、大学の入学試験合格のために登録していた予備校にただ通っていた。

「入学しないですむように、あらゆることをしました。予備試験ではカンニングしたり、まあ、そんなことです。しかし、カトリック大学の入学試験が人文教養だったのです。私は家で毎日しつこく政治の話を聞いていました。小さな時からプロテスタントの道徳や資本主義の精神等についての本を読まされていたのです。それで、入学試験の日には、当然、私の知っていたことを答え、合格したのです。心臓が止まりそうでした。なぜなら入学したくないところに入学したからです。うんざりでした」。父親にとっては大きな誇りであるが、上院議員アクリオ・ベラルデの息子は約四〇〇〇人の志願者のうち七〇番という好成績で入学試験に合格したのである。

しかし、法律の勉強を始めて間もなく、アクリオはこれは自分に向いていないと気づいた。授業は彼を退屈させ、勉強はなおさらそうであった。中学校では非常に良い生徒であったが、不合格の科目が出始めた。「実際は、自分で自分を追い出すようにしたのです。ハイメ・バイリーを追い出した同じ大学です。そして、一年の間に全ての講座で不合格となれば退学となるのです。父は、私が退学させられたと知った時、ほとんど心臓発作を起こしそうでした。それで私は父に言いました。『私はスペインに行きます』。すると父は、私を矯正する試みとして、マドリードのコンプルテンセ大学で法律の勉強を続けるよう命じたのです」。

●マドリードでの方向転換

コンプルテンセ大学の最初の年は、おそらくは彼の父親への罪悪感もあり、アクリオは、全科目で優秀な成績をあげた。「しかし、完全に燃え尽きました」と彼は回想する。「なぜならスペインでのローマ法、教会法、自然法の勉強は、ひどい暗記主義だったのです」。

こんなことから、彼は夜レストランで働き始め、ペルー大使館や他の社交イベントで夕食を作るようになった。そして二年目に、アクリオは父親に何も言わずに大学を変え、マドリード・ホテル業学校で料理を学び始めたのである。「こうして父親には内緒で、ホテル業を勉強しながら三年を過ごしました」。

「それで、両親がマドリードに訪ねて来た時には、何と言ったのですか？」と私は質問した。

「彼らが訪ねて来た時には、料理の本を隠して法律の本を置き、全てうまくいっていて問題はありません、全てきちんとしていますと言ったのです。でも、卒業した時に、事実を伝えなければなりませんでした」

良い知らせと悪い知らせの笑い話のように、最終的に卒業はしたが、弁護士としてではなく、料理人としてである、とアクリオは父親に打ち明けた。「当然、大騒ぎになりました。しかし、既に父は疑いを持っていたと思います。その後に、父の友人たちが『まあ、息子さんは、何て美味しい料理を大使館のために作っているのでしょう』というようなことを話していたので、何となく気づいていたと私に告白しました。でも、気づいていないふりをしていたようです……」。しかし既成事実を前にして、「両親は容認してくれました。私は自分の夢がフランスで訓練を続けることだと言いました。当時、フランスが料理のメッカだったからです。両親は私を支援してくれました……。スペインの勉学を終えてから、フランスに行き、パリのル・コルドン・ブルー学院で学ぶために支援してくれたのです」とアクリオは思い起こした。

●「パリでは、素晴らしいことをしていました」

二一歳の時に、アクリオは、名高いパリのル・コルドン・ブルーに入学し、そこで、直ぐにクラスで最優秀となった。夜は学校の角のレストランで働き、そこのオーナーと友達になった、「私は勉強を終えてから毎晩そこで働きました。そこで、明確に自分の世界を見つけたのでした。私の日常は、午前七時から始まり、次の日の朝二時に終わるというハードなものでした。しかし、それは全く完璧で幸せな世界でした」と振り返った。

時と共に昇進し、調理場主任にまでなっていた。「それは、魅惑的でした。私はペルー人で、二三歳にしてパリで、調理場の主任となったのです。夢が現実となったのです。調理場では、驚くべきものを作っていました。絶えず料理を発明していました」と思い起こした。

アクリオがパリのル・コルドン・ブルーで、一緒に学ぶドイツ人アストリッドと知り合った。その後、彼女と結婚し、有名レストランになるアストリッド&ガストンを開設するのであった。アストリッドは、母国語のドイツ語とフランス語に加え、スペイン語を話し、ペルーに魅せられていた。二人の料理学生は、共通のものを多く持っていて、それゆえ直ぐにペルーで共に暮らすことを決心した。

●ペルーへの帰国

アクリオとアストリッドは結婚し、リマにレストランを開くことに決めた。それに並行して、ペルーでのル・コルドン・ブルー料理学院創設を支援した。「彼女を説得するのに苦労はしませんでした。彼女は私と一緒に来て、一緒に暮らそうと決心していたのです」とアクリオは回想する。「私の両親はとても嫌がりました。私は二四歳で妻は妊娠していましたし、一センタボも持っていなかったからです。それで、現在の料理の世界とは全く異なった世界であるペルーに戻ったのです」。ペルーで料理人となることは、特にサン・イシドロで育った若者にとっては常に、社会的地位の低い仕事に就くことであった。

ル・コルドン・ブルーのオーナーは、コアントロー家の継承者であり、ペルーの学生をかわいがり、ペルーにル・コルドン・ブルーを開設するための出資者探しに協力するよう求めた。アクリオはその候補を見つけて学院創設を支援しつつ、自分たちのレストランを開く場所を探しはじめた。

その時点では、アクリオと彼の夫人は、ペルー料理のレストランを開設するつもりは全くなかった。フレンチ・レストランを持つことを望んでいたのである。「世界中で最良のレストランは、その時点ではフレンチ・レストランでした。世界の料理人を、フランス料理の料理人となるように育成していたのです。だから私たちの夢は、フレンチ・レストランを持つことでした」とアクリオは振り返った。その間にガストンは、ル・コルドン・ブルーの創設を支援し、アストリッドは、ケーキ屋で働き、二人は自分たちのレストランを開くための場所を探していた。一年後に、ガストンとその夫人は、アストリッド&ガストンという名のフレンチ・レストランを開設したのである。

●「私の家族全員に資金援助を求めました」

アクリオは、両親、義兄弟、伯父など一族全員にレストランを開設するための資金援助を依頼した。幾人かは、慈善事業のようなものと考えて、貸し付けた。アクリオが覚えているのは、「全員がその時に、まるで失ったものと諦めているかのように、資金を貸してくれました。『かわいそうにこの子は、料理人になりたがっているので、助けてやるほかない』と。そして、その資金は決して回収できないものと納得しているようでした。私を哀れに思って与えてくれたのでした」。今日、これらの親族は、世界中にあるアクリオのレストランの中心地で、株式と交換にもっと資金を融資しなかったことを嘆いているであろう。「貸し手は、この計画をあまり信用していなかったため、ビジネスの配当を要求することを誰も思いつかなかったのです」と彼は振り返った。もしそうしていれば、今日では、数百万ドルを稼いでいたであろう。

アストリッド&ガストン・レストランは、月曜から土曜まで開いていた。アクリオは、月曜日の朝七時に出勤し、自宅には次の日の午前二時に戻っていた。「そして日曜日も、店は閉まっているのですが、週の間に私が料理を作り妻が接客をしていてできなかった会計処理のために、朝九時から出勤していました。全て二人で切り盛りしていたので、借金を早めに返済することができたということです。そして、私たちがフランス料理レストランで多くの成功を収めたので、支店を出さないかという提案があちこちから舞い込み始めたのです」と確言した。

当初、アクリオは、そうした提案を拒否していた。リマで今の店を最高のフレンチ・レストランにすることを望んでいて、新しいプロジェクトに気を散らせたくはなかったからである。しかし、間もなくペルーの外の料理の世界で起きていたことに影響され、アクリオと夫人は、新しい種類の料理を試しはじめた。

バルセロナのフェラン・アドリアをはじめとする料理人たちは、一九九〇年代の末から、フランス料理の枠を越えて、地域の味と色彩に基づく独自のスタイルをつくり、料理の世界に革命を起こしていた。スペインでは「地中海の味」のブランドが開発されつつあった。ある人はそれを「分子料理法」と呼び、ある人はまた、「非建築主義料理」と呼んだ。しかし、どう呼ぶかは重要ではなく、ヨーロッパの料理人の幾人かは、フランス料理の教義から離れ、料理の材料や形、組成を変えはじめた。そして、ペルー料理人の若い夫婦は、こうしたトレンドをフランスにいたころ間近に見ていたことから、ペルー料理で同じことをやってみようと決心したのである。

「フランス料理店を開いた時、私たちは、フランスで学んだやり方で乾燥キノコを必死に探していました。私の目は自分の周りを見ることができず、想像を絶する味を作ることができる五〇〇種類以上もの果物がこの国にあることに気づかなかったのです」。アクリオは思い起こした。「実際、アマゾン全域にある樹皮や根、草から多く味を見つけられる可能性があるにもかかわらず、マダガスカルの緑のピーマンを探していたのです」。

ペルーのセルバの産物を利用してみようと奮起して、アクリオは、二〇〇二年に、新しい材料を探してペルー全土を旅してまわった。夫人をリマに残して三ヶ月間レストランを任せ、アンデスやアマゾンの村々を巡って酒倉やレストランに何があるか発見し、旅の後『ペルー、料理冒険』と題する本を執筆した。彼は次のように回想した。「そこで私は旅を終えたのです……私は言いました、『ああ、分かった、これが私の道だ』と」。

●フォアグラからクイへの移行

アクリオ夫妻は、フランス料理に味わいを与えるバターやクリームをアヒやアマゾンにあるペルーの草に変えて、レストラン・アストリッド&ガストンを刷新しはじめた。アストリッド&ガストンは変化の時期に入り、花形料理として、フォアグラ（がちょうのパテ）に代わってペルーで食されるモルモットのクイを出すに至り、今日では、それはレストランでもっともよく注文される料理となっている。

「しかし、どうやってそれを何億ドルものビジネスに変えることができたのですか？」とアクリオに質問した。メキシコには、メキシコシティの歴史地区の中心部にドン・チョンというコロンブスによる新大陸発見以前の料理を出すレストランがあることを、私は彼に想起させた。そこでは、チャプリネス（バッタ）、トカゲの肉、マゲイの毛虫、ハエの卵、エスカモレス等アステカ人が食していたエキゾティックなあらゆる種類の料理を食すことができる。私がレストラン・ドン・チョンを訪ね、一九九〇年代に記事を書いた時には、ヨーロッパからの観光客を一杯乗せたバスがやってきて、彼らは車から降りると、毛虫を食べ、笑い死にしそうになりながら写真を撮って、帰って行ったことを彼に語った。しかし、二〇年後、そのレストランは、ビジネスとしては相変わらず小規模のまま、やはり好奇の対象でしかなかった。コロンブス以前のメキシコ料理は、ペルー料理が行ったようには、メキシコでも国際的な規模でも幅を利かせることはなかった。

「あなたたちの行ったことは、このメキシコ料理とどこが違ったのでしょうか？」とアクリオに尋ねた。

「違いは、私たちはレストランを開くのではなく、運動を生み出したことです」と彼は答えた。

「運動では、ひとりの活動が一部分となって、はるかに大きな経済的運動を生むのです」

「具体的には、それは何を意味するのですか？」と尋ねた。

「具体的には、運動が生まれてゆくに従って、ひとりの料理人が話しているだけではなく多くの料理人たちがお互いに会話を持ち始めるということです。個人的な仲間うちの現場では、レストランを開いた時には、バター三〇キロ、クリーム五〇リットルを使っていましたが、数年後には全く使わなくなりました。なぜなら、私たちが創り出したスタイルに合わないからです。フレンチ・スタイルからペルーの草のアヒが味をつけるスタイルに移ったのです。そして、地域文化がそのアイデアを生んだのです」と指摘した。

「つまり、全ての料理人に恩恵を与える運動を作り上げたのですか？」と彼に質問した。

「料理人以外の人たちにも恩恵を与えるのです。なぜなら、地方の生物的多様性の中にあるものや、田舎で起こっていることを少しでも理解するために地方の生産者と対話を始めていたからです」。アクリオは付け加えた。「また、グルメの人たちも加えようとしはじめていました」。

●「私たちは競争したのではなく、共有したのです」

アクリオによれば、ペルーの新料理法の運動は、彼のみによって生み出されたものではなく、並行して同じ方向に向かっている他の料理人たちがいたのである。そのうちのひとりが、ペドロ・ミゲル・シアフィーノだった。彼は、ニューヨークのアメリカ料理学院で勉強し、イタリアで五年修行したあと、二〇〇一年にペルーに戻り、アマゾンのイキトス市で一年暮らしてジャングルの料理を研究、二〇〇四年に有名なレストラン、マラバールを開設した。それは今日リマで最良のレストランの一つとなっている。もうひとりは、レストラン・マラスの若き創設者ラファエル・ピケラスである。彼は、ペルーのル・コルドン・ブルーとイタリアのピアモンテで学んだ。ピケラスは、ペルーに戻る前に伝説的なレストラン、エル・ブリ・デ・バルセロナで働き、ペルーの典型的な食材と外国料理との融合を試みはじめた。アクリオと同様、これらの若者たちは、おおむね同じころにペルー料理に革命を起こす意欲を持って帰国したのである。間もなく三人の料理人は、その他多くの料理人たちと共に、アイデアを交換し合い、テレビで料理番組を始めた。番組では、互いを頻繁に招き合い、それぞれが練っている料理法の革新を公開した。

レストランの若きオーナーたちが互いに助け合うというのどかなこの運動についてアクリオが話すのを聞きながら、私は懐疑の目を向けないわけにはいかなかった。常識的には、レストランのオーナーたちは——ペルーであれ世界のどこであれ——互いに助け合うどころか、ライバルとして闘っているのではないのだろうか。

「あなた方は競争者でした。そんなふうに互いに助け合っていたという話を、どうして信じられるでしょう?」と彼に言った。

「私たちは、競争したのではなく、分かち合ったのです。私たちはみんなのためのブランドを構築していたのです」とアクリオは答えた。

「当初からですか?」

「はい」

「それはどのようなものでしたか?」

「二〇〇〇年から二〇〇三年までの間に、私たちは対話のための会合を始めました。私たちの大半は三〇代で、既に高級料理のレストランを持っており、雑誌に登場し、インタビューを受け、テレビで注目を集めはじめていました。私もテレビ番組を持つようになっていました。私たちは、一つの主張を持ちはじめ、グルメの人々に対してのメディアで影響力を持ちはじめていました。それが全員に裨益するのでした」と応じた。

「何を口実に集まり始めたのですか?」

「こう言っていました。『私たちは一緒にならねばならない。私たちは多くのことをしなければならない。私たちの産品を売り込まねばならない。私たちは独自の言葉をもたねばならない。演説を行い、共通の原則と価値をもたねばならない』と。私たちには、世界中で十数ヶ国にしかない測り知れない可能性を秘めた遺産があるのです。そしてそれを活用しなければなりません。もしそうしなければ、私たちはただペルー国内でフランス料理を作っているペルー人であり続ける運命となるからです。それはつまり、無なのです」と答えた。

「コーヒーを飲むために自発的に集まっていたのですか、それとも計画的なものでしたか?」と質問した。

「その両方です。私たちは集まり、相談し合いました。とりわけ、その後スピーチとなり、運動へと結びついていくように調整に努めました。しかし基本的には、例えば私たちの料理の変革のプロセスを加速することでした。つまり、私たち自身のレストランの非フランス化です」

「では、具体的にどんなことを取り決めたのですか？　国際料理見本市に代表を派遣するといったことですか？」

「はい、それも含めて数多くのことです。例えば、グルメの人々のより多くの環境意識を生むために合意することなどです。ペルーでは、例えば一月にエビの禁漁期間が始まります。当時は、グルメの人々は、エビが禁漁になると、レストランにエビを注文していたのです。なぜなら、禁漁期間のエビがより美味だからです。そして、料理人は、それを断って客が離れるのを怖がり、注文に応じていたのです。そこで、私たちは、それをとらえて言いました。『よろしい。今から私たちは共に彼らに言いましょう。〈エビを売ることはひどいことで、不法で不道徳です。料理人としては、この時期にそれを自制する責任があるのです。このことが守られるよう、よく警戒し、他の料理人たちも守るよう努めましょう〉』。私たちはボーイにこう言うように頼みました。『お客さま、エビの禁漁期間が既に始まりました。全世界の海が危険にさらされていますので、禁漁が守られることが大変重要です。そして、もし守られなければ、来年はエビがないことになるのです』」

「それでうまくいきましたか？」

「それは試し撃ちでした。それからグルメの人々は、私たちに従ったのです。これらの人々よりも先に、メディアがやってきました。食事の後、近づいてきて言ったのです。『おめでとう、なんて美味しい料理なんだ！』

そしてキャンペーンはうまくいきました。なぜなら、その他の料理人たちも巻き込んだからです。そして、今日では、禁漁期間は完全に尊重されているのです。それは素晴らしいことです！」と応じた。

「しかし、どうやって料理人同士の競争を回避できたのですか？　一月にエビを売ると決めたレストランが他のレストランよりも儲けることは明らかでしょう」と指摘した。

「最初は困難でした。何が支配的であったか？　不信です。エゴです。虚栄心です。これらが対話や建設を不可能にする壁となるのです……。そうして、孤立し、自分だけの世界をつくり始めるのです……。しかし、みんながいったんメディアで同じことを公言すれば、その後レストランでエビを提供することは難しくなったのです……」

●もしあなたがレシピをひとり占めすれば、あなたは存在しなくなる

インタビューのこの段階に至っても、未だに私は、ペルーの新料理法の運動を始めた若き料理人たちがアマゾン料理を売り込むことに合意したのみならず、レシピまで交換するというアクリオの物語を信じるのは骨が折れた。

「もしかして、料理人たちは墓場までは、レシピを持って行かないのですか？」私は疑い深く質問した。

アクリオは、微笑みで答えた。そして、あらためて私に「それは昔のことです。今日では、レシピを広めない料理人は消え去ることを余儀なくされるのです」と言った。

「もし、あなたがレシピを自分のものにし、手放さなければ、あなたは存在しません。あなたが何かをつくったなら、それを手放すべきであることは、ほぼパラノイア的に必要なのです。なぜなら、それが流布するための唯一の方法だからです。それが今日料理の世界で、そして革新の世界で起こっていることなのです」とアクリオは言った。

「興味深いですね。なぜなら、おそらくあなたは、科学技術者が世界中で盛んに行っていることを、直感的に行っているからです。無人飛行機や3Dプリンターのような偉大な革新は、今ではインターネットで全ての人のために開かれた情報源で開発されているのですから」と私は彼にコメントした。

「開放され、分かち合われねばなりません。なぜなら、こうして、あなたがイコン（偶像）となり、まねるべきモデルとなり、トレンドを生むからです。もしあなたがセビチェを考案し、もし次の年にこのセビチェがマイアミのどこにでもあれば、あなたは存在します。あなたがつくるものをその他の人がつくることが緊急に必要なのです」とアクリオは応じた。

「それでは、競争はどうなるのですか?」と質問した。

「私たちの運動の前にあったものは、パンくずの競争でした。私たちの前提は、パンくずを取り合うためにけんかをするのではなく、全員に裨益する新しい世界を構築することです。もし、中国、日本、イタリア、フランスの料理が既に世界に存在しているなら、なぜペルー料理が存在しないのでしょう? これが私たちの出発点でした」と答えた。

●どうやって国内の戦いを回避するのか?

革新的レストラン同士の競争の脅威のほかに、新しい料理を創作していたアクリオのような若き料理人に対する伝統的レストランの静かな戦いの危険性も存在していた。

「どうやって競争者が汚い戦いをしかけてくることを避けるのですか? 例えば、メディアを通じての批判や、使用している新材料のいくつかは健康に害を与え得る等の情報をメディアに示唆することなどに対してですが」と彼に質問した。

「私たちは当初から、伝統と革新の間につくり出されたこの馬鹿げた争いを取り払おうと努めてきました。伝統的な料理人たちは、革新を行う者たちに脅威を感じていました。それは、いつも世界中で起こることです。そして、これを私たちは当初から認識していました。私たちは過度に雑誌に登場していたのです。革新は取捨選択するものであり、これが不満を生んでいました。テレビ番組は、この意味で大いに助けになったと個人的には思います。私はいつも伝統的な料理人たちをスターの座に置いていたのです。彼らが彼らの歴史を語り、前進し、知識を得るようにするためです。これが信頼を生みました」とアクリオは答えた。

「それで、今日ではどうでしょう？」

「当初話していた全ての障壁が取り除かれる時が二〇〇八年に到来しました。その時には、大衆料理の料理人たちは、高級料理の料理人たちから尊敬され大事にされていると感じたのです。その逆もありました。私たちは、互いに同等だと考えたのです。つまり、私たちは一つの産業の構成員なのです。そして、ますます多くの分野を含みながら、全員が一緒にこの産業を構築してゆくのです」と答えた。

「どのように何をしたのですか？」

「より生産者の側からしたのです。その時点で、私たちは既に無名の生産者の段階から主役の生産者の段階に移ることができていました。今日では、ついに都会が、田舎の生産者を称賛し、その仕事を認めています。なぜなら、新しい商業の絆をつくることが非常に重要だからです。二〇〇七年以降、リマでミストウラと呼ばれる料理見本市を開催しています。それは、いまやラテンアメリカ最大のもので、レストランや料理人だけでなく、生産者も表彰されるのです。そして年間五〇万人が来場します」と指摘した。

「どのように生産者を表彰するのですか?」

「ミストウラ見本市のもっとも重要なイベントは、優秀者の表彰です。二年前から私たちは、コーヒー、カカオ、キノア、ジャガイモ、アヒのようなペルーの典型的な産物の十数人の生産者を表彰することを決めていました。多くの理由で傑出した生産者たちです。以前、私たちは、生産者たちは新しい市場を探すためだけに見本市に来ていると考えていました。彼らにとって新市場を生むことが、見本市で唯一重要なことであると。しかし、こうした考えを改めるきっかけになった逸話を思い出します。キヌアのひとりの生産者が私に近づいてきて、これまで彼らを決して考慮に入れたりしなかったリマの人々や観衆が、彼に拍手した時に感じた感激を私に説明したのです。そして、この人物は、『私の村の名において』として握手を求めました。なぜならこの時を五〇〇年も待っていたからです、と私に述べたのです。私は唖然となりました。そこで田舎と都会との間の信頼を確立しなければならないと理解したのです」と答えた。

全ての料理人が、「パンくず」を争うかわりに一緒に働くことをどうやって達成したのかというテーマに戻ってアクリオは、「ミストウラ料理見本市は、いかに全員――若い革新的料理人と同様、伝統的料理人も、生産者や消費者も――が、ペルーで料理ブームの恩恵を受けてきたかを示す素晴らしい例です」と指摘した。「一〇日間続く見本市の間、国内の全地域のほか、ヨーロッパや中国、アフリカなど、世界の全ての地域の料理が披露され、世界の最高の料理人たちが招待されているのです。

このイベントは、国家的な出来事となり、新しい料理や新しいアイデアが紹介されます。それは、第一面のニュースとなり、グルメの人々の好奇心――空腹も――を掻き立てたのです」。こうして「全員が勝ちました」とアクリオは結論づけた。

●政府の役割

ペルーの料理産業に革命を起こした運動を生むために、ペルー政府からどのくらいの支援を受けたのかを知ることに好奇心を掻き立てられ、アクリオに、計画の当初における政府の役割は何だったのかと質問した。連邦当局、市または何らかの団体から運動立ち上げのための資金を受け取ったのか？政府の支援は、革新を促進するためにどの程度鍵となる要因だったか？と彼に質問した。

アクリオによれば、「国が参加した」のは、運動の準備が整う前ではなく、その後で、国はその促進を支援したのであった。

「二〇〇七年に、ペルー料理協会を創設しました。そこで私たちは全員団結したのです。記念写真は忘れがたいもので、そこには、貿易観光大臣、ジャガイモ生産者、街角で焼き串を売る女性、前衛料理人たちが写っているのです。政府の支援は、プロモーションに限られ、海外での料理フェスティバルへのペルー人料理人の参加支援のみでした。その他の国では、政府の参加は、これよりはるかに大きいです」とアクリオは言った。

「例えば？」私は尋ねた。

「例えば、スウェーデン政府のウェブページに入れば、政府が二〇年計画を持っていることを確証できます。彼らは料理において世界でもっとも重要な国になりたいのです。スウェーデンの場合は、多様性の少なさとわずかな料理文化がかえって興味深いのです。しかしながら、革新によって料理の大国にならねばならないと計画しているのです」と答えた。

「どうやってそれを達成することを期待しているのですか？」と質問した。

「スウェーデンでは、貯蓄を革新に移す場合に限って、レストランへの課税が五〇％削減されます。その政策の目的は何だと思いますか？　それは偉大な料理人をつくることです。興味深い計画があそこにはあるのです」

●「はい、もちろん失敗しました！　四六時中です」

成功した多くの夢想家たちのように、アクリオは、その経歴の中で多くの失敗を経験したと認めることを恥としてはいなかった。私が、何度か失敗したことがありますかと質問したら、直ぐに「四六時中です」と答えた。続いて、ペルーのファーストフード・チェーンでマクドナルドと競争しようとして失敗した逸話を私に語った。

「全て『ペルーのもの』でつくるというこの抑えがたい情熱で、二〇〇七年にロス・エルマノス・パスクアレスというサンドイッチ・チェーンを開店しました。私たちは言いました。『マクドナルドと競争をしよう！』。しかし、へまをしたのです。私たちの間違いは、新しい世界をつくるかわりに、外観が米国的なペルーのサンドイッチ店をつくったことです。全てのファーストフードがネオンの光で客を呼び、カウンターで客が料理を購入する方式であるべきと考えていたのでした。年に七件サンドイッチ店を開店しました。それは間違いで、クレイジーなことでした」と思い起こした。

「そこから何を学びましたか？」

「この失敗の結果、他の料理人たちが、これらの間違いを正し、チェーンを発展させています。ペルーのサンドイッチは、米国のファストフードに対して信じられないほど善戦しているのです。ペルーのサンドイッチを売っていますが、地方文化を考慮に入れた方式です。独自の方式を創設したのです。これはすごいことです」

「しかし、その当時、それは、あなたにどれほどの影響を与えたのですか？」

「失敗に負かされてはなりません。危険を冒す必要があります。何度か危険を冒しましたが、非常にうまくいきました。例えば、二〇〇八年にサンフランシスコにレストランを開店したことです。米国の銀行が次々と破綻している時に、私たちは六〇〇万ドルをかけて、月六万ドルの賃料で海辺にレストランを開店したのです。その頃、米国が破綻しようとしており、私たちはそこにペルーの国旗を掲げたのです」

「それはどうでしたか？」

「そうですね、ラ・マールと呼ばれるこのレストランは、私たちの有するレストランの中でもっとも儲かっています。年に一〇〇〇万ドルを売り上げています」と指摘した。

●「革新は継続的であるべきです」

私は、アクリオのレストラン・チェーンの各店で料理人たちが絶えず創作するとの標語を掲げていると聞いていたが、それが標語ではなく命令であることを疑わなかった。アクリオが私に語ったところでは、彼らのレストランの各店では、料理人たちは六ヶ月毎にメニューを変えねばならない。そして――それはさらに大きな挑戦だが――週に五品新しい料理を創作しなければならないのである。

「料理人たちが試食するために料理を創作するのですか、それとも店の客に提供するための料理の創作なのですか？」と質問した。

「もちろん、お客さまのためです。各々の料理は、黒板に書き込みます。どうやってアストリッド&ガストンの料理を創作するか説明しましょう。例えば、私のところに新しい豆が届きました。紫豆です。この紫豆で私は、デザートにするビスケットをつくります。私は、このように何か新しいものを創作しているのです。豆を塩辛い世界から甘い世界に持っていくのです。料理人は常に創作しなければなりません。革新は絶え間ないものであるべきです」と説明した。

「この全てのプロセスで、あなたの役割は何ですか？」

私の仕事は、料理人たちに自分のテリトリーを理解させることにあります。なぜなら、私は、アストリッド&ガストンの料理をラ・マールでつくることはできないからです。二店では、全く異なる料理の言語とスタイルが求められます。そして、青年はみな、若い時はアストリッド&ガストンの料理人となりたがります。なぜなら創造性への渇きがあるからです。そこで、私がしなければならないのは、創造性はどこにでもあるが、各レストランは異なった縄張りを持つということを彼らに説明することです。ある場合には、創造性は伝統的料理の中にあり、そこで古い本を探し出し、五〇年から一〇〇年前のレシピを見直して、近代的な言語を与えることとなるのです。これにより、伝統自体の真ん中で革新を起こしているのです。他方で別のレストランでは、別のものを作らねばなりません」と指摘した。

●「私たちの第一の目標――ペルーのブランドを成長させること」

おそらく、アクリオにより始められた新料理現象のもっとも驚くべきことは、ペルーの料理人たちが、最良の仕事をして、その仕事に誇りを感じるだけでなく、それをあたかも至高の大義の擁護者のように、愛国的な情熱で行うことである。アクリオによれば、「私たちは、世界にペルー料理を展開するという、第一の使命を持っているのです。もし、あなたが私たちの会社に入り、その使命を尋ねたなら、得られる回答はこうです。『世界にペルー料理を展開すること』」。私はこれに疑いを抱き、それが会社の第一の使命であるとはなかなか信じられないと彼に述べた。

「確かですか？　レストランをはじめどんな企業も、主要な目標は、お金を儲けることではないのですか……」。私は彼にそう質問した。

「はい、しかし、私たちの第一の目標は、ペルーのブランドを促進することです。なぜなら、ペルー料理が知られるに従い、もっとレストランを開店することとなり、私たちの企業が発展し、うまくいくだろうからです。さて、世界にペルー料理を展開する使命をなぜ持つのかとの質問ですが、三つの目的に従っています。第一は、ペルーのブランド及びペルー産品を促進することです。つまり、国のイメージを強化し、世界にポジティブな結果をもたらすため、国家的な産品を促進する道具としてペルーの料理を展開するということです」

「それはどういうことですか？」

「もし、私がペルー料理を通じて、ブランドとしての信頼をつくれば、ペルーの全ての産品や活動に信頼を生み出すことにつながるのです。そして、私は、いつもマドリードに私たちのレストランを開店した時の逸話を語ります。ある日、青年が私に近づいてきて言いました。『お礼を言いたいのです』。なぜかと尋ねると、青年はこう答えました。『あなたのレストランはカステリャーナ通りにあり、ドアには〈ペルー料理〉と書いてあります。そして、私はプエルタ・デル・ソルの近くにペルーの銀製品の宝飾店を開いていますが、あなたが店を出すまでは全く売れなかったのです』。お分かりでしょう、いかに関係があることか」

「あと二つの目的は何ですか?」

「第二の目的は、観光を推進し、ペルーに大勢の人々を誘致することです。これは、ペルー料理を通じてペルーを目的地として呼び寄せるのを推進することです。つまり、ペルーは、ヨーロッパからの観光客を誘致するためにラテンアメリカのその他の国々と競合しています。以前は、なぜペルーに来たのですかと聞けば、マチュピチュを見るためですと答えました。今では、なぜペルーに来たのですかと問えば、マチュピチュを訪問し、美味しいものを食べるためですと答えるのです。既に二つの理由があるのです。もう一つ理由があります。地域レベルでも競合しているからです。どこに行こうか?　ラテンアメリカを出てヨーロッパを巡るのか、ラテンアメリカの隣の国に行くのか?　そこで、ラテンアメリカの料理人たちは、ラテンアメリカ地域が非常に強力な観光の目的地となるように互いのスタンダードを摸索しているのです」

「それでは、第三の目的は?」

「第三の目的は、料理を通じて、ペルー人を統合することです。私たちが行っている種々の活動を通じて、ペルー料理をペルー人の統合のための手段とするのです」

●「パンくずのために喧嘩すべきでない」

アクリオにとっては、こうである。「財を成すのは、『ペルー・ブランド』のプロモーションがうまく機能している結果です。もしうまく機能していないのなら、財を成さず、みんなのためにビジネスを成長させるかわりに、パンくずのために喧嘩をする状態に戻るでしょう。私はペルー料理に価値を持ってほしいと思います。世界でイタリア料理が持つ価値と同じようにです。世界でイタリア料理の価値はいくらか知っていますか？　五〇〇〇億ドルです。これがイタリア料理の価値です。マイアミにイタリアのピザがあることや、スーパーマーケットにイタリアのトマトソースがあること、あるいは国際的なピザのブランド等によって全体で五〇〇〇億ドルの市場価値を持つのです」

「しかし、イタリア料理は、何世紀もの伝統を持っています。一代で強固となったブランドではないのですよ」と反論した。

「国際市場でのイタリア料理の伝統は一〇〇年です」と応答した。「四〇年の伝統を持つ日本料理には二〇〇〇億ドルの市場価格があります。四〇年前には日本料理のレストランは世界に五〇〇件しかありませんでした。現在では五万件にのぼります。四〇年前は、西洋の子供たちは、日本料理が何か全く知らなかったのです。もし子供に、海苔やワサビや刺身を食べたらお金をあげようと言えば、『狂ってる』と言われたでしょう。それが今日では、世界のどこでも食べられているのです」

「そうすると？」

「それで、この前提に立てば、ほんの数年あれば一国の料理を発展させることができるのです。今日では、ペルー料理には、食糧輸出も含めて一〇〇億ドルの市場価値があります。私たちにはやることが山ほどあるのです」

●「ブームは、ペルー人の自尊心を増大させた」

インタビューの終盤で、私がアクリオに、創設した運動でもっとも誇りとするものは何か質問すると、彼は即答した。「全ての中で最良のことは、ペルー人であることの誇りと私たち自身の中に主人公となる自信――文化や国家のようなもの――を取り戻すための重要なエンジンの一つとなったことです」。

アクリオは、ペルー料理がどんどん国際的な賞を獲得していると説明した。「二〇一二年に英国でペルーが美食旅行の行き先に選ばれたことや、ペルー料理が、ワールド・トラベル・ガイドにより、世界のもっとも将来性のある五つの料理のうちの一つに指定されたこと――それは、まるで国がオスカー賞を獲得した様なものです。この賞は、全ペルー人のものです」。

「ペルー料理が、ペルーの文化的事実として世界の認知を受けることを望みます。それは、自由の叫びのようなものです。そして、どんなことでも自尊心が鍵となるのです。そうすれば、それは、確実性と共通のプロジェクトを持って将来を見ることに大きく貢献するのです」

「明らかに、信頼と自信の最新ランキングでは、私たちは、しんがりからメキシコを抜いてラテンアメリカのトップに躍り出ました。ペルーに行けば気がつくでしょう。人は誇りを持ってあなたを迎えるのです。二〇年前であればフランス料理屋にあなたを連れて行き、私たちの街がいかにマイアミと似ているかを示そうとしたでしょう。今は違います。このことにペルー料理は、大きく貢献したのです」。アクリオはこう結論づけた。

このインタビューの数ヶ月後、ペルーへの取材旅行で私は、ペルー国民の自信を向上させるうえでアクリオが果たした役割を、ペルー国民がどの点まで認めるかについて確かめることができた。政界では、この料理人が国の次の大統領候補のひとりとなる可能性が真面目に話されていた。アクリオは、マスコミの前では、大統領職に興味があることを否定していた。しかし、多くの第一級の政治家たちは、その可能性を非常に真面目に受け取っていた。彼らのうちの誰もが、レシピを共有する料理人たちほど高いレベルの人気を誇っていないのであった。

【注】

1　「続・ペルー料理革命」『エコノミスト』誌、二〇一四年二月二二日。
2　筆者のガストン・アクリオへのインタビュー、二〇一三年二月。
3　ペルー料理協会（Apega）社の調査、二〇一三年。
4　Ipsos/Apoyo 社、二〇一二年の国内レベルで誇りにする要因に関する世論調査によれば、五三％のペルー人はマチュピチュと答え、四五％が料理、四二％が自然の景色、三〇％が歴史と答えた。

第三章　ジョルディ・ムニョスとメーカーズの運動

ペルーの料理人ガストン・アクリオが料理レシピで行ったこと――レシピを公開し、競争者と競争する代わりに協力すること――は、シリコンバレーの革新者たちがますます行ってきていることである。そこで増大しつつある運動の一つは、メーカーズ（あるいは「作る人」）運動であり、その信奉者は、インターネットにそのプロジェクトや秘密を公表するが、その前提は、全世界とその仕事を共有し、世界中から示唆を受ける方が、それを秘密にするよりもより都合が良いということである。これら全ては、二六歳の若いメキシコ人、ジョルディ・ムニョスを知るまでは、私には、非常にロマンティックな概念で現実的でないと思われた。彼は、三年前から米国の商業ドローン――民間使用のための無人飛行機――の主要な企業の一つの社長であった。もし、誰かが、ムニョスが一九歳の時に、ムニョスに、二三歳で従業員二〇〇人以上を抱え、二万八〇〇〇人の顧客を持ち、二〇一五年に約六〇〇〇万ドルの販売を計画しているカリフォルニアの企業3Dロボティックスの社長になると言ったならば、腹を抱えて笑ったであろう。進路のない青年とならないように、また分別を取り戻すように圧力をかけるための残酷な冗談と取ったであろう。しかしながら、二三歳でムニョスは、既に3Dロボティックスの取締役であり、米国の航空宇宙産業の大物たちと親しくつきあっているのである。彼の経歴は、映画のようであった。

●書類もなく、雇用もなく、資格もなく

ジョルディ・ムニョスは、二〇歳の時に、メキシコのティフアナから米国にやってきた。職も書類も大学資格も持っていなかった。彼は、メキシコで勉強もせず働きもしない数百万人の「n・i―n・i（ないない）」と呼ばれる若者たちのひとりであった。その上、彼の恋人プリスシラとの間に招かれざる息子を持ったばかりであった。二人の若者は、両親の怒りを恐れ、メキシコでは明るい未来がないので、彼女が米国市民権を持っていたことを活用し、学業を捨て、米国に逃げ出すことを決心した。ロスにいる時に、ムニョスは、在住者の書類を待っている間は働くことができないため、赤ん坊の世話をしながら、小さい頃から熱中していたテーマであるコンピューターやロボット、ドローンに関するアマチュアのブログに書き込みをしながら家で過ごしていた。彼の未来への期待はあまり元気の出るものではなかった。後になって告白したところによれば、せいぜいベスト・バイ社のチェーン店でコンピューター部門の販売員になって、おそらく残りの人生をそこで最低賃金で働くことを期待していたのである。

しかし、そうではなかった。ムニョスの航空技術への執着心とメーカーズのコミュニティ――自分たちのプロジェクトや発見を公に共用するインターネット・ナビゲーターの増大する世界――への参加、そして、ほんの少しの幸運が一夜にして彼を米国のもっとも前途有望な企業家のひとりと変えたのである。彼の企業の後援者で共同出資者であり、ムニョスと共に3Dロボティックスを創設するために二〇一二年に『ワイヤード』誌の前社長のポストを辞任したクリス・アンダーソンは、彼の本「メ

ーカーズ（作る人）――新しい産業革命」で若い共同出資者を「航空ロボットにおける世界の主要な専門家のひとり」と形容している。[1] 私が最初にムニョスにインタビューした時に、3Dロボティックスは、既に堅固な企業であり、多くの民間航空専門雑誌が話題にしていた。中でも、同社は、警察の空域警戒、テレビチャンネルのための空中撮影、遠隔地への薬剤の送付、害虫探査のための農業地の上空飛行、海岸でおぼれている人に救命胴衣を届ける等のために無人飛行機を販売していた。しかしそれは、始まりでしかなかった。民間ドローン産業は、米国連邦航空局がドミノ・ピザやアマゾン・ドット・コム、FEDEXが全ての種類の製品を輸送するためにドローンを利用することを可能とする規則の発表が予定される二〇一五年に、急成長が約束されている。

ムニョスはいかにして数ヶ月の間に、失業した移民から、直ぐにも航空宇宙産業の先頭となり得る企業の社長になったのであろうか？ 彼の物語は、別々の三つのインタビューで彼が私に語ったように、熱狂させるものであり、科学技術の世界におけるメーカーズの台頭を良く示している。

●「学校で問題を抱えていた」

良い生徒どころか、ムニョスは平凡な学生であった。子供の頃から、注意欠陥多動性障害（ADHD）と診断されていた。中学校を卒業する前に全部で五校を転校した。中流階級の職業人の家族のひとり息子――彼の父親は精神科の医師で母親は会計士であった――であるムニョスは、メキシコのバハ・カリフォルニア州エンセナダとティフアナで幼年期を過ごした。彼の小学校の記憶はそれほど幸せなものではなかった。

「学校では問題を抱えていました」と彼は言った。「注意力の欠如による錯乱に悩まされていました。集中できないのでした。先生があることを話すと、私はいつも気が散っていて別のことを考えていたのです。尼僧の学校では、問題児で、非常にやんちゃでした。先生が嫌う注意散漫で手に負えない子供でした」[2]。

彼の父親は、ジョルディの成績を心配して、学校を変え、モンテッソーリの養成所に入れた。「しかし、当てが外れました。モンテッソーリは、児童が何でも好きなことをする学校と思われていたのですが、私は、モンテッソーリですら馴らすのが難しい子供だったのです」。ジョルディは愉快そうに言った。たびたびの問題行動を咎められながらも、ジョルディは、白い鳩が閉じ込められていた鳥かごを開けたのである。もちろん直ぐ鳩は飛び去って行った。「父親は私に薬を与えるよう何度も言われていましたが、彼は抵抗し、決して薬を飲ませることはしませんでした」と当時を振り返った。ジョルディは、とても小さい頃から飛行機やロボット全般に取り憑かれていた。先生が授業を行っている間、飛行機やロボット、爆弾の事まで考えていたのである。

彼の母親のロサ・バルダレスは、ジョルディが子供の頃からレゴで遊び、周りにある全ての物を組み立て、分解することが大好きであったと私に語った。「隣人の女性たちまでもが、ジョルディにジューサーを修理してもらうために持ち寄っていました」。母親は言う。「彼の熱中したのはレゴでした。一歳の時に、教育的レゴをプレゼントしたのです。そこから創造性が生まれました。一日中、レゴで遊んで過ごしていました」[3]。

おそらく、この子供は、父親のホルヘ・ムニョス・エステベス医師の古道具を修繕する癖が移ったのであろう。父親の趣味は、いつものみの市で古い機械を買ってきて修繕することであった。ムニョス医師が思い出すところでは、「私はいつも安く手に入れた電気製品のがらくたを買っていて、それを修繕していました。それが、精神科医としての私の仕事の回路から抜け出すための治療法だったのです。それをジョルディは子供の頃から見ていたものです。そこから彼が出てくるとは想像しませんでした。しかし出てきたのです[4]」。

ムニョス・エステベス医師は、米国あるいはヨーロッパで仕事をすることを考え言語を勉強した。メキシコシティで博士課程を修了した後、ジョルディの父親は、フィラデルフィアで英語に磨きをかけるため奨学金を獲得した。そして、米国に旅行する準備ができていたが、メキシコ政府が一九八二年の経済危機後、劇的な予算削減の一環として、最後になって奨学金を取り消したのである。そして彼の留学計画は中断した。興味深いことに、あるいはそれほどでもないが、若きジョルディは、数年後、父親がやり終えることのなかった二つのことをやり終えた。革新に完全に専念し、米国に転居したのである。

「子供たちはいつも父親の現実のあるいは想像上の不足を補おうとするのです」。医師ムニョス・エステベスは、父親として、また精神科医として付け加えた。「ジョルディは、おそらく、米国での奨学金を実現できなかったという私の欲求不満の度合いを無意識に感じ取り、おそらく私の不足を埋め合わせしようとしたのです[5]」。

●「一一歳で爆弾を作りました」

子供の頃から、ムニョスは、コンピューターを持つことを夢見ていた。しかし、彼の両親は、遊んで時を過ごし、勉強からますます気が散ることを恐れて、一〇歳になって初めて、中古のコンピューターだけを買い与えた。当初、ムニョスは、どうやって起動させるのかさえ知らなかったが、数日で、もうその新しい機械に夢中となっていた。「私は一日に一八時間コンピューターに釘付けとなっていました」とムニョスは振り返る。

コンピューターの前にいない時は、この子供は、実験をしながら楽しんでいたが、それは、時には父親にとって少しも歓迎できるものではなかった。「一度、一一歳の時に遠隔操作の爆弾を作りました」。ムニョスは楽しそうに回想した。「打ち上げ花火を手に入れ火薬を取り出して、筒に入れ、電子回路を入れて、離れた広い土地で爆発させました」。

彼の両親は、この若者の実験的天分を誇りとすべきか警戒すべきか分からなかった。「父は、私が変人であるかのような顔をして私を見ました」とムニョスは思い出した。一四歳でこの若者は既に最初のウェブ・ページを設計し、航空学に関する全ての物に関心を持っていた。ＡＤＨＤの多くの子供たちが青年期に問題を管理し、克服できるように、ムニョスは、学校で最良の成績を収め始め、先生ともうまくつき合い始めた。「一六歳で良い成績を取り始め、一八歳で高校を終えました。奇跡的にどの学年も繰り返さなかったのです」。

高校を出た後、両親が離婚し、ムニョスは、航空工学課程を持つ唯一の大学であった国立工科大学（ＩＰＮ）で勉強するためにメキシコシティに転居を望んだ。父親は、当時、メキシコシティは非常に治安が悪かったので、この考えをあまり喜ばなかった。父親の反対にもかかわらず、また、おそらくは、父親が幼い娘を持つ女性と新しい家族を作ったことが嫌になって、ムニョスは、ＩＰＮに入学しようと首都に出て行った。

「工科大学は私を受け入れませんでした」

若きムニョスは、ＩＰＮの入学試験を二度受験したが、二度とも不合格となった。国内の一般学生への割り当ては、工業系の高校を卒業する学生よりも制限されており、入学のための点数に届かなかったのである。「工科大学に入学しようとして二年を失いました。そして入学できなかったのです。最後には、しっぽを巻いてティフアナに戻りました」。

ティフアナでは、航空工学を勉強するための大学に入れなかったという不満を抱えつつ、方向転換を決心し、タコス・レストランを開店した。父親から送られたフォルクスワーゲンを母親に売り、タコス店の店舗に資金を投入した。彼の父親はそれを知り、激怒した。「私は彼に言いました。こんなにも努力してタコス屋でおわるのかい？」父親は思い起こした。ジョルディによれば、「父は怒りました。なぜなら私が大学課程で勉学して欲しかったからです」。間もなくジョルディは、バハ・カリフォルニア州でもっとも名声のある私立大学の一つの科学技術高等教育センターで勉学するために入学した。

ムニョスは、ＣＥＴＹＳ（技術・高等教育センター大学）で一二ヶ月勉強したが、彼の恋人の同級生が妊娠したため、二人は怯え、両親がその結婚を承認しないのを知って、勉学をやめ米国で運を試すことを決意した。二〇〇七年になっていた。

「二人にとり大変なストレスでした」とムニョスは思い起こした。「子供は順調に生まれそうでしたが、私は書類もなく、私たちにはお金もなかったのです。私は、滞在許可が下りるまで、七ヶ月は働くことができませんでした。その上、経済が下落しており、間もなく二〇〇八年の経済危機が勃発しました。仕事を見つけることは非常に難しかったのです」。

●「ブログに書き込み始めました」

二〇〇八年、妻が働いている時に、彼は家に閉じこもり子供の世話をしながら、インターネットの開かれた情報源による革新コミュニティのブログに書き込みを始めた。メーカーズのグループが、新しいインターネット・サイトとアイデアを共有するための討論フォーラムをどんどん作りつつあった。その目的は、他人の経験を利用し、さらに速くプロジェクトを進展させることである。ウィキペディアや商業的な百科事典の代替として、自発的に自由時間を持ち寄る愛好者コミュニティにより作られたインターネット無料百科事典は、既に世界的な名声を得ていた。しかし、毎日、あらゆる種類の製品の愛好者のコミュニティのために数千のインターネット・サイトが出現していたのである。

このようにして、ムニョスは、当時『ワイアード』誌社長であったアンダーソンのブログに出会ったのである。「ＤＩＹ　ドローンズ」と呼ばれる創設されたばかりの討論フォーラムであり、この名称は、「自分でつくりなさい　ＤＩＹ　ドローンズ」あるいは「自分ひとりで作られたドローンズ」の略称である。当時、このブログには一四名しかおらず、彼らは無人のおもちゃの飛行機を自分で実験していた人たちだったとムニョスは記憶をたどった。この種の全ての討議フォーラムと同様、参加者の多くはペンネームで書き込んでいた。

ムニョスがアンダーソンのブログに最初に入った時は、下手な英語を謝ることから始まった。こう述べていた。「英語は私の第一言語ではないので、それ故、このプロジェクトを説明しようとする時に間違うことを許していただきたい」。続いて、ムニョスは、素人により作られたドローンの自動操縦の費用をいかにして安くするかについてアンダーソンが提起した問題の解決案を出した。

ムニョスは、ＤＩＹドローンズのブログに、彼がビデオゲームから取り出した部品で作った自動操縦について語った。彼の母親がプレゼントしてくれたおもちゃのヘリコプターを使いながら、Arduino（アルドゥイーノ）と呼ばれる非常に安い電子基盤と任天堂ビデオゲームのＷｉｉで装置を作ったが、それは、アンダーソンやシリコンバレーの科学技術の熱烈な愛好者たちがはるかに高い価格で作っていたものである。通常の基盤は五〇〇ドルするが、アルドゥイーノの基盤は事前に組み立てられた家庭用製品であり、わずか三〇ドルであった。ムニョスは、ブログで、ビデオゲームの部品でヘリコプターをどのように飛ばすかを説明し、数日後、写真と遠隔操作で飛ぶヘリコプターの動画を載せはじめた。

ブログを作ったアンダーソンは、人々がメモを取りはじめたことを覚えている。あるブロガーは、こう書き込んだ。「君の英語は、とても良いよ、翻訳は心配しないで。一枚の写真は千の言葉よりも価値があります。そして、僕たちは君の動画に夢中になっています。君が作ったヘリコプターは素晴らしい」。アンダーソンによれば、「私もまた印象づけられました。決して、アルドゥイーノを使ったことはなかったのですが、このことで、私はそれをもっと間近で見ることとなったのです」[6]。

●アンダーソンとの協力が始まる

アンダーソンは、アルドゥイーノの電子基盤についてもっと質問を行うためにムニョスと電子メールで連絡をとり、両者は、意見を交換しはじめた。「私は彼（ムニョス）の活力が気に入り、彼の恐れることのない研究への意欲と私が解決に奮闘していたソフトウェアの複雑な問題を解決する容易なやり方に印象づけられました。彼が何か面白いことを見出す途上にあると感じました」[7]。

月日が経つに従い、ワイヤード社社長と若きメキシコ人は、ますます頻繁に交信した。「彼の本能は、発見したセンサーをどう使うかから、本の中で見つけた難解な計算法をいかに使うか、というますます熱中させるような科学技術的発見に導いていくのでした」とアンダーソンは言った。

両者は、ドローンを操縦するための電子回路のような、新しいプロジェクトをブログ「ＤＩＹドローンズ」で開始した。ブロガー・コミュニティの他のメンバーのために寄与する利益の方が、彼らの幾人かがそのアイデアを完成させ、商業利用のために特許を取る危険性よりも大きいであろうとの信念に忠実に従い、発見した全てのことをインターネットで公表した。「私は、ブログに導入部を書いて、私たちの進捗状況を記述し、直接指導しながらプロジェクトの資料を提供し、どう作るかを教えたのです」とアンダーソンは述べている[8]。

三、四ヶ月でアンダーソンは、ムニョスに、協力の代価として五〇〇ドルの小切手を送付した。その目的は、彼の関心を維持し、――たぶん――将来一緒に商業プロジェクトを始めるためであった。

少し後になって、ムニョスとアンダーソンは、当時のワイヤード社社長がロサンゼルスで講演をした時に、個人的な知り合いになった。それ以来、ムニョスのそれまでの放浪生活は、はるかに定まった方向をとるのであった。

●開かれた情報源の革新

二〇年前、グーグル検索の誕生前に、『ワイヤード』誌――発行部数八〇万部のオタクにより読まれる雑誌――の社長が、高校の修了証書しか持たない米国にやってきたばかりの二〇歳の若者と企業を創設するために同誌の社長の座を辞任するということが可能であっただろうか。非常に少ない可能性である。「しかし、今日では、それはより自然なことです」とインターネットで開かれた情報源の運動を熱心に推進するひとりであるアンダーソンは明言した。その情報源は他の仕事を持ち、その趣味が科学技術である多くの人によって構築されている。「ウェブは、大学の資格やその他の身元保証書とは別に、人に知っていることを示すことを可能にします。職があろうとなかろうとグループを形成し、会社の組織の外で働くことを可能とするのです」とアンダーソンは言う。「彼らの多くは、別の職を持ち、お金ではなく、彼らが信じるプロジェクトにグローバルなボランタリーの資格で貢献するのです」[9]。

二〇一二年にムニョスと共に3Dロボティックスを創設するために『ワイヤード』誌の社長を辞任した後、アンダーソンは、世界中の科学技術愛好家の才能を活用するために科学技術のレシピを公開しつづけた。彼はその哲学を説明する中で、学術的あるいは職業的な経歴を基礎に従業員を雇用するだけの伝統的な企業として行動しないおかげで、3Dロボティックスは、はるかに創造的な頭脳を集められるのです、と指摘した。

もし、3Dロボティックスが、既にこの分野にいる専門家を雇用し、伝統的な企業として活動したならば、「自動車産業労働者やブラジル企業のために働くグラフィック・デザイナー、救急車用ラジオのイタリア企業を経営する者、自動車の代理店を退職したオーナー、カナリア諸島でエネルギー企業のために働くスペイン人、そしてその経歴により別の職業を持つに至ったにもかかわらず、情熱を持ってこのプロジェクトに参加したその他全ての者たちを失っていたでしょう」と説明する。

「より多くのより才能のある人を獲得しました」

インターネットでの開かれた情報源コミュニティを可能とする協力的革新のおかげで、「私たちのために働く、より多くの人とより多くの才能を獲得できました。ソーシャルネットワークは私たちを覆う屋根です。横の研究室は、スカイプです」とアンダーソンは強調し、そして、こう質問する。「同じ様に容易に才能の世界市場コミュニティにインターネットで助けを求められるというのに、なぜ、その仕事に最良の人物であるかどうか分からない事務所の隣の研究室にいる人物に助言を求めるのでしょうか？」。

アンダーソンによれば、「企業は官僚制や手続き、承認プロセス、組織の統一性を守るために設計された構造等に満ちています。(インターネットの)コミュニティは、一方で共通の関心と必要性の周りに形成され、必要とされる以上の手続きはないのです。コミュニティは、プロジェクトのために存在しているのであって、プロジェクトのある企業を維持するために存在しているのではないのです[10]」。これら全て、そして伝統的企業が行うような、大学の学位を基に人材を雇用することはしないというアンダーソンの哲学にもかかわらず、ムニョスは、工学の学業を修了することを諦めたわけではなかった。二五歳で、3Dロボティックス社の最高責任者として大企業を経営し、二つの家庭――既にプリスシラと別れ、今はメキシコの元同僚とサンディエゴで暮らしており、もうひとりの子供ができたばかりである――を維持するという必要性にもかかわらず、ムニョスは、工学士の学位を取得するためにデブリー大学でオンラインで勉強し始めた。

二〇一三年、ドローンに関するプログラムであるＣＮＮスペイン語放送の「オッペンハイマー紹介」という番組で私たちがムニョスを招待し、彼の驚くべき経歴について多くの質問をした時、この若者は、愛嬌と純朴さで応じた。しかし、放送前の会話の中に、興味をそそられる質問があった。「あなたは、既に大企業の最高経営者なのに、何のために勉強し続けているのですか？」。

彼の父親、ムニョス・エステベス医師は、子供の頃から、ジョルディに大学課程を修了するよう力説していたと私に思い出を述べた。「一度、学業をやめたことを叱った時、ジョルディは、私に言いました。『学位のない才能の方が才能のない学位よりも価値があるんだ』」と。しかし、彼の独創的な才気にもかかわらず、ジョルディは、学業を修了するという考えを捨てなかった。「父親を喜ばせるためにするのですか？　大企業の先頭に立つ大きな責任を持ち、扶養する二家族を持つにもかかわらず、なぜオンラインで大学の勉強をしているのですか？」。

「勉強するには多くの理由があります。なかでも父親が持っていたような経歴を持たないことが私に劣等感を感じさせるからです。そして、経歴は、より多くの落ち着きを与えます。誰にも分かりませんが、3Dロボティックス社は、下水管に流れ出てしまうかもしれませんし、一枚の証書が、そっと私に前進するための多くの可能性を与えてくれるかもしれないのです」ムニョスは私に言った。「しかし、もっとも大事なことは、もっと先に到達するためには、堅固な基礎を持つことが第一義的に必要です。そして、企業を開始した時に、私が解決しなければならなかった工学的な多くの問題に、必要の三倍以上の時間を費やしたのです。それは私が適切な能力を持っていなかったからです。大学では、既に『消化された』知識を与えてくれ、それは大きな助けとなるのです[11]」。

3Dロボティックスは生存できるのか？

3Dロボティックスの歴史を知った後、私は、この企業が開かれた情報源コミュニティに参加し続け、同時に商業的に持続性のある企業として居残ることができるか尋ねずにはいられなかった。企業が全ての秘密を公開すれば繁栄できると考えることは、もしかすると少しロマンティックな考えなのだろうか？　おそらくそれは、料理人ガストン・アクリオの場合には、理解できる企業哲学であろう――そこでは、料理のレシピの公開がペルー料理とその料理人たちを後押しする――、しかし科学技術分野では、納得することがより難しいのである。

もし、3Dロボティックスがインターネットで無人飛行機のための全ての新技術プロジェクトを公開し続ければ、時間の問題で、中国が、その産品をコピーし、より安い価格ではるかに早く市場に出すのではないかと尋ねると、もちろんその通りだとアンダーソンは答えた。既にそれは起こっている。

しかし、彼は開かれた革新コミュニティのためのほとんど宗教的な信念に忠実であり、彼の企業が開かれた情報源コミュニティから恩恵を受け続けることができ、同時にますます利益が上がる可能性に信頼をおく多くの根拠に言及した。

「開かれた革新の環境の中で漸進的に作り上げられた製品は、特許発明と同様の法的保護を持っていません。しかし、商業的な成功のチャンスがより大きいと推論できるのです」とアンダーソンは指摘した。「もっともあり得ることは、その製品が、秘密裡に作られた場合よりも、より早く、より良く、より安い方法で発明されたということです[12]」。

「私たちは無料の革新と開発を有する」

事務所の横の研究室を占有する工学士の貢献のみに限定する代わりに、世界中の自発的な貢献を受け取ることができるため、3Dロボティックスは、毎年新製品の研究開発のための数千億ドルを節約しているとアンダーソンは述べた。伝統的な科学技術企業が革新部門の工学士たちの機器に巨額の費用を浪費する一方で、開かれた革新コミュニティの企業は、アイデアを無料で受け取るのである。

「昼間は、私たちのボランティアは、それぞれの分野の成功を収めた職業人たちで、いずれにしても雇用するのが不可能な種類の人たちです」とアンダーソンは言う。「しかし、夜には夢中になることを行い、私たちのためにボランティアとして働くのです。彼らがそうする理由は、私たちが集団的に彼ら自身の欲するものを作り出しており、開かれた情報源でそうすることで革新プロセスを推進する美徳のサークルを作り出していることを知っているからです[13]」。

同様に、開かれた革新コミュニティのメンバーは、プロジェクトの一部となり、プロジェクトの「福音主義者」となる。つまり、3Dロボティックスのような企業は、ボランティアの資格で協力する工学士を持つ上に、品質管理の部門と無料のマーケティングと共に生まれるのである。「このコミュニティが周りで作りあげるどの製品も、市場に発売する前には、多くの特許製品よりも既により多く実験され、適格と認定されているのです」とアンダーソンは述べた[14]。

アンダーソンのブログに協力を始めたジョルディ・ムニョスの場合と同様、いくつかの場合に、『ワイヤード』誌元社長アンダーソンは、コミュニティの価値あるボランティアのメンバーに褒美として五〇〇ドルの小切手で報いた。別の場合には、3Dロボティックスは、もっとも際立った貢献をした者に対し、企業の優遇株の購入オプションで報いた。その他多くの場合、ボランティアは成功した職業人であり、小切手を欲しがらない。なぜなら、それは製品のコストに転化され、できるだけ多くの人々に可能な限り経済的に安い価格で製品を作るという開かれた情報源コミュニティの基本原則に反すると信じているからであるとアンダーソンは明言した。

●どうやって海賊行為を避けるのか?

しかし、もしインターネットで製品の革新プロセスが共有されれば、どうやって直ぐに盗用されることを回避するのであろうか?　アンダーソンによれば、この危険が夢を奪うことはない。なぜなら、3Dロボティックス——またはいかに製品を製造するのかを教えるいかなる企業も——は、一般的にそれをコピーする者よりも多くの利点を持っているからである。

まず最初に、中国やその他の国で、誰かがより安いドローンを生産できることは困難なのだとアンダーソンは言った。「もし、誰かが私たちのデータを使い、私たちの製品を変更せず、または実質的な改善もせずに製造することを決定したとすれば、また、単に同じ製品を製造しながら私たちと競争したいとすれば、彼らは市場を獲得できるためにはるかに安くそれをつくらなければなりません。しかし現実にはそれが起こるのは非常に難しいのです。私たちの製品は既に非常に安いからです。なぜなら、製造するために使っているロボットは中国で同じ値段で使われている同じものを使うからです[15]」。

第二に、技術的支援のテーマがある。「私たちのオンライン・コミュニティが、私たちの競争的利点なのです。討議フォーラムやブログを通じて技術支援の大半を私たちに与えるのです。もし、あなたがeBayで中国の複製の基盤（ドローンを動かすためのもの）を買えば、それは機能しません。オンライン・コミュニティが、あなたを助けるのは難しいでしょう。寄与者たちは、それをオリジナルな製品を製造したチームへの妨害と見るでしょう」とアンダーソンは指摘した。

第三に、3Dロボティックスが他社と共有することのない鍵となる要因がある。それは登録商標である。「複製された製品は、私たちの名前を使えないのです。私たちが保護する唯一の知的所有権は私たちの登録商標なのです。それ故に、人が、私たちの基盤を複製したいのであれば、別の名前をつけなければならないのです」とアンダーソンは述べた。産業的海賊が、ドローンを操縦するために同じ基盤を作り3Dロボティックスの製品と「両立」するラベルで市場に売り出せることは確かである。しかし、3Dロボティックスの製品として合法的に販売することはできず、同じロゴを使うこともできない。そして、「それは、ある種の市場コントロールを維持する良い方法で、それなしには、開かれた情報源革新コミュニティの基本原則を裏切ることとなるからです」と付け加えた。[16]

3Dロボティックスに不足していないものがあるとすれば、それは競争である。一部には、インターネットで秘密を公開する開かれた情報源の革新企業の条件によるものである。世界のどこかの場所でムニョスの企業の新しい競争者が現れない週はない。米国、イスラエル、その他のヨーロッパの国々は、軍事使用のドローン産業——はるかに大きい——を支配している一方、ラテンアメリカ、アジア、アフリカでは、商業ドローン製作会社が一ダースほど出現していた。

●パラシュートでビールを投下するドローン

南アフリカのノーサムでは、ドローン会社が、二〇一三年末のオピコピ音楽フェスティバルに参加した大衆に無人飛行機の一つからパラシュートでビールで満たされたプラスティックのコップを投下して、参加者を驚かせた。日本、アルゼンチン、ペルー、チリ、その他多くのラテンアメリカ諸国では、いくつかの企業が、農業のための土地の監視や考古学調査、密林の多様な動物種の保存のためのドローンを製造しつつある。

別の起業家たちは、天災の場合の救出作業に特化したドローンの製造を開始した。例えば、行方不明者を捜すための有人ヘリコプター派遣が不可能——あるいは非常に危険で高額——となる森林火災のようなものである。これらの場合やスキーをしている山での吹雪では、無人飛行機が、土地の広大な領域を飛行し、熱探知機で道に迷った人を探し、その所在の確認とその後の救出を可能とするのである。

二〇一五年に予定されていたドローン産業のための一般規則の発表のはるか以前の二〇一三年末に、米国政府が無人飛行機——石油流出の監視のためのPUMAと呼ばれるドローンや、アラスカの絶滅の危機にある種や北極で流氷や鯨の回遊の動きを追跡する石油産業支援のためのScan Eagle X200——の最初の商業ライセンスを繰り上げ発行した直後に、商業ドローン産業は熱をおびた。

一晩にして、民間利用のドローンの差し迫った襲来を告げる大見出しが現れた。ほぼ全てが、ユーチューブで注目を引いた動画に言及していた。そこにはドミノ・ピザが配達するドローン「ドミ・コプター」が現れるのである。航空宇宙産業のコンサルタント会社、Tealグループは、世界レベルのドローンの年間売上は、二〇二二年には、年間一一四億ドルと倍増すると予想している。基礎的消費財の購入及び関連サービスを含めた産業全体の経済的インパクトを考慮しつつ、無人機システム国際協会（UAVSI）は、ドローンが今後一〇年で米国経済だけで、年間八〇〇億ドルの貢献を行えると計算している[17]。

●小包を宅配するドローン

アマゾン・ドット・コム創設者ジェフ・ベソスは、彼の新しい会社「アマゾン・プライム・エアー」が、わずか三〇分で小包を宅配するドローンを大量に使う最初の会社の一つとなるだろうと発表した。「空想科学小説のように聞こえることは分かっていますが、そうではないのです」とベソスは、二〇一三年一二月一日にCBSチャンネルの六〇分のテレビ番組で言った。八つの電気モーターのプロペラを持つミニ・ドローンが黄色い箱を運び、家の扉の前に配達するのが見えるビデオを示しながら、ベソスは、彼の企業は、倉庫センターから一六キロメートルの距離にあるどんな住所にもわずか三〇分で配達を行えるだろうと説明した。「私たちは、最大五ポンド（二・三キログラム）の物体を運べます。それは、私たちが輸送する小包の八六％を占めます。こうして、都市部では、人口の非常に大きな部分をカバーできるのです」。

ドローンは、電動モーターで機能すると付け加えながら、「それは、非常に環境に優しく、トラックよりも良いのです」と指摘した。いつアマゾンの小包を配達するドローンを飛ばし始めるかについては、ベソスは、二〇一七年または二〇一八年となるだろうと述べ、こう付け加えた。「これは機能するでしょう。現実のものとなり、非常に面白くなるでしょう」。

●「問題はドローンが頭に落ちてきたら」

専門家たちは、技術的には、ドローンがピザやビールや薬を配達し始めることを妨げるものは何もないと述べている。その急増を妨げる唯一の障害は、法的なもの、治安上の不安、人々のプライバシーを侵す目的でこれらロボットを偶発的に利用することである。

「ドローンの主要な問題は規制です。なぜなら、もし、三～四キロの重さのロボットが空中にあれば、市内や家、人々の上に落ちないように保証することが必要です」とドイツのベルリン自由大学コンピューター科学・数学科の教授、ラウル・ロハス・ゴンサレスが私に説明した。同大学は、無人自動車、ドローン、その他の実験ロボットを開発するチームの筆頭で多くの国際的な賞を獲得している。

「それで、機器が信頼できることを保証するための技術開発を行う必要があります」[18]。

ロハスは、彼のチームと共に、ユーチューブ上のドミノ・ピザの動画が人気を出すよりはるか以前に、ピザ配達ドローンの動画を載せたのであるが、彼は、北極のクジラの回遊を追うためや耕作のための農地監査目的での商業ドローンの許可は、安全上の多くの問題を提起しないために、比較的簡単であると付け加えた。「しかし、ピザや薬の配達ドローンの場合はより複雑です」と説明した。

別の人たちは、同様にドローンで空が満杯になった時のプライバシーへの有りうべき脅威について憂慮している。ドローンがプールでトップレスで日光浴する妻の写真を撮ることを好む夫がいるだろうか、と批判者たちは問いかけている。さらに悪いことに、多くの国ではそれは禁止されているのではあるが、ドローンが赤外線カメラで家庭内の出来事の写真を撮ることを誰が好むだろうか？　ドローン産業のスポークスマンは、今日では、もう既に先端にスマートフォンを付けた箒を使い、隣人のプールの写真を撮ることができると反論している。そして、赤外線写真のドローンについては、すぐ近くに来ているのである。しかしながら、私生活の権利の擁護者たちは、ドローンの利用が規制されなければ、政府のみでなく職業的競争者や敵が私たちの寝室に入り込むことができるだろうと反論している。

「ドローンのピザ配達は、素晴らしいことですが、それは、ドローンの美しい表の顔です」と市民的権利擁護の弁護士で市民的自由のためのアメリカ同盟（ACLU）の元リーダーのジョン・デ・レオンは私に言った。「はるかに醜く、はるかに危険な別の顔があります。私たちは、一日二四時間全ての場所で警察が見張っている国や世界で生きたくはありません」[19]。

●クラウド・ファンディング革命

ムニョスと共に3Dロボティックスの共同創設者であるアンダーソンは、革新者にとって新しい可能性の世界があると確信している。なぜなら、全ての人に全てに——あるいは他の場所で行われているほぼ全てについて——精通することを可能とする開かれた情報源の他に、発明者のために新たな融資源が出現しつつあるからである。ほんの少し前まで、人が非常に革新的であっても、プロジェクトを現実に変えるための融資へのアクセスが困難であった。しかし今では、小さな投資家の大量の寄付を通じて新しいプロジェクトのための資金集め——クラウド・ファンディングの名で流行している——に従事するキックスターターやその他のインターネット・サイトのおかげで、資金は全員の手に届くのである。デロイト社の調査によれば、インターネットのクラウド・ファンディングのサイトは、二〇一三年に小額寄付者から年一五億ドルを集め、二〇一四年には、三〇億ドルの資金集めを計画していた。

キックスターターは革新の世界に革命を起こしたとアンダーソンは断言する。クラウド・ファンディングや集団的投資を通じて、大型投資家にアクセスを持たない小規模の革新者たちは、キックスターターや別の発明家のウェブサイトにアイデアを載せ、市場に製品が出回る前に販売するのである。製品に代金を支払っている人は、伝統的な投資家が行うように企業の一部を買っているわけではなく、単に最終製品の一つあるいは多くのコピーを購入しているのである。そして、もし、何らかの理由で、プロジェクトが具体化しないのであれば、全ての出資者が資金の返却を受けるのである。その概念は、コンサートあるいはホテルの予約に使われるものとあまり違わない。人は、入場のために事前に支払い、またはクレジットカードでホテルの予約を行い、もしコンサートや旅行がキャンセルされる場合には、返還金を受け取るのである。

キックスターターが音楽芸術産業のために考え出されたインターネット・ポータルとして二〇〇九年に生まれたのは偶然ではない。創設者のひとりは、ペリー・チェンと呼ばれるニューオーリンズの若いミュージシャンでディスク・ジョッキーである。数年前チェンは、世界でもっとも有名なディスク・ジョッキーの幾人かで大ロック・コンサートを組織しようとしたが、コンサートを始動させるために必要な一万五〇〇〇ドルを集めることができなかった。チェンは、コンサートをキャンセルしたが、ミュージシャンやコンサート組織者に影響を与える投資家の不足の問題をいかに解決するかを考え始めた。

数年後に、彼はニューヨークのブルックリンに転居した。レストランのボーイとして働いている時、よく朝食をとりに来て食卓を囲む人たちに、コンサートのために前払いで資金を集めるアイデアを語った。過去には、入場券を前売りすることは非常に複雑であったが、現在は、インターネットのおかげではるかに実現可能であるとチェンは彼らに言った。食卓を囲む人のひとり、ヤンシー・スティックラーと呼ばれる若者がこのアイデアを気に入った。間もなく、二人は、インターネット・サイト、キックスターター・コムを開設した。

四年後、キックスターターは、「創造的プロジェクトのための世界最大のプラットフォーム」として自ら販売促進し、一〇万八〇〇〇件の発明を市場に売り出し、七億一七〇〇万ドルを集め、同社の資料によれば、平均四四％のプロジェクトが成功した。キックスターターの成功したプロジェクトの中には、一三〇万ドルの集金目標を達成したスパイク・リー――『マルコムX』で有名な映画監督――の新しい映画やペブル・スマートウォッチがある。その時計は、電子メールを受け取った時に振動し、いちいち私たちの携帯電話を調べなくても、誰から来た何のメールか、それが緊急のメッセージなのかどうかを通報するのである。ペブル・スマートウォッチは、ソニーの類似の時計よりも安い価格で競争し、それに勝ったのである。

ペブル・スマートウォッチは、インテリジェンス時計を量産するために一〇万ドルを求めるプロジェクトのプロモーションビデオと共に生まれた。創設者が驚いたことに、そのプロジェクトは、わずか二時間で集金目標を達成した。初日の終わりには、一〇〇万ドルを集め、一月が終わる前には、八万五〇〇〇個の時計の前払いで一〇〇〇万ドルを受け取ったのである。

「ペブル・スマートウォッチの現象で特に興味深いことは、その設計チームが顧客コミュニティに対応した方法でした」とアンダーソンは彼の著書で指摘している[20]。寄付者たちは、時計が耐水性を持ち、水泳に使え、より長持ちするバッテリーを持つことを要求し、その他の多くの修正は、時計製造を開始する前に考慮されたのである。最終結果は「優れたモデルとなりました。なぜなら、少人数のチームが、クラウド・ファンディングや集団的投資を使いながら、研究開発や融資、マーケティングで電子産業の大企業よりもより早く前進することができたからです[21]」。

●クラウド・ファンディングとメーカーズ――拡大する現象

直ぐに、先端技術から不動産の起業まであらゆるプロジェクトのためのクラウド・ファンディング専門のインターネットのサイトが数多く現れた。そしてまた、製品をいかに作り、改善するかについての、コミュニティの意見募集に特化したQuirkyや、女性用の鞄や宝石、芸術品等の工芸品の販売に特化したEtsy等のサイトが、キックスターターよりも以前の二〇〇五年に生まれた。二〇一二年にEtsyは既に三〇〇人の従業員を抱え、月六五〇〇万ドルを売り上げていた。これらサイトや他のサイトのおかげで、今日では、発明者たちは以前よりはるかに多くのアイデアを実現する可能性を持っているのである。

ペブル・スマートウォッチのクリエーターの物語や若い元失業者で3Dロボティックスの社長となったムニョスの物語は、ますますありふれたことになっている。革新の世紀においては、開かれた情報企業やクラウド・ファンディングを通じた融資のおかげで、新しいプロジェクトを開始するための機会が民主化されることとなった。世界の全ての場所でますます多くの人々が、創造的なプロジェクトを具体化する可能性を持っており、互いに競争する代わりに、ますます共用しているのである。二〇一四年にムニョスのドローン企業は、既にリスク投資家から三五〇〇万ドルを集め、同年には二〇〇〇万ドルの収益を得た。二〇一五年には、収益を三倍増にすることを計画している。ムニョスは、少なくとも紙の上では、若き億万長者である。最初の私たちの会話から一年以上後に、最後に彼にインタビューした時には、彼の会社は、既にカリフォルニア、サンディエゴ、ティファナに工場を持ち、テキサスのオースティンで新会社を買収したばかりであった。同社は、「虹」と呼ばれる商業ドローンを市場に売り出した。それは、大量消費のためであり、わずか七〇〇ドルで、空からの撮影を欲する写真愛好家やリポーター、あるいは、例えば作品のためのイメージを要求する建築家や工学士に向けられたものである。「私たちはメーカーズであり続け、無人ヘリコプターの全てのソフトウエアや図面を公表し続けるのです。しかし、新モデルは、隠されることになりますが、より洗練された別のプログラムも作成することになるでしょう」とムニョスは言った[22]。

ムニョスは、通信工学の学業を修了し――論文が必要なだけで、四ヶ月後の卒業を待っていた――、いつも関心を持っていた革新にさらに専念するために既に最高幹部を引退することを考えていた。「私は、企業の革新部長となり、少し楽しみたいのです」と言った。また、現在の職務では、ほぼ全時間を経営と取引に専念する必要があったと付け加えた。ムニョスと別れる時に、私は、シリコンバレーの若き革新者たちの多くは、新しいプロジェクトで楽しむために三〇歳を前に「引退」するのだと考えずにはいられなかった。どうか彼の物語が、世界の全ての場所で共同プロジェクトを実現するために互いに協力している他の数千のメーカーズのために着想を与えるもう一つの要因となりますように。

【注】

1　クリス・アンダーソン『メーカーズ――新産業革命』一四七頁。
2　筆者とジョルディ・ムニョスとの電話インタビュー、二〇一三年四月一四日。
3　筆者とロサ・バルダレスとの電話インタビュー、二〇一三年五月九日。
4　筆者とホルヘ・ムニョス・エステベス博士とのインタビュー、二〇一三年五月一一日。
5　同右。
6　クリス・アンダーソン『メーカーズ――新産業革命』一四六頁。

7　同右。
8　同右。
9　クリス・アンダーソン『メーカーズ――新産業革命』一四九頁。
10　同書。
11　ジョルディ・ムニョスから筆者への電子メール、二〇一三年五月一二日。
12　クリス・アンダーソン『メーカーズ――新産業革命』一〇八頁。
13　同書、一一〇頁。
14　同書、一〇九頁。
15　同書、一一四頁。
16　同書、一一五頁。
17　ロイター通信、二〇一三年八月八日。
18　CNNスペイン語放送「オッペンハイマー紹介」での筆者とラウル・ロッハス・ゴンサレスとのインタビュー、二〇一三年四月二五日。
19　筆者とジョン・デ・レオンとのインタビュー、二〇一三年四月二五日。
20　クリス・アンダーソン『メーカーズでの「クラウン・ビジネス」――新産業革命』。
21　同右。
22　筆者とジョルディ・ムニョスとのインタビュー、二〇一四年四月一五日。

第四章　ブレ・ペティスと新しい産業革命

●「3Dプリンターは全てを変えるだろう」

多くの人が世界に革命を起こすと予言する3Dプリンターは、偉大な世界の革新がいつも漸進的で協力的でしばしば退屈なプロセスの結果であり――常に信じられているように――、単独のある天才の「エウレカ（私は見つけた）」の瞬間の結果ではないことの完璧な事例である。3Dプリンターは、二〇一三年にバラク・オバマ大統領がそれについて話し始めた時に有名になったが、何ら新しいものではない。物体の複製を作るこの機械は、一九八六年に米国人工学士チャールズ・チャック・ハルと並行的に同様の科学技術について研究していた他の工学士により発明された。今日では、数多くの改良の後、世界経済と私たちの家庭に、より多くのインパクトを与える革新の一つとして出現している。

多くの経済学者たちは、3Dプリンターは、一九世紀の初めに工業生産に一歩を踏み出した蒸気機関や二〇世紀末に世界を変革したパソコンと比較できる産業革命を生み出すだろうと予測している。同様に、3Dプリンターは、直ぐにも現在私たちが知っている大量工業生産を圧倒し、私たちの家庭で製造される個人化された財の生産にとって代わる可能性がある。多くの人の予言によれば、企業の標語は、ますます「製品ではなく、デザインを輸出する」こととなろう。なぜなら、デザインを私たちのコンピューターにおとして、独自の物体を――靴や衣服や食器を含む――私たちの自宅で作り、部品や色や材料を好きなように変えられるからである。

そして、スティーブ・ジョブズがパソコンの先駆者として歴史に残ったように、ブレ・ペティスは3Dパーソナル・プリンターを一般に普及させた人物として歴史に残るかもしれない。これらの機械の発明者であるハルの時代には、パソコンが出現する前のコンピューターのように、3Dプリンターは、しばしば部屋全体を占有する大きな機械であった。ニューヨークの部屋で、メーカーズ運動から現れた多くの友人たちと一緒により小さくより安い3Dプリンターを作り始め、その後、メーカーボットのブランドで商業化したのはペティスであった。

●学校の教師から大富豪へ

ペティスは、中学校の教師であったが、3Dプリンターの企業家として生まれ変わった。教師の仕事をやめたわずか六年後に自身のプロジェクトに完全に専念し、二〇一三年には、彼の企業を六億四〇〇万ドルで売却した。彼のやり方は、産業用3Dプリンターを一台一〇万ドル以上で売っていた企業と競争し、わずか一五〇〇ドルで販売するはるかに初歩的なパーソナル・プリンターの生産であった。

ペティスとのインタビューをとりつけるのに六ヶ月かかった。そのインタビューが決まった時、彼のプレス部長は、どうしてこれほど遅れたかを知らせてくれた。メーカーボットの創設者は、産業用3Dプリンターに特化した最大企業の一つストラタシス（Stratasys）に彼の企業を売却するに至った秘密交渉を行っていたのである。一方ストラタシス社は、Objetと呼ばれるイスラエル企業と合併したばかりであった。私に知らされたところでは、ペティスは、交渉が終わり、売却契約が署名されるまでは、どのインタビューも受けたくはないということであった。しかし、ペティスにインタビューするためにニューヨークに旅行した際、私が確認したところでは、おそらく、これほど遅れたのには別の理由があった。新しい大富豪は、多くのオタクと同様、内向的な人物であり、私が長い間にインタビューした中でもカメラの前で硬くなる人物のひとりであった。明らかに、記者と話すことをあまり好まなかった。彼はマンハッタンから地下鉄で数分のブルックリンの中心にある開設したばかりの新事務所で私を迎えた時、目に見えて神経質になっていた。やっとのことで行われたインタビューは最悪の形で始まった。

●「億万長者と呼ばれるのは好きじゃない」

メーカーボットのできたての事務所は全く乱雑であった。企業はそこに転居したばかりで、事務所はまだ完成しておらず、そのためたくさんのジーンズの若者たちが廊下や入り口でも働いていた。企業売却から数週間しか経っておらず、人員は三倍増の三一九名となったが、これでも、その契約の実現には至っていないことは明らかであった。バラク・オバマ大統領が一般教書の演説で、3Dプリンターに未来の産業として言及して以来、そして、メーカーボットのストラタシスへの売却発表の少し後、メーカーボットとその3Dパーソナル・プリンターは、世界の注目の的となったのであった。私を出迎えた企業の広報担当は、未来の産業を自分の目で見てみたいとする国際的な訪問者が多すぎて人手が足りないと語った。

事務所は全体的には乱雑であったものの、いくつか興味深い細部があった。入り口に、ペティス——空想科学小説の連続テレビ番組の熱烈な愛好者——は、電話ボックスのようなものを置いていた。後で私は、それが、二〇世紀の六〇年代に、イギリスBBCの番組『ドクター・フー』に出ていた主人公が時間の中を旅行するタイムカプセルの複製であることを知った。そのアイデアは、メーカーボットの事務所に入れば、人は新次元に入るということであった。ペティスの事務所の方に歩きながら、いくつもの会議室を横切って行ったが、ほぼ全てが、「ミレニアム・ファルコン」や「クラウド・シティ」等の『スター・ウォーズ』の映画から取られた名前であった。廊下の最後にあるペティスの執務室にたどり着くと、そこは近くの執務室と同じ大きさの、通りが見えるガラス張りの小さな部屋で3Dプリンターの品物で一杯であった。

ペティスは、私たちを待っていて、私がカメラマンと一緒に来るのを見ると立ち止まった。彼は櫛の通っていない灰色の豊かな髪と一九世紀の風習だった三角形のもみあげを持つ背の高い男性であった。黒いジーンズと黒いシャツ、そしてシャツの下にも黒の肌着を着ていた。その上、厚い黒いめがねをかけており、それがオタクの風貌を与えるのに貢献していた。大柄な青年で、無愛想な視線と動きはどこか鈍かった。自己紹介の後、私たちが座って——彼は机の後ろに座り——、私たちのインタビューが始まった時、私は、CNNのカメラの前で話すにあたって、落ち着かせる良いやり方であり、より快適に感じさせると——間違って——思って、まず相手を喜ばせる質問を行った。

「あなたの成功物語から始めましょう。一体どうやってわずか六年間で学校の教師から億万長者になったのですか？」

私が驚いたことに、ペティスは、明らかに居心地が悪そうに後ろに倒れ込んだ。続いて、カメラマンに改めて始めるように頼み、明らかに不愉快そうに私に向かって言った。「私ならそんな風には質問しないでしょうね！　私は億万長者と呼ばれるのは好きじゃない！　もしその質問をしなければならないのであれば、どうやって学校の先生からメーカーボットの最高経営責任者となったか質問してください」。

私が驚きと愉快さの間で彼を見ているのを見て、彼は続けた。「あなたは億万長者として紹介してほしいと思いますか？」。私は、「私にとっては何の危険もありません、私は億万長者ではないのですから」と言うように、笑みを浮かべて肩をすくめた。ペティスは、多くの科学技術の革新者たちと同様、ドナルド・トランプのように億万長者として認められなければ怒り出す銀行その他の産業の大富豪とは非常に違っていた。ペティスにとっては、彼の主要な功績は、革新者であることであり、億万長者となることではないのであった。

私は争う価値のない質問だと決めて、彼の好むやり方で再度質問した。わずか六年間で中学校の教師からメーカーボットの社長にどうやってなったのですか？　ペティスは、息を吸い答えた。「そうですね、私は、もし、学校の先生でなければ、最高経営責任者とはなれなかったでしょう。学校で教える際には、どう人々を組織し、どう物事が機能するかについて多くを学ぶのです。予算がないのです。少ない資金しかないので、非常に創意工夫しなければなりません。私は中等学校の教師でした。一一、一二、一三歳の若者を相手にしたので、学ばなければならない多くの業務がありました。それ故に、教師として、企業の社長になることについて多くを学びました[1]」。引き続き、彼の物語を私に語った。

●「子供の時から何でも直せるようになりたかった」

ニューヨークのイサカでの幼年期には、ペティスは、自動車整備工になりたかった。「全ての道具を持ちたかったのです。なぜなら、何でも直すことができるようになりたかったから」そう私に語り、そして付け加えた。「七、八歳の時、最初の革新を経験しました。というのは壊れた自転車を修理したのです。私の叔父は、自転車がどう動くのかを説明してくれました。そして、壊れた時にどう修理するかを知ったのです。それが、私に大きな喜びを与えてくれました。壊れた時に私は悲しくなり、それを修理し幸せを感じたのです[2]」。

「そして、私はコンピューター・オタクだったのです。私は、その地区でコンピューターを持っていた最初の子供のひとりでした。私の家族は、八〇年代の初めにソフトウェアの企業を持っていました。そのことが、いろいろな形で、私に利点を与えたのです。なぜなら、大半の人が、コンピューターを持つ必要がないと信じていた時に、コンピューターについての知識を持っていたからです」と付け加えた[3]。

学校では、ペティスは、平凡な学生であった。「私は良い生徒でした。子供の頃、私は物事を学びたかったのですが、それは、必ずしも学校で教える物事ではなかったのです。長い間、毎晩読書して過ごし、その後、クラスでは眠っていました」と述懐した。その後、青年時代に家族がシアトル州に転居した。ペティスは、そこで中学校を終え、エバーグリーン州立大学に入学し、心理学、神話学、舞台芸術課程を卒業した。「大学に行った時、好きなことを勉強すると決意しました。私の心に従うことを決心したのです。歴史、教育、民族音楽学、舞台芸術、心理学、神話学等、興味がある全てのことを勉強したのです」と言った。そして学科を選ぶ時には雇用の可能性をあまり考えなかったと付け加えた。

大学を卒業した後、ペティスは、ジム・ヘンソン・クリーチャー・ショップのプロダクション助手として最初の雇用を得た。それは、視聴覚効果と人形で世界的に知られている企業であり、なかでも、連続テレビ番組『セサミストリート』の登場人物エルモやマペットのミス・ペギーを作っている。ペティスは、映画のためのロボットを生産する企業のスタジオで助手として仕事を始めた。「あそこでは、多くのことを学びました。撮影セットの中で働いていて学んだことの一つは、長引く時間の間中、一日一六時間から一八時間、一週間に七日間、人は働くことができるということでした。この仕事のリズムは、アドレナリンを生み出し、創造的な興奮状態が、人をもっと創造的にするのでした。休日も時間割もなかったのです。映画産業では、期限を守る必要があり、休んでいる暇はなかったのです。『ショーは続けなければなりません』」と振り返って解説し、この仕事のやり方を全てのプロジェクトに移したと付け加えた。ジム・ヘンソン・クリーチャー・ショップのスタジオの社員として映画関係で働くために、ペティスはロンドン、プラハ、ロサンゼルスやそのほかの世界中の都市に派遣された。「私がシアトルの自宅に戻った時に、留守をすることがどんなに寂しいことかに気がついたのです」と思い出を語った。二七歳で、あまりに多くの旅に疲れ、ペティスは、教員の資格を取ることを決意し、中学校の美術の教師になった。いつも若者と共に働くことが好きであり、彼の映画産業の仕事の経験が、どの学校にとっても彼を優秀な教師に変えたのである。

次の数年、ペティスは、シアトルの公立学校で教師として生計を立てた。しかし、とてもじっとはしていられない教師であり、直ぐに生徒のためのビデオを作り始めた。「彼らは、私が直接彼らに話すよりも、テレビで私を見ている方がより注意を払うことに気がつきました。それで、ビデオ作りを始め、それをインターネットに掲載したのです」と言う。そして、時と共に、教育ビデオ——その中で、秘密の仕切りのある本から紙人形やカメラまで全てのものを作ることを生徒に教えるのであった——は、生徒の他にも多くの人に見られ始めた。

ペティスは、メーカーズの運動の積極的な構成員となり、革新者たち——アンダーソンやジョルディ・ムニョスやその他多くのドローンの先駆者のように——は、集団でものを発明し、インターネット・サイトで秘密の全てを共有し、相互にそれぞれの発見を糧とするのである。数年後に、ペティスは、運動についてのバーチャル雑誌の一つである『メイク・マガジン』のインターネット・サイトに彼のビデオを公表し、教師の給与を補填し始めた。そして、最後には、インターネット・ビデオに完全に専念するために教師の仕事を辞めたのである。

教育ビデオから3Dプリンターへ

二〇〇七年、三三歳の時に、『メイク・マガジン』のための週刊インターネット・ビデオを作ることで生計を立てていたペティスは、ニューヨークに旅行し、それからそこに留まることを決意した。「一ヶ月だけいようとやってきました、と人にも言っていました。ニューヨークの興味深い人と知り合って、彼らとビデオを撮るつもりだったのです。その後は、東京やパリ、メキシコシティで続けられるだろうと考えました。しかし、ニューヨークにいた時に、ここに大きなエネルギーがあることに気付きました。人々は何かをやるために来るのです。あまり快適な場所ではありませんし、リラックスできる場所でもないのですが、もし何かをしたいならば、理想的な場所なのです」。

「インターネットの教育ビデオを作ることから3Dプリンターの製造にどうやって移ったのですか？」と彼に質問した。

「ニューヨークに転居した時、小道具を持つ友人がいなかったので、共同で物を作りたかったのです。仕事場があって、何でも作れるようになりたかった。そのために、ニューヨークで知り合ったもっとも知的な人々を集め、NYCレジスター（またはニューヨーク・シティ・レジスター）と呼ばれるハードウェアのオタクや小道具のオタクのためのクラブを始めました。そこで、後にメーカーボットを創設した人々を含むあらゆる種類の人と知り合ったのです」

「しかし物理的にはどこに集まっていたのですか？」

「ここから数ブロックのところに場所を借りました。皆で支払ったのです。ひとり一〇〇〇ドルを持ち寄り、それは数ヶ月の賃貸料を支払うのに十分でした。これで始動しました。世界の大半の国では、ガレージや地下室という仕事場や作業場がありますが、ニューヨークにはあまり場所がないのです」

「そこで何をしていたのですか？」

「全員が道具や装備を持ち寄って、それを共有していました。私たちは何でもできました。なぜなら、道具と必要な知識を持っていたからです」

「しかし、どのようにして3Dパーソナル・プリンターを作るアイデアが生まれたのですか？　作業場に集まり、賃貸料を支払うためにひとり一〇〇〇ドルを持ち寄った時には、もう3Dプリンターを作るアイデアを持っていたのですか？」

「いいえ、アイデアは、作業場を持つことでした」

「しかし、それで何をするかは知らなかったのですか？」と私は食い下がった。

「私たちのアパートで私たちだけで、全員があらゆる形のものを作っていました」

「それでは、それはある種の趣味ですか、楽しむために集まっていたのですか？」

「いいえ、私たちは、大変な潜在的エネルギーでものを創り出していましたので、何かが起こらなければなりませんでした……。そのねらいは、何かが生まれるための潜在的エネルギーを構築することでした」

「私は分からなくなりました」私は彼に告白した。「あなたの友人たちと集まり、何も特別な目標を持たずに『物を作るために集まる場所を借り上げましょう』と彼らに言ったのですね」

「はい」。肩をすぼめながら、まるで話の中身が世界でもっとも自然なことであるかのように彼は答えた。「アイデアを考え、エネルギーを生むために人は人と集まるのです。そして、こうして、アイデアやプロジェクトを交換し、何でも作ることのできる器具を作ることを決定しました。3Dプリンターです」

●「3Dプリンターは、冷蔵庫の大きさだった」

ペティスが私に語ったところでは、3Dパーソナル・プリンターを製造するアイデアは、作業場で、彼とその他のメーカーズ（作る人）が自分たちのものを作るための機械を購入することになって、それが支払えないと気付いた時に生まれた。「その当時は、3Dプリンターは産業用機械で、冷蔵庫の大きさかそれよりも大きく、一〇万ドルしたのです。明らかに私たちは購入資金が足りませんでした。しかしそれが欲しかったのです。それで、もし、あなたがメーカー（作る人）で、何かが欲しくて、それを買うお金がないのであれば、あなた自身が作れば良いのです」こう説明を加えた。「私たちは――メーカーズ運動に参加するインターネット・コミュニティの支援で――、個人使用のための経済的な最初の3Dプリンターを製造できるまで、試しに試し、作っては壊しました」。

作業場を開設してから四年後の二〇〇九年、ペティスとその仲間たちは友人や家族から集めた投資資金七万五〇〇〇ドルでメーカーボットを創設した。当初は、世界中が――特に、彼らのようなメーカーズが――好きなものを何でも製造できるようにするためのプリンターを製造するという考えであった。途中で、この小さな機械が建築家や工学士やデザイナーたちに非常に役立つことを発見した。彼らは模型をはるかに速く、より少ない費用で製作するためにそれを使えるのであった。

その当時までは、プロジェクト模型を作ろうとする建築家は、その図面をシンガポールや台湾、日本にある企業に送り、そこで鋳型を作り、模型を製造し、返送してもらう必要があった。それは、何週間も費やし五〇〇〇ドルもかかる可能性があった。新しい3Dプリンターでは、わずか数時間で自分のオフィスで模型が作れ、もし、その結果が気に入らなければ、何度も同じ日に変更することができ、費用は使用するプラスティック原料費だけで一個一〇ドル以下であった。

「私たちは、他の人たちが革新を行えるようにするために革新するのです。私たちは人が創造的になるように動機づける機械を作るのです。企業レベルでは、もし何か設計したい、何かを作りたい、あるいは何かを創造したいのであれば、試作品の製作のために大量の労働資本が必要でした。それは高額でした。メーカーボットができてからは、それが非常に手頃となるのです。試作品の製造に一ヶ月かかる代わりに、それをわずか数時間で作れる。郵送し、返送を待ち、うまくできていないことを発見して、再度作り直すために送付する必要もありません。今では一日に何度も繰り返すことができるのです。それゆえ、ビジネスの世界では、はるかに速く製品を製造でき、もし間違いがあればより迅速に直すことができるため、それは最良の製品開発ができることを意味するのです」とペティスは私に説明した。

●レイシェンタール――「これは、全てを変える産業革命です」

ペティスとメーカーボット社のプリンターが低コストと数百万人の人に届く可能性により世界中で新聞の見出しを飾っていたのではあるが、この文章を書く時点で、より重要な3Dプリンター製造企業は、航空宇宙、自動車、製造企業のための産業用3Dプリンターを生産する企業である。そして、その中で、ストラタシス社と並んで最大の企業は、3Dシステムズ――似た名前を持つが、若きメキシコ人ジョルディ・ムニョスの商業ドローン企業である3Dロボティックスとは何の結びつきもない――であり、それは、科学技術の発明家、チャック・ハルにより創設され、三〇年後の現在は、アブラハム・レイシェンタールにより率いられている。

レイシェンタールは、二四歳頃に米国に移る前に、イスラエル空軍のヘリコプター整備工であったイスラエル人である。3Dシステムズに採用される前は、缶詰食品企業の幹部であった。二〇一三年半ばに彼にインタビューした時には、メーカーボットと競争するために、独自の家庭用の3Dプリンターを市場に売り出しつつあった。テルアビブ――ビジネス旅行で滞在していた――から衛星を経由してCNNのためにインタビューしたが、最初から、3Dプリンターの将来について、ペティスよりもグローバルな視野を持っていることが明白となった。それは、彼が多国籍大企業で働いた時の経験からくるものであった。

レイシェンタールによれば、3Dプリンターは、「全てを変える新しい産業革命をもたらすでしょう」[4]。なかでも、ものを発明し製造する方法を変えるだろうと説明した。既に今日では、NASAが宇宙船の破損した部品の交換部品を宇宙で作るために3Dプリンターを使用しており、また、航空宇宙産業は、以前のように、遠くにいる製造者に命令を出し、数週間かかって送付する代わりに、機能しない部品を即座に交換するために使っていると指摘した。

運送や観光のための船舶では、今日、全ての種類の交換部品を機械室に入れて運ばねばならない。そして、頻繁に、壊れたいくつかの部品の送付を待ちながら、ある港に何ヶ月も停泊することになるのだが、3Dプリンターはその費用を大きく節約するし、ただ単に3Dプリンターを船に載せ、そこで破損した部品を複製するだけになるだろう。「私たちは、ジェネラル・エレクトリックやその他の大企業が飛行機や発電所や医療機器のモーターの交換部品を製造するために3Dプリンターを使い始めるのを頻繁に見ることとなるでしょう」と述べた。

そして、医療産業では、既にますます3Dプリンターが使われていて、それは、膝や腰への移植のための個人使用のチタン製人工器官や個人仕様の補聴器を作るためであると指摘した。これまでは、大半の人工器官は、一般的なもので、あらゆる不都合や不快を引き起こしていたが、今や各人の体にぴったりと適応した製造が可能となったのである。

「それは、来るべきものの始まりにすぎないのです」レイシェンタールは付け加えた。「既に、衣服、靴、宝石は3Dプリンターで製造されています。そして。今後三年から五年のうちに、3Dプリンターで製造された、栄養価のある特別仕様のための食べ物を見ることになるでしょう。私はチョコレートが大好きですが、例えば、3Dプリンターでチョコレートを製造したいのです。そして私の関心は、印刷される食べ物の栄養価を増大させることのできる3Dプリンターの開発を始めることです。つまり、あなたは印刷したい栄養価のリストを作ることができるのです。3Dプリンターは、既に幾何学的に決定された形の食べ物のみならず、栄養価についても製造するのです。そして、次の一歩は、知的で機能的な製品の製造を始めるということでしょう」。

「知らなくて申し訳ないのですが、一体どうやれば衣服や靴、宝石を家庭で印刷できるのか分かりません」。私は彼に指摘した。「これはどう機能するのでしょうか？　シャツまたは靴一足を自宅で印刷するための原料に、どうアクセスするのでしょうか？」。

「そうですね、いくつかの原料は、プリンターと一緒に買えます。私たちは既に3Dプリンターを一三〇〇ドルで提供しています。それは執務室に収容可能で、二次元のプリンターのためにあなたが購入するインク・カートリッジとよく似た、いくつもの原材料カートリッジと一緒に販売しています。既に、私たちは、一〇〇種類以上の原材料の在庫を持っており、それは、本物のナイロン、用途に合ったプラスティック、完全に密度が高く、科学的に純度の高い金属、ゴムに似た素材、蝋に似た他の原料を含みます。そうして、消費者や専門職の人たちは、その必要性に適合した原材料カートリッジを購入するのです。いくつかのものは、自宅での印刷を選択するでしょうし、その他の物は、クラウド内の私たちの印刷サービスを通じて印刷できるでしょう」

「それはどのように機能するのですか?」

「そうですね、あなたがクラウドを通じて印刷したいもののデザインを送付できる場所が既に世界で一〇ヶ所あるのです。そして、直ぐに印刷がいくらかかるかの見積もりを送付し、後であなたの家まで運んでいくでしょう。これは、インターネットの集まった星座の始まりで、オフィスの机の上で、あるいは自分の暮らしているコミュニティでものを作る可能性を補足するのです。さらに、これは新しいエコシステムの始まりで、全く新しいビジネスモデルとなるでしょう。なぜなら、初めて、人は唯一の個人仕様の数百万個のものを作る力を持つからです。

そしてそれは大変な革新なのです!」

●街角の店にある3Dプリンター

レイシェンタールや他の産業リーダーたちによれば、間もなく各都市のコマーシャル・センターで、3Dプリンターを持つこととなろう。そこでは、何らかの理由で家庭用プリンターにない原材料を必要とするものを印刷できるのである。もし、シャツを印刷したいのであれば、家庭用の3Dプリンターは布地を持っていないので、近くの3Dショップで印刷することとなろう。「3Dショップは、私たちが個人仕様の地元で製造された製品を探すところとなるだろう。それは、今日私たちがもっとも近いウォルマート店で、印刷された写真を探すのと同様なのである」と『フォーブズ』誌の最近の記事は指摘している[5]。

また、これらの店と家庭用3Dプリンターの急増は、知的所有権をめぐる新たな世界的な争いの原因となるだろう。なぜなら、多くの人が好みのブランドものを特権使用料を支払うことなくコピーするからであると『フォーブズ』誌は断言する。知的所有権の海賊行為は、次の数十年に大きなテーマの一つとなろう。同じように、音楽を無料でダウンロードさせるインターネット・サイトが現れたように、製品のデザインをダウンロードし、特許使用料を支払わずにそれを製造することを可能とするインターネット・サイトが現れることとなろう。「これは、知的所有権をめぐる新たな論争の殺到を生むだろう」と同誌は指摘している[6]。

●国は、経済構造を考えなおさなければならないだろう

しかし、3Dプリンターのこの「新しい産業革命」の全ては、一夜にして起こるのではなく、数年続く漸進的なプロセスとなるだろうとレイシェンタールは私に言った。最初は、折衷プロセスを見ることとなるであろう。そこでは、製造業は、取引をより効率的に行うための補完として3Dプリンターを使うのである。そして、少しずつ、3Dプリンターが完璧となるに従い、新しい原材料が発明され、新しい科学技術が、古い科学技術にとって代わるのであろう。レイシェンタールによれば、革命は様々な異なる段階で行われるのである。

「明らかに、これは、きわめてインパクトのある革新的で撹乱的な科学技術です。それ故、最初に

見られるのは、この科学技術と伝統的な製造方法とのある種の統合でしょう。既にこの科学技術を飛行機のエンジン製造プロセスに統合しつつあるジェネラル・エレクトリック社等の企業が行っているようなことです。そうして今や到来するのは、伝統的製造業と三次元プリントとの融合の折衷プロセスなのです」

「それで、その後は？　3Dプリンターによる個人仕様の生産は製造業生産にとって代わると思いますか？」

「たとえ最初は折衷プロセスを見ることとなるとしても、おそらくは、伝統的な製造業とは、製品を製造するために他の国に行く必要がないという意味において、断絶することとなると思います。なぜなら消費地点のはるか近くでそれを行えるからです。これは、供給チェーンが変質し、消費者への製品の供給時間が変わることを意味します。また、この科学技術を採用した企業が、比較優位を持ち、伝統的な供給チェーンに依存する企業よりも速く市場に製品を運ぶことができるのです」

「どのくらいの時間でそれが起こると思いますか？」

「これは、他の科学技術が物事を変質させたと同じ飛躍的な形で起こるでしょう。長い間このプロセスが直線的に進行し、決定的な瞬間に、印象的な飛躍を遂げることを意味します。そして、人々は、驚いて顔を見合わせ、自問するでしょう。私たちが知らないうちに一体どうやってこれら全てが起こったのだろうか、と。例を挙げましょう。二〇一二年にコンピューター企業アップルの収入の七二％は、五年前には存在しなかった製品から来ているのです。このように断絶的科学技術はインパクトを与えるのです。そして同じことが3Dプリンターでも起こるでしょう」

「中国やメキシコのような製造業に依存する国々はどうなりますか？　崩壊するのでしょうか？」

「本当のところ、そうは思いません。中国政府と中国の産業は、3Dプリンターの断絶的インパクトを非常に自覚していて、このテーマについてのメディアの発表に注意を払っています。中国政府は、バラク・オバマ政権が3Dでの製造業イニシアティヴで行っていることを非常に綿密に追跡しています。私の意見では、中国は、より迅速に反応しており、その方向により多くの資金を投入しています。なぜなら、彼らは、この科学技術の力と国やそれを採用する産業に与える大きな競争的優位の可能性について知っているからです。したがって、中国やメキシコが破綻するとは思いません。多くの重要な国がそのビジネス・モデルを再考案しなければならず、真の競争的優位を持てるように経済構造を再考しなければならないと思います」

具体的にレイシェンタールは、ラテンアメリカ諸国に、「製品製造の再配置のための国家レベルの大きなイニシアティヴを創造すること」そして、「3Dプリンターにより推進されるビジネス・モデルを再検討するために全てのエネルギーを注ぐこと」を助言した。まず、国は、産業センターに3Dプリンターの養成センターを創設し、学校に3Dプリンターを配布すると共に、この産業における訓練と教育を行わなければならない。

「そうして、あなたが見るものは、固定電話と携帯電話で見たのと同じものです。つまり、固定電話のインフラを持たない多くの国が携帯電話に直接飛躍し、問題なく変化を同化できたのです。新しい科学技術を採用するために、持っていない科学技術の上を飛び越えたのです。もし、今日、小さな投資を行えば、同じことがメキシコやその他のラテンアメリカの国々でも起こるでしょう」と説明した。

もちろん、3Dプリンターを学校が購入するだけでは、携帯電話や学校のラップトップの購入と同様、科学技術の発展を保証しないであろう。レイシェンタールやペティスやその他の産業リーダーたちが、数百万台の3Dプリンターの世界中の学校への販売を切望しているが、独立系専門家たちは、この科学技術の恩恵を受ける国は、最良の工学士、科学者、技術者、デザイナーを輩出する国となるだろうということで一致している。

●教育の質――何よりも重要

シリコンバレーへの私の訪問でガイドを務めたシンギュラリティ大学の革新の専門家ビベック・ワドワが総括したところでは、「ラテンアメリカでは、教育の質が何よりも重要なのです。電子メールを送付するためにコンピューターを使えるということではなく、製品をデザインし、作り上げることができるということです。これには、世界のその他の地域と相互に活動するために、数学、工学、さらに英語も含めた知識が必要となります[7]」。

ラテンアメリカのみならず、世界中において、教育内容を変えなければならないとワドワは説明した。グーグルやインターネットの無料百科事典の時代においては、学校が、生徒を暗記や知識の蓄積を基礎に評価することに意味はない。今日では、生徒たちが、考え、問題を解決し、他の人の知識の上に構築することを学ぶことが、同様に、あるいはそれ以上に重要なのである。そして、「デザインが製品よりも」売れる3Dプリンターの時代に入れば入るほど、創造的な頭脳がさらに必要となる。

この点について尋ねられ、レイシェンタールは、私に言った。「製造業の国は、最良の教育を供給し、教育プログラムで質の高い労働力を求めるために共同歩調をとり始めるべきです。なぜなら、今日世界の大半の国の間に不均衡が存在するからです」。

●世界の失業が増加するのか？

インタビューでレイシェンタールの話を聞いている間、3Dシステムズの会長が熱心に述べていた産業革命の社会的な結果について考えないわけにはいかなかった。もし、家庭用3Dプリンターの製造がかなり産業生産に取って代わる時代になれば、現在の工場の雇用はどうなるであろうか？　運輸産業で何が起きるのか？　現在の企業が商品を保管する倉庫はどうなるのだろうか？　私たちは大失業の世界に向かうのだろうか？

「それは、素晴らしい質問ですね」私の問いに、レイシェンタールは答えた。「米国においては、伝統的な製造業の雇用を生き返らせるものは何もないと思います。ご承知の通り、この国での製造業の雇用は、他と同様、戻って来ないでしょう。私たちはますます加速化された変化の時代に暮らしているのです。そこでは、ロボット、センサー、モバイル、同様に、3Dプリンター、人工知能の組み合わせが非常に異なる製造形態をもたらすでしょう。これらの新しい生産環境は、多様な能力の集合とより少ない労働力を必要とする違った種類の訓練を必要とします。より少ない集約的労働とより多くの知能オートメーション化が起こることでしょう」。

ワドワのような3Dプリンターの新産業革命に熱中する人たちは、将来、より少なく働き、労働がますます良い報酬を得るとの楽観的な考えを共有している。「既に何世紀も前から起こっているように、多くの多様な種類の仕事があり、人々は、ますます少なく働くのです」。ワドワは言う。「長い間、人は、農村では週九〇時間働いていました。今では産業では週四〇時間働き、二〇年以内に週三〇時間働くこととなるでしょう。それは良いことでしょう。なぜなら、今日の工場で行われている、うんざりするような退屈で繰り返しの労働の代わりに知識に関連した質の高い労働を行うからです」。工場での現在の雇用に関して、ワドワは「これらは、保護する価値のない雇用です」と宣言した。

知識経済により関連する労働では、私たちは一層少なく働き、他方で、ロボットや3Dプリンターが製造産業の繰り返しの作業に取って代わるというレイシェンタールやワドワ、その他の人々の予想は、私にとっては道理にかなってはいるが、不穏なものに思えた。良い教育システムを持ち、ますます洗練された新製品を作ることのできる国にとっては、より良い世界であり、そこでは、人々が、少しずつ個人の願望を実現するための自由時間を持てるようになるだろう。しかし、教育の競争で後れた国にとっては、将来ははるかに暗いものとなる可能性があるのである。

●チャック・ハル、3Dプリンターの発明家

レイシェンタールに3Dプリンターの発明家であるハルとのインタビューを取りつけるのを手伝ってほしいと頼んだ時に、ハルが公に話すことを好まず、プレスにもあまり現れないかなり内向的な工学士であると私に前もって教えてくれた。しかし、グーグルで検索した結果、少しの材料しか見つからなかったため、私は彼とのインタビューに固執した。ついに数ヶ月後に、ハルへの電話インタビューができた。私にとって、これらの科学技術の革新者に対峙することは、新しい経験であった。他方で、

他の企業家――政治家は話にならない――は、プレスに出ることを常に拒もうとする。私が本書のためにインタビューすることになったハルやペティスその他の科学技術の世界の人物は、別の世界に住んでいて、そこでは、大衆よりも同僚が認めてくれることにはるかに大きな関心を有するのである。

ハルは、一九三九年生まれであり、未だに3Dシステムズの副会長であり技術部長であるが、創設した会社は、今はレイシェンタールが率いている。その経歴の中で、ハルは、六〇件以上の特許を登録し、その中には、「立体石版画を通じた三次元物体製造のための器具」という複雑な名前で登録した3Dプリンターも含まれる。その特許登録が説明しているのは、原材料の膜を継続的に付加し、凝結すると望む製品が形成される製品の製造手順である。

ハルは、コロンビア大学の工学物理学科を卒業し、デュポン化学企業で物理学者として何年も働いた。そこで、ハルは、三次元物体を生産するための器具のアイデアについて研究を始めた。他の工学技士たちが既に実験していたものであるが、彼の上司はこのプロジェクトにあまり熱心ではなかった。

「それは小さな企業で、社長は私に別の種類の職務をあてがっていたのです。しかし、私が、勤務時間外に私のプロジェクについて研究することに同意し、企業の研究室を使うことを許してくれたのです。結局両者にとってうまくいきました」。ハルはプリンターの特許を取った時に、この発明を働いている企業と共有し、「両者が恩恵に浴したのです」と説明した[8]。

●「私のプロジェクトは一二回以上も拒絶されました」

しかし、他の多くの発明家と同様に、3Dプリンターの特許を取った後、ハルは、それを製造し、商業化するための資金獲得に何度も失敗した。最初は誰もそのプロジェクトに資金を投入したがらず、新しい科学技術について発表された専門誌の最初の記事は、その将来について懐疑的だったと述懐した。

「私のプロジェクトは何度も拒絶されました。何度か覚えていませんが、おそらく一ダース以上です」。大笑いしながら言った。「投資をお願いした人たちは、この科学技術は役に立たないだろうと言いました。誰がこの装置を使うのか？　何のために？　と質問したのです。おまけに、この時代、全ての世界の製造業は中国に行くので、これに投資するインセンティヴはさらに少ないとも言いました。しかし、これは、世界を変える新しい科学技術にはいつも起こることです。最初は、誰も然るべく認めないのです[9]」。結局、多くのむなしい努力の後に、ハルは、カナダのバンクーバーでこの装置を製造する新会社の資本を拠出してくれる投資家を見つけ出したのである。

そこから先、何十年もが過ぎ、その企業が徐々に装置を改良していった。それは、主に自動車のための部品生産に使われた。ハルが私に説明したように、ゆっくりとした漸進的なプロセスであった。「何も発明しないで、急に多くの分野に大きなインパクトを引き起こす、と言うようには物事は動きません」と説明した。反対に、典型的に、何かを発明した後、人は、その製品のための商業的な道筋を見つけ、資本を獲得し、人を雇用し、企業を設立しなければならないのである。「そして、これら全てをやり終えても、元の発明にはなお多くの限界があり、再発明することが必要になるのです。それ故に、これら全ては決して終わらないプロセスなのです[10]」。

●3Dプリンターの後は、4Dプリンター

多くの人が未だに3Dプリンターの現象を消化吸収しようと努めている時に、幾人かの革新者たちは、既に4Dプリンターについて話している。それは、個人的なものを製造するのみでなく、様々な環境に適用させるために自分自身を変形加工することができるものを製造するという代物である。基本的には、これらの未来のプリンターは、3Dプリンターのようではあるが、映画『ターミネーター』のロボットの人工皮膚がそれぞれの戦いの後に再生するように、知的で自動治癒する原材料を使うことであろう。

そのアイデアは野心的すぎると思われるものの、米国国防省は、二〇一三年にプリンターについての可能性を研究するための投資を決定した。そして、三つの大学――ハーバード、イリノイ、ピッツバーグ大学――に協力して研究を行うよう委託した。「静的素材、あるいは単にその形を変えることができる素材の代わりに、私たちは、順応可能な擬態生物的な化合物の開発を提案しているのです。それは、外的な刺激の下、その形、特性、機能を再プログラミングできるのです」と、このプログラム担当のピッツバーグ大学化学工学教授アンア・C・バラズスは説明した。[11]

マサチューセッツ工科大学の自動組み立て研究所長、スカイラー・チビットスは、水と接触すると収縮して立方体となる知的素材の実演を行った時、世界の注目を浴びた。「私たちが水の立方体を作ることができると想像して見てください……素材がひとりでに水を動かそうとして波打つのです」とたとえてみせた。[12]そして「細胞操作を使えば、この種のアイデアは、何ら突飛なものではないのです」と付け加えた。

●大山鳴動して鼠一匹？

幾人かの専門家にとっては、3Dプリンターの産業革命についての全ての予言は、大山鳴動して鼠一匹である。その中にはアップル、アマゾン、シスコ、デル、グーグル、HP、マイクロソフト、ノキア等のブランドのために電子用品を生産する世界最大の企業、フォックスコン(Foxconn)社のテリー・ゴウがいる。ゴウが台湾のメディアに述べたところでは、3Dプリンターは「お粗末な仕掛け」であり、その重要性はメディアにより誇張されているという。ゴウは、このことが正しいとの絶対の自信があり、もし間違っていて3Dプリンターが世界の産業に革命を起こすのであれば、自分は名前を変え、後ろから前へUogと書くと述べたと『サウス・チャイナ・モーニング・ポスト』紙は報じている。

ゴウ——もし3Dプリンターが優位となれば、直ぐに彼をUogと呼ばねばならなくなるだろうか？——は、この科学技術についての唯一の懐疑主義者ではない。彼のような多くの懐疑主義者は、3Dプリンターが多機能携帯電話のような複雑な機器を大量生産できないとしている。もし3Dプリンターが多機能携帯電話を製造するために改良されたとしても、それは大量生産品よりもはるかに高くなるだろうと指摘している。そして、3Dプリンターは、皮革のような素材を使うことができないので、行えることには限界があると付け加えた。

科学技術市場を調査するもっとも良く知られたコンサルタント企業の一つ、ガートナー社は、家庭用3Dプリンターは、年四〇％以上増加しているが、非常に少ない数から始まったので、二〇一七年には、世界中でこの装置は八二万六〇〇〇台しか売れないだろうと見積もっている。ガートナー社の調査部長のピート・バシリエールによれば、3Dプリンターは、交換部品や特殊コンポーネントを製造する「大半の企業により使われる」装置となるであろうが、近い将来パーソナル・コンピューターのような大量消費現象となることは難しい[13]。

●未来は既に私たちの間にある

しかし、多くの人々が予言する前に、3Dプリンターが大量に販売され、世界の産業のかなりの部分を変革する十分な兆候がある。二〇一四年には、ステイプルズやオフィス・デポ等の米国のもっとも重要なコンピューター、事務用品店は、既に多くの支店で伝統的なパソコンやプリンターを提供するのと同じ棚で、一般大衆のための3Dプリンターを提供していた。

巨大民間輸送企業、UPSは、自宅にコンピューターを持たない人や旅行中の人のために既に数年前から始めているコンピューターの貸し出しサービスと同じやり方で、支店での3Dプリンターのサービス提供を始めると発表した。すなわちUPSは、間もなく消費者が自宅でコンピューターのデザインをダウンロードでき、そして――もし、3Dプリンターを持っておらず、また製造したいもののために必要な原材料を持っていないのであれば――近くのUPS店で印刷できるだろうとの予測を既に現実のものとしたのである。当初、同企業は、このサービスが新製品のための模型や原型を必要とする芸術家やデザイナー、小企業により主に使われるものと期待していた。しかし企業スポークスマンは、このプリンターの利用は徐々に拡大し、ますます多くの普通の消費者にまで広がっていくと予想している[14]。

マイクロソフト、インテルそしてアップル社は、とりわけパソコンから3Dプリンターで印刷できるようにする運用システムを創設中である。そしてヨーロッパでは、ヨーロッパ宇宙機構（ＥＳＡ）と三〇社の民間企業が、二〇一七年までに金属を利用する3Dプリンターを作ることを目的として、仏、独、伊、ノルウェー、英国に五つのパイロット工場を建設中である。「これまで、3Dプリンターは、プラスティックのみで操業が可能だったのですが、それが産業への応用を制限していたのです」とＥＳＡの新素材・エネルギー部長、デイヴィッド・ジャーヴィスは断言した。「とうとう私たちは金属の時代に入りました。そして今やアルミニウムやチタンでコンポーネントを生産できるのです[15]」。3Dプリンターでのチタン部品製造を専門とするノルウェーのノルスック・ティタニウム社調査部長ヒルデ・ロケン・ラールセンは、米国の競争者たちと同様に、「私たちは、二〇世紀の大量生産を可能としたものに匹敵する新しい可能性の世界を前にしているのです。二一世紀の革命は、個人仕様で局地化された大量生産でしょう」と言う[16]。

もし、ムーアの法則――コンピューターの能力は、二年毎に倍増し、それに従ってその価格は低下する――が、パーソナル・コンピューターに起こったと同様に、科学技術のために機能するのであれば、3Dプリンターに関しては、全てが科学技術・懐疑主義者よりも科学技術・理想主義者の方がより現実に近いことを示していると思われる。3Dプリンターは漸進的な革新現象であり、三〇年にわたって発展してきて、ブレ・ペティスが中学校の教師の職を辞めることを決意し、ニューヨークのメーカーズの作業場で3Dプリンターの製造を始めた時に、突然有名になったのである。そしてこのまま留まることを全てが指し示している。

【注】

1 筆者とブレ・ペティスとのインタビュー、ブルックリン、二〇一三年八月二六日。
2 同右。
3 同右。
4 イスラエル、テル・アビブでの筆者とエイブ・レイシェンタールとのインタビュー、二〇一三年七月二日。
5 エリック・サビッズ「未来を製造しながら――3Dプリンターに参画する一〇の傾向」『フォーブズ』誌、二〇一二年七月一二日。
6 同右。
7 筆者とビベック・ワドワとのインタビュー、二〇一三年七月四日。
8 筆者とチャールズ・チャック・ハルの電話インタビュー、二〇一三年七月三〇日。
9 同右。
10 同右。
11 ピッツバーグ大学プレス・コミュニケ、二〇一三年九月三〇日。
12 ベン・ルーニー「もしあなたが3Dプリンターが断絶的と考えるのであれば、4Dプリンターを待ちなさい」『ウォールストリート・ジャーナル』紙、二〇一三年七月三〇日。
13 ベン・ルーニー「3Dプリンターは、消費者にとり未だに高嶺の花と報告書は述べている」『ウォールストリート・ジャーナル』紙、二〇一三年一〇月四日。
14 ラケシュ・サルマ「UPSは、3Dプリンターを普及することに成功するか」インターネット版『フォーブズ』誌、二〇一三年七月二日。
15 カルロス・フレスネダ「新金属利用の3Dプリンター」『エル・ムンド』紙、スペイン、二〇一〇年一〇月一六日。

16　同右。

第五章　ラファエル・ユステと脳の操作者

「協力万歳、競争をやっつけろ」

この本で話す全ての革新の中で、もっとも私を驚かせる――同時に、おそらく人類によりポジティヴなインパクトを与える――ものは、ニューヨークのコロンビア大学でスペイン人科学者ラファエル・ユステが研究している脳の操作である。ユステは、脳の活動地図プロジェクトの共同部長である。それは、人間の脳の数十億個のニューロンを見ること――またはおそらくは制御すること――を可能とする最初の地図作りを目指している。

バラク・オバマ大統領が年一億ドルを充てることを約束し、世界中の科学者が参加するこのプロジェクトは、うつ病や統合失調症、てんかん等の病気の診断を可能とし、これらをニューロンの操作を通じて治療する方法を見出すために、脳のニューロンがいかに互いに関連しているかを深く研究することを目指すものである。脳の全ての活動を図式化し、制御する事ができれば、新しい診断方法と新しい治療の基になるとプロジェクトの推進者たちは述べている。しかし同時に、ニューロンの操作は、人類の歴史で前代未聞の問題を提起する。それは、今まで私たちが空想科学映画でのみ見てきたものである。

米国政府やその他どんな国も、ある形で考えさせ、または全く考えさせないようにするために、国民のニューロンを制御できるであろうか？　私たちは、諸政府がより知的で、あるいはより無知で従順な人間を創造するために、人間の脳を操作できる段階に到達するだろうか？　あるいは、両親が、より優秀な生徒となるように赤ん坊の脳をプログラムし直すことができるのであろうか？

●政府は私たちの頭脳を読むことができるか？

ユステにインタビューした時には、彼は、既に『ニューヨーク・タイムズ』紙やスペインの『エル・パイス』紙、『サイエンス』誌、その他多くの国際的出版物で記事の対象となっていた。その上、『ネイチャー』誌は、もっとも革新的なプロジェクトを研究している世界的な五人の科学者のひとりとして彼を選んでいた。私は、これほどの宣伝によってかなり誇張された、おそらく神経生物学をあまり理解していない人々——私のように——をかなりもどかしがる科学技術の傑物と出会うだろうと思っていた。しかし、私は全く違う人物と出くわした。

私は、コロンビア大学のユステの研究所に着いた。午前中は雨で、彼らの事務所はひっそりとしていた。私は、もしかするとこのプロジェクトは人類にとって危険なのではないかとの私の質問に、いかに反応するかについて少々恐れを抱いていた。ユステは、最近五〇歳の誕生日を迎えたが、予想外に私を大きな笑みと質素さと優しさで迎えてくれた。禿げ上がった頭に、髭を蓄え、常にあたたかな笑みをたたえた人物であった。ギブスをはめた腕を肩からベルトで吊るしていて、——彼が明らかにしたところでは、——フットボールの事故の結果であった。「私たちは、スペインで家族といたのです。そして、私の甥たちが、野原で試合を組んで、私にこう言いました。『ラファおじさん、参加してよ』。

そして、私は彼らと試合を始め、草の上で滑って、こうなったのです」。やれやれといった風情で楽しそうに言った[1]。

顕微鏡とあらゆる種類の冷蔵庫で一杯の研究所に私を招き入れた後で、ユステは、そこに二人だけいた科学者を私に紹介した。ユステ研究所の一六人の研究者は国連の研究者と非常によく似ていると冗談を言った。全体のうちの四名が韓国人、米国人三名、日本人二名、ドイツ人二名、イスラエル人一名、スイス人一名、ヒンズー系フィンランド人一名、カナダ人一名、チェコ人一名、そして、もうひとり——彼自身——がスペイン人である。「それは、もっとも普通の事です」とユステは肩をすくめた。そして、米国の大きな大学の科学研究所は、米国人よりもはるかに多くの外国人を持っていると付け加えた。

私たちが座った時に、私はユステに——半分冗談に、半分真面目に——、あなたの研究は、人間の脳を操作するための米国政府のプロジェクトだと多くの人が考えていますよ、とコメントした。

●「私たちは危険について非常に自覚しています」

「もしあなた方が、これらの病気を治すために、人間の脳がどう働くかを探知しようとすれば、仮にも人間の脳を操作しようとすることになるのではないですか、それとも違いますか?」と彼に質問した。「その操作があまり称賛すべきでない目的のために使われる可能性はないのですか?」。

「おっしゃる通りです」と彼は答えた。「しかしはじめに言っておかなければなりません。当初から、このプロジェクトを提案した科学者たちも米国政府も、私たちが研究している科学技術が誤って使われる可能性について非常に意識しているのです。このプロジェクトは脳の地図を作り、その活動を操作するための科学技術を開発することです。しかし、当初の目的は、脳がいかに機能するかを理解し、患者を助けることです。私たちは世界にいる数百万の患者たちに債務を有するのです。おそらくあなたも私のように、統合失調症やてんかんに苦しむ近親者がいるのではないでしょうか。私たちはそれを治療しなければなりません」。

「どうやって？」

「例えば、統合失調症は、思考が混乱している問題です。私たちは思考をその他の思考と結びつけ、統合失調症の人が異常な考え方を治すための技術の開発を試みることができるでしょう」

「しかし、私の質問に答えてはいません」私は彼に優しく言った。

「人間の頭脳を操作し始めることは危険ではないのですか？」

「これらの技術は、利他的ではない目的にも使われ得るのです」彼は答えた。「それは、新しい技術が開発される時に、いつも科学が晒される同じ問題です。核エネルギーや新しいバクテリアの科学技術について考えてみてください。それらは、人類の大きな進歩を促進するためにも、破壊的な活動を引き起こすためにも使われ得るのです。私たちは、市民として、そうならないようにする責任があります」

「どのような危険ですか？」私はしつこく尋ねた。

「一つの可能性は、あなたが言うように、人の考えを読めること、あるいは思考に介入できることだと思います」とユステは言った。「しかし、まさにそのために、私たちはこの技術開発が社会の代表と倫理の専門家、そして科学者により構成された倫理委員会によって管理され監督されるよう提案したのです。このプロジェクトの後ろにいる私たち科学者と同様に、政府がこれを監視していることをあなたに保証します。オバマ大統領自身が、記者会見で言いました。この種の科学技術の利用を監督するように倫理委員会に委託すると述べたのです」。

●人間の脳は、私たちにとって未知のもの

二〇一三年四月二日にバラク・オバマ大統領が人間の脳の地図作りのプロジェクトを発表した時、その計画を人類にとって歴史的なものとして言及し、近代の医療は体の機能の仕方は知っているが、脳についてては知らないと説明した。「私たちは、人間として数光年のところにある銀河を識別することはできますし、原子よりもさらに小さい微粒子を研究できます。しかし、私たちの耳と耳の間にある三ポンドの灰色の物質の神秘を未だに解明していないのです」。発表を行った記者会見でそう述べ、いつも厳めしいホワイトハウス担当のレポーターの笑いを誘った[2]。

ユステは私に言った。人間の脳の地図計画は本当に歴史的なものである。なぜなら、この器官は、私たちがどう機能するかを知らない体の唯一の部分なのだから、と。「私たちは、筋肉、肝臓、心臓がどう機能するかを知っており、壊れた時に治すには十分なのです。しかし、鼻から上は、実際、未知の領域なのです」。

「つまり、私たちのもっとも重要な部分の機能については知らないのです。つまり、私たち人間は、未知の脳を持った動物ということなのです」ユステは話し続けた。「人間の心は、脳の活動の結果な

のです。私たちの存在、思考、信仰、行動、動作、知覚、私たちの全生命は、脳の働きに依存しているのです。それで、もし、どう働くかを理解できれば、人類は史上初めて、内側から自分自身を理解できるのです。それは、初めて内側から私たちを見るようなものです」。

「第一歩は、人体がどう機能するかを理解することでしょう」とユステは言った。「そして、脳がどう機能するかを理解した時には、人体が壊れた時の問題を解決することができるでしょう。それは車のようなもので、どう機能するかを知らなければ修理することができません。とすれば、これは同じく単純です。脳は一〇〇〇億個のニューロンでできた仕組みを持ち、何かが壊れた時には精神や神経の病気を引き起こすのです。それで、私たちが欲することは、最初にどう機能するかを理解するという問題を解決すること、すなわち、いかにニューロンが互いに発信し、いかに交信するかということです。そして、一度それを知れば、精神病に取り組み、治療することがはるかに容易になると思います」。

●「脳を知れば、私たちはより自由になるだろう」

私は、聞いていることに魅了されつつも、「専門家委員会」が人間の脳の地図作りと脳操作の潜在的な危険性の解決を担当するとのユステの説明に満足せず、元の私の質問に戻った。「これら全ての研究が悪のために使われることをいかに避けるのですか?」ユステは、脳の発見のポジティヴで可能性のあるインパクトは、否定的なインパクトよりもはるかに大きく、そして、もし恐怖が科学的研究を麻痺させることを許せば、未だに私たちは中世の時代にいることになるだろうと示唆した。

「率直に言って、これは人類にとって、重要な歴史的瞬間の一つであろうかと思います。なぜなら、人類が内面からいかに心が働くかを自ら知る時、より自由になるからです。私たちの苦しみの多くの原因を理解し、医学的問題のみならず行動の問題も解決できるのです」と述べた。

「また、新しい種類の科学技術を開発することを可能にすると思います。それは、人体を統御するために、そして人々の間のコミュニケーションを最大化するために直接脳の活動を利用することです。これは、一種の人類の進化における宙返りといえるのです。なぜなら、数千年前から哲学者や心理学者、医者たちが研究してきたものなのですから」と付け加えた。

●一〇〇〇億のニューロン

人間の頭脳は並はずれた複雑性を持っているとユステは説明した。私たち人間が脳の中に持っているニューロンの数は一〇〇〇億個で、測り知れない連結のジャングルとして描写される様々な方法で互いに連結している。それは、宇宙のより洗練された素材の一片でありえ、私たちの一人一人が頭の中に持っているものである。それを研究し始めることは怖いものだと告白した。事実、人間の頭脳の神秘が決して理解されないと考える多くの人がいる。

しかし、ユステはプロジェクトが実現可能と考えている。「私たちは、厳格な科学者です。そして、人体のその他の部分と同様、それは方法と研究の問題なのです。遅かれ速かれ、解決するのです」と言った。どうやるのか質問すると、その秘密は、ニューロンそれ自体ではなく、ニューロン間の運動と連結を研究することであろうと説明した。「良いですか、このことをとても単純なモデルで説明できます。あなたが家でテレビ映画を見ていると想像してください。しかし、あなたには、画面のピクセルだけが見えるのです。そうすると映画には気づきません。人間及び他の動物の脳の研究は、一つのニューロンのみの活動を登録し、その後別の動物のニューロンの活動と比較するという技術で行われてきたのです。それは、ピクセルだけを見ながら映画を見ようとするのと同じなのです」。

「誰も脳全体の映画を見たことがありません。数多くのニューロンの活動を登録するための技術が開発された時には、同時に、私たちは行動、思考、運動を起こす活動、話すこと等に対応する活動のパターンを見始めることとなるのだろうと思います」と付け加えた。

●「ネズミにビデオを見せるのです」

人間の脳の神秘を解明するために、ユステと彼のチームは——多くの大学と同様——ネズミに映画を見せてどうニューロンが反応するかを観察する実験をしている。

「ビデオ？　映画ですか、ハリウッドの映画のような？」笑いをこらえきれずに質問した。

ユステは、ほほえみ、うなずいた。

「そうです」。そして、その実験がどう機能するかを私に説明し始めた。「人間の脳とほ乳類の脳は、一般的に大脳皮質と呼ばれる領域により構成されています。人間や霊長類では、この領域は非常に発達していますが、ネズミの大脳皮質に非常によく似ているのです」と指摘した。「それで、ネズミは、非常に手頃な実験動物なのです。もし、ネズミの脳がどのように機能するかを理解できれば、私たちは霊長類や人間の脳がいかに機能するかを理解し始めることができるでしょう。なぜなら、ネズミとの唯一の違いは、大きさの違いであって、質の違いではないと思われるからです」。

興味を惹かれ、私は映画を愛するネズミについてより詳しく話してくれるように頼んだ。ユステは、実際のところ、研究の大部分は、苦しまないように麻酔を打ったネズミにビデオを見せることから成っていると言った。非常に強力で特別な赤外線レーダーで、研究者たちは動物の視覚皮質にあるニューロンの小さなグループ――ネズミが持つと見積もられる約四〇〇〇個から一八万個――の活動を追跡できる。そこは、ネズミや私たちがものを見るために使う脳の後ろの部分で、動物がビデオを見ている時に、研究者たちはニューロンがどんな信号を発し、どう相互に連結されているかを研究するのである。

「それで、何を解明しているのですか?」と彼に質問した。

「いくつかのニューロンは、こちらで信号を発し、他はあちらで発します。しかし、その後ビデオを止め、灰色の画面を出します。するとネズミのニューロンがどのように自発的に信号を発し続けているかが見られるのです」と指摘した。

「ネズミに対して映画を止めるのですか?」

「その通りです。そして、これらのニューロンの信号の自発的な発信が、動物が見るために眼を使用している時のニューロンの発信と非常に似ていることを発見しました。言い換えれば、私たちが世界を見ている時に、私たちの脳は、内部に持つパターンを再活性化しているのです。それは、一八世紀のドイツ人哲学者カントが述べたことに似ています。彼は、世界は実際には、頭脳の中にあることを示唆したのです。私たちが世界を見る時に、既に脳の中に持っている概念を活性化しているのです。それで、私たちはある意味、視覚の知覚は、内性的に作られるものであるという意味でカントが何世紀も前に示唆した理論の一つを証明しているのです」

「プラトンが言っていたことではないですか？　私たちは洞窟に住んでおり、そこでは物事の投影だけを見ているのだと？」

「そうであるのなら、全てがこの道を進んでいると思います。おそらく単純化すれば、脳の全てのニューロンは眼を開けるまでは、消灯しており、世界を見ることで、ニューロンが信号を発し始めるのです。それ以上に違うことにはなり得ないと思います。脳はいつも活動しており、私たちは世界を見ているかいないかです」

「つまり、頭脳は昼夜休みなく働くのですね」

「事実、私たちが眠っている時に常に、世界とは関係のない夢を見ていることに似ています。そして、私たちが目覚めている時には、夢は周りで起きていることと関係を持っています。なぜなら、もしそうでなければ、私たちはあまり進化しないからです。そうであれば、プラトンやカントの思想に戻れば、私たちが内面に何かを持ち、それは私たちの脳の心臓であり、ニューロンの発信という言葉で書かれているのです。科学者や医者としての私たちの挑戦は、今や、これらのニューロン発信のパターンが何かを見るための科学技術を開発することです」

●スペインでのユステの始まり

ユステは、ほとんど偶然に、世界でもっとも革新的な研究者のひとりとなった。マドリード自治大学で医学を勉強していた時に、心理学や神経学あるいは内科学に従事することを考えていた。中流階級の職業人家庭の出身――父は弁護士、母は薬剤師――であるが、身内に科学者は誰もいなかった。子供の頃から、クラスでは自然科学や人文科学においていつも一番であった。マドリードの最良の中等学校の一つラミロ・デ・マエズ校に入学し、入学試験での好成績のおかげで、彼の世代の最優秀生徒としてそこを卒業した。科学には青年時代から関心があったが、父親がサンティアゴ・ラモン・イ・カハルの本をプレゼントした時に研究への興味を引き起こし、医者になるものと考えながら医学課程を履修した。

そして、それが全て彼の運命を示しているかのように思えたが、医学部を卒業する時点で方向を変えるような一連の体験をした。卒業のために、ユステは、精神病学部で変質的精神病者の患者を治療しながら三ヶ月を過ごさなければならなかった。それは、どの医者も治療したいと思わなかった最悪の患者たちであった。暴力的な病人であり、一般的に刑務所を出入りする暮らしを送り、近づく人や自分自身に危害を加えないようにいつも鎮静剤で維持されなければならなかった。面接するためには、医者や医学部の学生たちは、護衛をつけて行った。これらの患者は、話が終われば、医者を脅かすのが常であった。実習の間に彼らは一度ならずも、ユステに言った。「お前の家までついて行ってお前を殺してやる」。逆説的なことに、彼らは桁外れに知的な患者たちであった。

「彼らは、頭脳明晰な人々です」ユステは回想した。「私は警備員に付き添われ、彼らを面接しなければなりませんでした。私はその知性に驚かされました。シャーロック・ホームズ風の人たちなのです。なぜなら、彼らと話を始めると、アクセントで、どこの市からか、どこの地区か、どの社会階層出身かを見破るのです。そうすると、彼らは一方で明晰な頭脳を持ち、他方で、心の中に病気を引き起こす悪い壊れた部分を持っていることに気がつくのです」

そこが、精神学科の実習の間に、変質的統合失調症患者に与えられる医療治療は病気を治すのではなく――運が良ければ――症状を治すだけであることに、ユステが納得し始めた場所であった。

●精神病学から研究へ

「その時点で、私は、精神医学が精神病患者にしていることは、一時しのぎの治療であり、原因を治さず、症状を和らげるだけだと気がつきました。医者として、私たちは発作を減らすために錠剤を与えながら統合失調症を治療し、多少なりとも抑制するのです。しかし、決して内面に持つ問題を解決はしないのです」

それで、その時点で、ユステは方向転換を決意した。「精神病学に従事する代わりに私がしようとしたのは、大脳皮質がどのように機能するかを理解するための基礎研究に入ることでした。そこに精神病患者の問題があるのです」と言い、「いつの日か私や私の後に続く誰かが、大脳皮質がどのように機能するかを理解し、はるかに効果的な方法でこれらの患者を治療できることが何より興味深いと私には思われました」と続けた。

彼が一四歳の時に父親からプレゼントされたラモン・イ・カハルの著作『意思の強壮剤――科学技術に関する規則と助言』は、彼の青春時代に大きな印象を与えたが、今や何よりも的を射た本と思われた。この本は、スペインでは、ベストセラーであったが、若い研究者に助言を与え、科学は人類を救う孤独で英雄的な仕事であると記していた。だいたい同じ頃に、母親が彼に贈った本で、米国の微生物学者ポール・ド・クライフの『微生物の狩人』は、統合失調症患者との経験の下で、より明確に脳の方に彼を向かわせることとなった。ユステが語ったところでは、「これらの二冊の本が私を魅了したのです。そうして、私の医学課程の最後の方で、私は私の人生でやりたいことを明確に見出したのです。そして、真夜中まで研究室で働く無口で孤高の英雄のひとりとなり、人類を助ける秘密を顕微鏡で発見することを決心しました[3]」。

●「米国にスーツケース二個で到着しました、知り合いがひとりもいないまま」

一九八七年にマドリード自治大学を卒業した後、ユステは、ニューヨークのロックフェラー大学で博士課程を学ぶために旅立った。「多くのスペイン人学生が米国に来るように、スーツケース二個で知り合いがひとりもいないまま、新しい国で道を開くために米国に到着しました」と私に語った[4]。ロックフェラー大学では、ノーベル賞受賞者のトルステン・ウィーセルの指導の下で、ニューロンの活動を測るためのカルシウム・イメージングの技術を研究した。一九九二年に博士号を取得した後、ニュージャージーのAT&Tのベル研究所で、傑出した神経生物学者ローレンス・カッツの指導の下、生物学的コンピューター研究部で博士課程を履修した。二〇〇一年には、コロンビア大学の准教授に任命され、そこで彼のキャリアを開始し、研究者そして花形教授にまでなった。

●彼の人生を変えた会合

二〇一一年九月、ユステは、英国のバッキンガムシャーでの会合に、大半が神経生物学者や物理学者である二五名の科学者と共に招待された。それは、四つの民間財団――英国が二つ、米国が二つ――により組織された会合であり、神経科学の分野でどんな野心的なプロジェクトに着手できるかについてアイデアを交換するためのものであった。そのねらいは、各々の科学者が、近い将来にどの研究が優先されるべきかを示唆し、その提案をきわめて率直に議論するというものであった。言いかえれば、事前の議事日程のない非公式の会合であり、それは、英語でブレインストーミング・セッションと呼ばれるものである。ユステの番が来た時に、彼は、直ぐ後にホワイトハウスの関心を引くこととなるものを示唆した。「しなければならないと思うことは、動物と人間の神経回路の完全な活動を地図化するための科学技術を開発することです」。そして、彼が後になって何回も行うことになる説明を行った。現在、私たちは脳がどう機能するかは理解できていない。なぜなら、私たちはただ個人的なニューロンの活動を登録しているだけであり、その総体についてではないからである。もしスペインで研修医として世話することになった偏執狂的患者のような精神病の奥底まで到達したいのであれば、人間の脳の地図を作らねばならない、と。

ユステが思い出すのは、彼の同僚の最初の反応は、好意的ではなかったことである。「このアイデアを示唆した時、同僚の多くが言いました。『それは不可能です。多くの資金がかかるでしょう。そして、もし資金を獲得しても、あまりに多くのデータを研究しなければならない。また、全てのデータを持ったとしても、それで何をするかが分からないでしょう』」。しかし、議論が進むに従い、ユステの提案は、会議の注目の的となり始めたことは明らかであった。

「多くの批判がなされればなされるほど、このアイデアはより強化されました」。ユステは回想する。「そして、少し後に三〜四名の鍵となる人物が私を支持し、その中に人間の遺伝子ゲノムのプロジェクトの推進者のひとりであるジョージ・チャーチがいました。チャーチは、立ち上がって言いました。『ユステに対して行っている批判は、一五年前に私たちが人間の遺伝子ゲノムに対して行ったのと同じ批判です。そして、それは間違っていたのです』」。チャーチとユステは、大多数を納得させはしなかったが、それでもそのアイデアを回し始めるために十分影響力のある小グループを説得することができた。「この会合から、世界に私たちのプロジェクトを提案し、脳の活動を地図化する技術を開発するというアイデアに熱心な五人の人物の非常に小さなグループが出てきました」とユステは述懐した。次の月に五人の科学者は素案を書き始めた。それは、科学出版物となり専門誌に掲載された。そして、同様に多くの論文をもっとも名声のある科学雑誌に送付し、そのうちの一つをホワイトハウスの科学技術政策事務所に送付したのである。

●「オバマをテレビで見た時に知りました」

「彼らはそれを読み、魅了されたのです」とユステは振り返る。ホワイトハウスは、一九六九年にNASAが月に最初の人間を送った時に行ったと同様のやり方で世界を再び驚かすための科学技術の偉大な挑戦を探していた。バラク・オバマは、強いインパクトのあるプロジェクトを探していたのである。二〇世紀の半ばに起こったように、ソビエト連邦が、最初の衛星——スプートニク——を打ち上げた後、米国では、科学技術競争でソ連が勝利する可能性についての警戒が広まっていたが、今や中国が米国の力を圧倒するのではないかとの恐れが増大していた。

厳密には、中国は科学技術の主要な指標で米国よりはるか後方にいるのだが、米国人の間の認識は、中国人がかかとを踏みつつあるというものであった。そして、米国が超大国の役割を失いつつあるとの一般的な被害妄想の前に、ホワイトハウスは、主要な研究センターがより野心的なプロジェクトを提出するよう求めたのである。ホワイトハウスの科学技術政策事務所は、二〇一二年に二〇〇の提案を受けとり、中からユステの提案を選んだ。そして、スペイン人科学者は、数百万人の人たちと同様、二〇一三年二月一三日の夜、オバマの一般教書演説――米国大統領が次の財政年度のために計画を国会に提案する年次発表会――を聞いていて、テレビで知ったのである。革新と科学技術を新たに推進するための計画を紹介する時に、大統領は言った。「もし私たちが最良の製品を製造したいのであれば、最良のアイデアに投資しなければなりません。私たちが人間のゲノムの地図作りに一ドル投資する毎に、一四〇ドルを生み出しているのです。現在、私たちの科学者たちが、アルツハイマー病の悪に答えを見つけるために人間の脳の地図作りの研究を行っています。今こそ宇宙競争の高みからでは見えなかった研究のレベルに到達する時です。私たちはこれらの投資を行う必要があるのです」。それは、ユステは、議会の民主党議員と共和党議員が一斉に席から立って、オバマに拍手した数少ない機会であった。ユステは、自宅で座っていて、椅子から飛び上がった。オバマは、彼と彼の同僚が提案したことを同じ言葉を使いながら話したのだった。

「私は、隣人と同じようにテレビを見ていました」ユステが私に数ヶ月後に語った。「オバマが言ったことを聞いた時に、彼が私たちの事を話していることに気が付いたのです。それは、忘れられない瞬間でした。私たちは、電話で連絡しあいました。『私たちを選んだのだ！』と」。

その後間もなくして、『ニューヨーク・タイムズ』紙が第一面に――ユステの写真と共に――大統領が言及した人間の脳の地図化プロジェクトについてのニュースを発表した。そして、二〇一三年四月に、ホワイトハウスの東ウィングでの約二〇〇名の科学者との会合で、「脳イニシアティヴ」の言葉が書かれた青い大きな看板の前で話しながら、オバマは、ユステが提案していた人間の脳の地図を二〇一四年に制作し始めるために、一億ドルの第一回目の投資を発表したのである。

●「ジグムント・フロイトは越えられるだろうか?」

この研究の成果が出始めれば、近代心理学の父はどのように唖然とするだろうかと質問した時に、ユステは、人間の脳の地図は、おそらく、ジグムント・フロイトの全ての理論を見直すことを余儀なくさせるだろうと言った。「これら全ては、おそらくはるかに効果的な方法で、フロイトの理論を変えるのに大きく影響を与えるでしょう」ユステは断言した。「進化の論拠に加われるでしょう。人間は、どんなに知的に創造されていても、試行錯誤を通じて進歩しているのです。資料を蓄積し、理論を持ち、それが正しいか否かを立証するのです。この試行錯誤のやりとりのおかげで進歩するのです。私たちは、私たちの後ろからやってきた進歩に基礎を得ているのです。それで、私は心理学やフロイトの理論や現在の精神医学や神経学が、直接的な方法で脳の活動を見ることができる技術の開発によって変革をもたらされないということは非常に不思議だったのです」。

「どうしてそのことをそれほど確信できたのですか?」と彼に質問した。「なぜなら、脳の回路のニューロンの全て、または各々の活動を見ながら行う科学技術の話だからです」ユステは答えた。「例えば、磁気脳グラフや核共鳴等の技術があり、それらを通じて、患者が考えている時に赤くなる脳の部分がどこかを見ることができます。しかし、これらの技術によってはニューロンを見ることができません。赤くなる脳の部位全体を見るのです。これらの部位のそれぞれは、何千億個ものニューロンを持ちうるのです」。

人差し指で研究所の彼の後ろにある顕微鏡を指し示しながら、ユステは付け加えた。「私たちが欲しいものは、これらの顕微鏡のような器具の一種で、それによって個別のニューロンの信号の発信を探知できるのです。つまり私たちが見る画面の像がいかに形成されるかを理解するために、あなたに話したテレビのピクセルを見るということです」。

●脳操作のその他のプロジェクト

ユステの人間の脳の地図プロジェクトはもっとも野心的であるが、空想科学映画から出てきたような同じ分野の他のプロジェクトが存在する。それは、マスメディアの注意をますます惹きつけている。その一つは、麻痺患者が思考を基にロボット製の腕や足を動かすことを達成している。例えば、人がロボット製の腕一本でコーヒーカップを持ち上げることを可能とするのである。

脳の地図化プロジェクトにおけるユステの同僚であるブラウン大学のジョン・P・ドナヒューの人間の脳とロボットの間の連結実験や、デューク大学のブラジル人ミゲル・ニコレリスが行っている研究もまた、驚くべき結果を生んでいる。両科学者は、それぞれ、麻痺患者の頭に電極を配置し、脳の活動を登録し、それをインターネットに送り、ネットでデータを受け取ったコンピューターがロボットを動かすようにするのである。わずか数年のうちに、研究者たちは麻痺患者が、思考の力だけで自動車を運転できたり、文章を書いたりできるようになるのを期待している。

ワシントン大学の花形研究者であり、脳とコンピューターとの連結に関する多くの著作のあるラジェシュ・ラオ等の他の科学者たちは、ひとりの人の思考が別の人の動きとなることも含めて、ひとりの人の思考を別の人に伝達する事を達成した。ラオは、二人の頭に電極を配置し、ひとりがコンピューターの画面のビデオゲームを見始める──それに触れることなく──ようにし、どんな動きをしなければならないか考えるように頼んだ。本能的に、数区画離れた大学の別の場所にいた、やはり頭に電極を配置した別の人は、同じゲームをするために一指を動かしたのである。『ワシントン・ポスト』紙が明らかにしたところでは、後者は「神経質な顔面けいれん」のようなものを感じ、それがその動きをさせたのである。そして同じ事が、そこから先もビデオゲームの間に起こったのである。

既に以前から科学者たちは、人間の脳の思考をネズミに伝達できることを示してきた。例えば、電極をつけ人に連結されたネズミが、人がそれを求めれば尾を動かすようにするのである。しかし、今やラオは、似たようなことを人間の間で行えることを示しているのである。この科学者は、電極をつけた二人の脳の連結、あるいは人間の脳とロボットとの連結によるコンピューターへのデータ送付では、非常に単純な信号しか送れず、思考までには至っていないことを認めた。さしあたり思考を制御する段階には到達していないのである。なぜなら、これらのデータの送信は、人──あるいはネズミ──が頭に電極をつける事を受け入れる時にのみ可能だからである。

しかし、この研究の将来は、熱中させ、同時に身震いさせるものである。「私たちはより複雑な情報を取り出して一つの頭脳から他の頭脳へ伝達することが可能かを見たいのです」。そして、「今のような一方通行の代わりに、双方通行のコミュニケーションを獲得し、二つの頭脳の間の会話を成り立たせたいのです」とラオは説明した。[5]

●「私たちは、他人の肩の上に建設中なのです」

二〇一九年までに、でなければその前に、人間の脳の地図プロジェクトのユステとその仲間は、研究の具体的成果を発表し、統合失調症や自閉症、ある種のうつ病や心筋梗塞、多くの種類の病後の脳機能喪失等を引き起こす脳の欠陥修復に向けての道を歩み始めることを期待している。

しかし、その時が来れば、もっともありうることは、栄誉を受ける科学者たちが多くいるということである。おそらく科学研究は、全員の協力による革新プロセスとなろう。ユステのプロジェクトの承認後、米国政府は、人間の脳の新しい地図について研究するために多くの大学や研究所をコンペティションのために呼び出した。そこでは、コロンビア大学のユステのグループは、単にそのうちの一つであった。たくさんの大学や研究所が、バラク・オバマによって発表された資金を受け取るために、それぞれのプロジェクトを提出した。二〇一三年末に、ユステとその研究所は、米国保健国家協会より二五〇〇万ドルを受け取った。それは、その研究を進展させるためであり、科学者によれば、今後五年間他の資金を要請する必要なく研究を可能とするものである。

「人類の全ての進歩は、科学者たちのおかげです。彼らは無口な英雄であり、気付かれないまま過ごし、少しずつ毎日の研究で進歩の扉を開くのです」ユステは私に言った。「何人かはノーベル賞を獲得するでしょう。しかし、科学の大部分はチームで行われるものなのです……。私たちは一〇〇年以上このことについて研究しています。まるで私たちの背後にやってきた人の肩にのっているかのように研究をしているのです[6]」。

「それでは、今後数年で何が起こるのですか?」とユステに質問した。「協力的な研究に向けての傾向が強まるのですか?」ユステは答えた。「科学的協力は、ますます増大しています。そして、インターネットのおかげで増大し続けているのです。さらに学問分野の間の障壁がくずれつつあるのです」。

●ラテンアメリカの利点と挑戦

私がユステに、これら全てはラテンアメリカ諸国やその他の新興国にどう影響するのかと尋ねた時、この科学者は、明らかにインターネットはラテンアメリカの大学が情報拡散のおかげで恩恵を受けることを可能とするだろうと指摘した。しかし、もし、この地域の国が、科学技術研究において世界のその他の国と並ぶためにインターネットが彼らの問題を解決すると信じるのであれば、それは間違っていると付け加えた。

インターネットは、大量の情報にアクセスすることを可能とする。「しかし、正念場においては、科学は中世に弟子たちが行っていたように、伝統的な方法で人を作るのです」ユステは言った。「中世において、弟子が先生と一緒に住もうとし、やがてそこから出て、自らの店を出す時のように、現在の科学においても、同じことが起こるのです。あなたは、科学を行う誰かのいる研究所に行き、彼と共に二、三年働き、科学を行うことができるようになって、出てゆくのです。全ての偉大な発見を見れば、ほとんどいつも、研究所で訓練された誰かによって行われ、その研究所の誰かも偉大な発見をしてきたのです[7]」。

それゆえに、ラテンアメリカの大学が博士課程や博士課程以降の履修のために世界の最良の大学にもっと卒業生を派遣することは根本的に重要なことだとユステは指摘した。「これは、ラテンアメリカの大学にとっての問題です。これらの研究所で訓練するためにより多くの人を送り、家で自らかがり火を燃やすための炎を持ちかえり、自らの学校を創設することが必要なのです。全てが学校の問題です。私は学校で訓練を受けました。私の師は、科学技術で成功を収めており、彼の師もまたそうでした。それは、ほぼ血統の問題なのです。私がラテンアメリカ諸国に与えられる最良の助言は、中国人や韓国人、その他の多くのアジアの国が行っているように、最良の生徒を選び、世界の最良の研究所に送り、自らの学校を創設できるよう国に連れ戻すことです[8]」。

ユステは、私にそのことを思い出させる必要はなかったが、何人かのラテンアメリカの偽知識人が未だにふりまわす「頭脳の流出」の古い議論は、完全に越えられたということが一層明らかになった。二一世紀の世界において、頭脳の流出の概念は、「頭脳の循環」により取って代わられ、そこでは、外国に勉強に行く新興国の大学卒業生たちがいずれにしても、常に出身国を利することになるのである。ある人は米国や欧州、あるいは中国で数年過ごした後、帰国し、一方でユステのような人々は、夏期講座や教師としての講演を行い、地元の同僚と科学の最新の進歩を共有するために絶えず母国に帰るのである。チーム研究の世界では、頭脳の循環は、学術的科学的孤立と闘うことを大きく助けるのである。この事を最初に中国人、韓国人その他のアジア諸国そして、最近では、チリ人やブラジル人が認めた。彼らは、世界の最良の大学に数万人の学生を派遣し始めた。それは、海外で取得した知識を共有するために帰国——最終的であれ、一時的であれ——することを期待してのことである。

●「協力はますます大きくなるだろう」

科学的な協力がますます協力的プロセスとなるであろう別の理由は、インターネットが可能とするデータ普及の他に、異なる学問分野の専門家間の共同研究が一層必要になっていることである。「科学者たちが、哲学、薬理学、神経学、その他の学部で研究する意味はますます少なくなっています。なぜなら、これら全てが人工的な壁だからです」とユステは説明した。

「そして、科学的な問題の解決は、多くの場合異なる分野の取り組みを混ぜ合わせることから来ることが明らかとなっているのです。それ故に、科学的研究は、ますます学際的となっています。なぜなら、問題に行き詰まった時に、あなたを助けることのできる他の分野の専門家を連れて来るために全ての資力を利用しないのでは意味がありません」。そして、「このことがますます起こっているのです。人々は、古い学問分野は人工的であり、歴史的偶然であることに気づきつつあります」と付け加えた。[9]

物理学、生化学、心理学、ロボット工学の学部の境界さえもが、しだいに曖昧になっているとユステは付け加えた。「私は生物学部にいますが、私と同様に化学部で働いている同僚もいるのです。それ故、科学的協力はますます大きくなるでしょう。競争は他でもなく最初に来る者に与えられるのです」と結論付けた。

私は、ユステとのインタビューを終え、研究室から出た。コロンビア大学——私は三〇年以上前にジャーナリズムの修士課程を履修した――を懐かしく散策している間に、科学者の間の増大している協力についてユステが語ったばかりの事を考えていた。明らかにそれは、科学に限った現象ではなかった。それは、革新企業の世界でも起こっていることであった。

研究を共有する研究者たちとペルー人ガストン・アクリオのようなレシピを共有する料理人との間に大きな違いはあるのだろうか？　そして、ユステとその競争者たちの科学的協力と、開かれた情報源の革新を信じてインターネットで全ての秘密を公開するドローン製作者の若きメキシコ人ジョルディ・ムニョスやメーカーズたちとの間に違いはあるのだろうか？　科学で起こっているのと同様、企業革新の世界での協力もまた、多くの学問分野の間の障壁の崩壊により加速されているのである。3Dプリンターにより、ますますデザイン、工学、コンピューター工学の企業の間の境界がなくなるであろう。心電図をとる時計と薬を処方するコンピューターで、ますます医学、コンピューター工学、ロボット工学の間の区分が消されるであろう。革新は、ますます学際的で、しだいに協力的なプロセスとなるであろう。もちろん競争もあり続けるであろう。しかし、多くの学問分野からの貢献を受け取る必要性により、協力がますます必要となるであろう。競争は、ユステがうまく言い当てたように、何か新しい物を誰が作るかではなく、誰が最初にそれをするかの競争となるだろう。

【注】

1　筆者とコロンビア大学のラファエル・ユステ博士とのインタビュー、ニューヨーク、二〇一三年八月二六日。

2 ホワイトハウスでのバラク・オバマ大統領の記者会見、二〇一三年四月二日。
3 筆者とラファエル・ユステとの電話インタビュー、二〇一三年一二月四日。
4 筆者とラファエル・ユステとの電話インタビュー、二〇一三年八月二六日。
5 チャールズ・Q・チョイ「他人の動きをコントロールするために頭脳を使う実験」『ワシントン・ポスト』紙、二〇一三年八月二九日。
6 筆者とラファエル・ユステとのインタビュー、二〇一三年一二月四日。
7 筆者とラファエル・ユステとのインタビュー、二〇一三年一二月四日。
8 同右。
9 同右。

第六章　ペップ・グアルディオラと儲けている時の刷新の技

●バルセロナはたえずライバルを驚かす

　FCバルセロナのサッカー・コーチ、ジョゼップ・ペップ・グアルディオラの勝ち運のもっとも興味深いことは、二〇〇八年から二〇一二年にこのチームを率いていた時に、新しいサッカーのやり方を考案した――実際には、それを考案したのは彼ではない――ことではなく、勝っている間に刷新を行った事実である。誰もが悪い時に劇的な変更を行うのが常であるが、良い時に刷新を行う知恵と大胆さを持つ者は少ない。グアルディオラは、最後の試合に勝ち、常にライバルたちを驚かしつつ、受け継いだものの上に、組み立てながら毎週刷新を行い、増大する刷新の技を完璧なものとした偉大な功績がある。多くの企業家や多くの人々は、グアルディオラの例に倣うべきである。勝利しながら刷新するということである。もし、そうしていれば、コダックのような大企業は支払い停止を宣言しなくてもよかったであろう。また、コンパック社やパンナム社、スタンダード・オイル社は今も生存していたであろう。コダックの場合は、刷新しない危険のもっとも典型的なものの一つであろう。この企業は、二〇一二年に破産を宣告しなければならなかったが、その時には一四万人の従業員と世界的に知られたブランドを持っていた。一方で、同じ都市にインスタグラム社――デジタル写真に集中したわずか一三名の従業員の企業――がフェイスブック社により、一〇億ドルで買収されたのである。

グアルディオラは、バルセロナのコーチとして四年間に国内外の一四選手権で勝利する記録を立てたが、彼はクラブの成功が彼と共に始まったのではなく、はるか以前から始まったことを最初に認めた。バルセロナにおける刷新は、段階的で漸進的なプロセスであり、六〇年代の初期から始まり――スター選手のリオネル・メッシ選手が生まれるはるか以前で、グアルディオラがチームを率い始めるはるかに以前――、クラブが母国の攻撃的スタイルを持ち込んだオランダの数々のコーチと契約した時からである。

一九七一年バルセロナは、オランダのアヤックス・クラブの元コーチのリヌス・ミケルスと契約し、数年後に、ヨハン・クライフとフランク・ライカールトと契約した。彼らは、スペインに「トータル・フットボール〔訳注：ポジションが流動的で、かつ全員で攻撃し、全員で守備をするサッカースタイル〕」――攻撃的ゲーム、速いパス、絶え間ないボールの保持――を持ちより、これによってオランダ人たちは世界の称賛を勝ち取った。クライフは特に、最初に選手として一九七三年から七八年の間に、その後、一九八八年からコーチとしてグアルディオラとバルセロナに永久的な記録を残した。「彼、クライフは、全てを始めたのです。クラブでもっとも影響力のある人物でした。現在のバルセロナは、彼が二〇年前に行ったことを抜きに想像できません。後から来た者は、微妙な点を付け加えたものの、彼に永遠に感謝しているのです」[1]とグアルディオラは述べた。

実際に、バルセロナの全ての幹部は、クライフがクラブで果たした役割の重要性について一致している。「これは、二五年前に、ヨハン・クライフが担当した時に始まったのです。クラブを担当し、タイトルを勝ち取ったことは重要なのですが、真にもっとも重要なことは、違いを刻んだことです。

バルセロナがどうプレーすべきかを、カタルーニャの全ての人に納得させたのです。それ以来、議論はありません。バルサは、決められた方法でプレーすべきであり、子供たちは、決められた方法で学び、大人になってそれが身体と一体化しているのです」とバルセロナの渉外部長、マヌエル・エスティアルテは述べた。クライフは、それ以来バルセロナを導いている試合哲学を導入した。彼の後任者たち、特にグアルディオラは、戦術とスタイルを変えたが、しかし——勝利した多くの企業がするように——おおもとの哲学を放棄することなく、絶えず変更を行った。

●クライフの「トータル・フットボール」

クライフは何を考案し、グアルディオラは、何を完成させたのか？　多くの人が確信していることとは反対に、素早い攻撃的サッカーのオランダ・モデル——全てのポジションの全員がプレーし、絶え間なくフィールド全体を動き、絶えず競争相手を混乱させる——は、オランダが考案したものではなく、一九五〇年代にハンガリーで人気となったものである。

ハンガリー人たちは、そのスタイルを半分冗談で「社会主義的サッカー」と呼んでいた。なぜなら、選手全員が平等で、それゆえに、全てのポジションで試合をしなければならないからである。「社会主義的サッカー」では、全員が防御し全員が攻撃をするので、ポジションに差はないのである。ミケルスは、オランダのこの哲学をバルセロナに持ち込んだ。しかし、一九七五年オランダ人がバルセロナを率いるのをやめた時に、クラブは多くの英国やスペインのコーチを試したが、成果を得られなかった。クライフのコーチとしての到着が全てを変えたのである。

クライフは、再度「トータル・フットボール」の哲学を導入したとハビエル・サラ・イ・マルティンは述べた。彼は、ハーバード大学博士であり、コロンビア大学の花形経済学者で、バルセロナの会計かつ会長代行であって、いつもこのクラブの首脳陣の近くにいたのである。「専門家の試合である伝統的なイギリスのサッカーと違い、『トータル・フットボール』は、全員が全てを行う試合です。英国のサッカーでは、センターバックは、背の高い、非常に強く荒っぽい、非常に威嚇的な者で、ヘディングは得意でもドリブルやパスはうまくありません。サイドは、背の低い器用な若者で、たくさん走ります。センターフォワードは、背の高い男で頭でシュートをするのです。『トータル・フットボール』では、専門家のサッカーと違い、全てのポジションに全ての種類の選手がいるのです」。

しかしながら、サラ・イ・マルティンによれば、科学的に、クライフの攻撃的サッカーが防御的サッカーより有効であることは保証できない。「サッカー・プレーの最良の方法はありません。五〇年代のバルサ、オランダ、ハンガリーは、全勝した攻撃的チームです。しかし、イタリアは、超防御的戦術で四回ワールドカップを獲得しました。それ故、攻撃的サッカーが防御的サッカーよりも良いと保証はできないのです。違ったプレーのやり方があり、その時々にあるチームがうまくやり、あるいは他のチームがうまくやるのです」とサラ・イ・マルティンは指摘した。

●クライフの哲学

クライフがオランダのアヤックスで試した後、バルセロナに持ち込んだ攻撃的サッカーの一部は、球を保持し、絶えず回すことからなっていた。クライフがよく繰り返した有名な文句がある。それによれば、「もしあなたがボールを持っていれば、対戦相手は、それを持っていないので、あなたを攻撃できないのです」。別の機会にはこう言う。「二つのボールでサッカーをプレーすることが始まる日までは、私はいつもボールを持ちたい。なぜなら私がボールを持てば、あなたはそれを持つことはないからです」。グアルディオラは、クライフの哲学に完全な決意を持って従った。「そのことにおいては、私は非常に利己主義的です。私のためにボールが欲しいのです」とグアルディオラは言った。「そして、相手がボールを持っていれば、それを奪うでしょう。私がそれを奪いにゆき、それを取りにゆくということを知るべきです」[2]。

サラ・イ・マルティンが説明したところでは、「クライフにとっては、サッカーの基本的要素はパスなのです。ボールをパスするのです。これは英国の哲学のドリブルとは違います。それは、一団の間を走り、全員をかいくぐり、奥の方に着いた時に、センターにボールを放ち、ゴールポストの前にいる非常に背の高い選手がヘディングでゴールを決めるというものです。それに引き換え、クライフの哲学は、パスをしながら進まなければならないということです。そして、パスは別の選手がいる所に行うのではなく、三〇秒後にいるであろう所にするのです」

サラ・イ・マルティンは付け加えた。「バルセロナのもっとも素晴らしいことの一つは、選手たちが足に皮の手袋をしているかのように、ボールをはたくのです。背の高い、強い、粗野な選手たちは、これを行えません。そして、もしあなたが、小さな巧みな選手たちで一杯のグラウンドを持っていれば、常時それができるのです」。

もう一つのクライフの革新は、その後グアルディオラによって完成されたが、それは、ボールを受けられるように自由な選手を常に置いておくことである。「全てのチームは、ボールを回し、絶え間なく保持するように設計されているのです」とサラ・イ・マルティンは私に説明した。「そして、ボールを絶えず回すことができ、いつも誰か自由な選手を確保するためには、フィールドの中で優位に立たなければならないのです。もし、相手チームがそのゾーンに二人の選手を置くのであれば、私は三人置かなければなりません。もし相手チームが三人の選手を置くのであれば、私は四人置かなければなりません。もし彼らが四人置くのであれば、私は五人置かなければなりません」。そうして、フィールドの中で一度バルセロナが優位に立てば、ゴールキーパーはチームが数的優位に立つ方向にボールをパスしてから、それぞれのプレーを始めるのである。伝統的なチームでは、ゴールキーパーが、フィールドの中に誰が受け取るかを見るためにロング・ボールを放つ一方で、バルセロナ――一部には多くの背の高い選手を持っていないために――は、ほとんどいつも後方から始めるのである。「どこに数的優位があるかを最初に見なければならないのは、ゴールキーパーです。彼は、数的優位を見るところに短いパスをしなければならないのです」とサラ・イ・マルティンは説明した。

●グアルディオラの始まり

グアルディオラは、カタルーニャ州の中央部サンペドールの小さな村で生まれた。そしてカトリック系の学校に行き、そこで小さい頃からサッカーを志した。「ほとんど車はなく、通りは泥だらけでした。村で生まれた全ての子供たちと同じく、四六時中サッカーをしていました」とバルセロナの元コーチは回想した。[3] リサッチ・デ・サンペドール校のクラスの元同級生たちは、彼はやせた内気な子供であったが、サッカーをする時間になると皆から探し求められ、休み時間の鐘が鳴るなりそれが起こり、放課後には、通りでサッカーを続けていた事を思い出した。学校でのグアルディオラの元同級生、トニー・バルベルデによれば、試合は、「月曜日に始まり金曜日に終わり、最終スコアボードは五八対四九のようなものでした。みんなの目的は、毎月曜日にペップがチームにいることを確保することでした。彼はもっとも探し求められたのです」[4]。九歳の時に、彼の父親――バレンティと呼ばれる左官職人――は、グアルディオラをラ・サリェ・デ・マンレサ学校に入れた。そこで、この地区の最良のサッカー校のうちの一つ、ジムナスティック・デ・マンレサの二人の「目利き」が、学校の試合でグアルディオラのプレーを見て、ジムナスティック校で週二、三回練習するよう彼を招いたのである。間もなく、グアルディオラは、選手権試合でジムナスティック校のチームと共に、FCバルセロナの下位リーグのチームも――時々は――含め、この地区の多くのクラブと試合をした。彼はチームで最高の選手であった。

一一歳の時、彼の父親がFCバルセロナの下位リーグのためのテストに若いサッカー選手の参加を招請するスポーツ日刊紙の掲載広告を読み、そして――息子が知らないうちに――彼を応募した。「バルセロナの関係者が見たがっているよ」とバレンティは息子に言った[5]。最初のテストはうまくいかなかったが、次の機会を与えられ、その後、その子供はクラブに招かれた。しかし彼の両親はその決定を延期することに決めた。バルセロナはとても遠くて、息子はこれほどの責任を負うにはあまりに幼いと考えたのである。そしてジョセップは、さらに二年間ジムナスティックでプレーを続けた。一三歳を迎えた時に、再びFCバルセロナのテストを受けた。その時には、家族は、息子がバルセロナに転居し、バルセロナのジュニア・アカデミーとして知られるラ・マシアに合流するオファーを受ける決定をした。そこは、今日ではメッシを含め、最良の選手たちの幾人かを輩出したカンテラである。

ラ・マシアは、一七〇二年に建設された旧い農園の住宅であった。そして、多くの改修の後、一九七九年に他の場所からバルセロナの下位リーグでプレーしにやってくる青少年のための寄宿舎となった。ジョゼップにとっては、これほど若くして両親と三人の兄弟と離れるのは容易ではなかった。そのため、ほとんど週末は、家族と友人に会うために彼の村に帰省していた。しかし、FCバルセロナのファンである若き選手にとっては、このチームに入ることとは、夢の実現であった。「カタルーニャでは、大半の子供たちは生まれた時からバルサのファンなのです。なぜなら、第一に偶然の出来事があります。子供たちは勝つチームのファンとなるのです。私が小さかった時には、NBAでは、ケルティックスが勝利していました。私はケルティックスのファンでした。その後、レイカーズやブルズがやってきました。子供たちにとって、それは同じなのです。私にとっては、バルセロナは、選手としてまた人間として学んだ一部なのです」とグアルディオラは振り返った[6]。

「一三歳でクラブにやってきて、勉強し、サッカーをプレーしていました。両親が喜ぶように良い成績を取ることに努め、午後はサッカーを練習しました。このように過ごし、『バルセロナの下部リーグで』上がっていった時に、『近いな』と言っていました。しかし、私の希望は一部リーグに到達することでは決してなく、単に楽しんでいたのです」[7]。ラ・マシアの創設者のひとりのクライフがバルセロナの将来のコーチとなる選手を発見し、お気に入りの選手のひとりに変えたのである。

●選手としてのグアルディオラ

グアルディオラは、一七歳の時にクライフにより見出された。フィル・ボールが彼の著作『モルボ（病気）』で語ったところでは、「クラブの先頭に立った第一週目に、クライフが、事前の通報なく下部リーグがプレーしていたバルセロナのミニスタジオに試合を見るために現れたのである。まさにハーフタイムの前に、クライフは、トンネルの方に歩き、ジュニアチームの担当のチャーリー・レシャックに、右サイドのセンターとしてプレーしているやせた選手の名前を尋ねた。『グアルディオラはいいですよ』が答えであった」。クライフは、レシャックに、後半戦にはセンターでプレーさせるように頼んだ。回転軸の役割であり、当時は、スペインチームではあまり一般的ではなかった難しいポジションであった。ペップ・グアルディオラは、命じられたポジションに即座に適応した。二年後の一九九〇年、一九歳の時に、一部リーグでプレーし始め、二〇歳の時に、クライフのバルセロナのドリーム・チームのスターのひとりとなったのである。

数年後にクライフが述べたところでは、グアルディオラがやせた選手であまり体格がよくなかったという事実が、他の選手よりも頭を働かせることとなったのである。「グアルディオラは、賢くなくてはならなかったのです。当時は彼に他の選択肢はなかったのです。私にはそう思えました。もし、他の選手のような体格を持っていないのであれば、素早くボールを動かし、回避し、ぶつかるという多くの技術を必要とするのです。そしてそれを行うためには、良い視野……を持たなければなりませんでした。それは、どんな些細な点もとらえ、同僚のポジションを網膜に焼き付けるために必要な能力を開発するのです。これら全ては、サッカー選手あるいはコーチとして役に立つのです」とクライフは説明した。[8]

グアルディオラは、二〇〇一年までバルセロナで一一年間プレーした。ほぼ全てのチャンピオンのタイトルを獲得した。それは、一九九一年から一九九四年の間クライフの指揮の下での四年連続のスペインリーグチャンピオンを含むものであった。彼は、クラブのアイドルであったが、地元の選手であることだけでなく、いつもカタルーニャ人と同一視されることによってであった。バルセロナが勝利した時、グアルディオラは、よくカタルーニャの旗にキスをし、身を包み、しばしばカタルーニャ語で公に話をした。彼のカタルーニャ・ナショナリズムへの支持は、決して秘密ではなかった（もっと後になって、技術コーチとして、グアルディオラは、政治的表明についてより抑制が少なくなり、二〇一三年には、カタルーニャのナショナリスト政党により提案された独立のための二〇一四年の国民投票に賛成することを公に表明した）。

三〇歳でバルセロナを去った後、グアルディオラは、イタリアのブレシアやローマでプレーを続けたが、平凡な結果であり、何年も彼の生活を複雑にしたスキャンダルもあった。ブレシアでプレーしていて、二〇〇一年一〇月二一日の試合と同年一一月四日の試合の後に、反麻薬検査を受け、ナンドロロンの陽性反応によるドーピング容疑で告発されたのである。グアルディオラは、その告発を拒否した。しかし、何年もの裁判の後、二〇〇五年に七ヶ月の執行猶予に処せられた。グアルディオラは上告し、二年後にブレシアの控訴審により「存続しない事実」の形式の下、釈放された。[9]判決の後、グアルディオラは祝った。「とうとう、二年の後に本は閉じられるのです。時効の恩恵を受けていたかもしれませんが、私の完全な無実を示すために上告したかったのです」[10]。二〇〇三年に、カタールでプレーするためにイタリアから出国した。そこでは、二シーズン四〇〇万ドルでプレーするためにアル・アハリ・デ・ドーハと契約した。そして彼の選手としての経歴は、メキシコのクラブ、ドラドス・デ・シナロアで終わる。そこへは、彼の旧友ファン・マヌエル・リリョによって招請されたが、数年後に彼を偉大な師のひとりとして認めるのであった。

●帰　国

グアルディオラは、二〇〇六年に技術コーチとして新しい経歴を始めるためにスペインに戻った。コーチの資格を取った後、多くのクラブと話し――一次リーグの最後の位置にいるチームであるナスティック・デ・タラゴナを含め――、二〇〇七年半ばには、FCバルセロナの下位リーグのコーチの立場を受け入れた。選手として出国した七年後、三部リーグのチームを率いるために帰国したのである。

それは、クラブでの騒動の時代であった。バルセロナの会長、ジョアン・ラポルタにより率いられた新しい幹部たちは、二〇〇三年にオランダ人監督・コーチ、ライカールトとブラジル人のスター選手ロナウジーニョと契約し、クラブに新しい推進力を与えた。彼らにより、二〇〇四年と二〇〇五年のシーズンは、素晴らしい結果を得たが、今やクラブは明確に衰退していた。二〇〇七年に、ライカールトのチームは、ますます試合に敗北していた。無規律が支配的であった。チームのスター、ロナウジーニョは何キロも体重が増え、練習に遅れて到着し、時々、一晩中パーティーにいた後、前日と同じ衣服で更衣室にやってくるとの噂さえ立っていた。「チームの成功とスポーツ紙の自己検閲が、サッカー選手たちの公の生活から私的生活を分ける健全な区分線を引くことを妨げていたのです。しかし、カステルデフェルスのディスコで自分のコーナーを持つロナウジーニョは、サッカーのために生きるのを止めたのです」とギリェン・バラゲは、グアルディオラの自伝の中で述べている。[11] チームのもうひとりのスターのサミュエル・エトオは膝にけがを負ったが、ライカールトはクラブから離れたところでの回復を許し、それがチームからの距離を大きくした。アメリカの選手ラファエル・マルケスとデコは、ロナウジーニョと同様、臨時のクリスマス休暇を数日とったが、処罰されなかった。選手たちは志気を喪失し、幹部はますますクラブの将来を憂慮していた。「事をさらに悪化させたのは、ロナウジーニョがライカールトの娘のひとりと維持していた関係が、周知の事実となったことです」。それが更衣室の中でますます猜疑心を抱かせたとバラゲは彼の本の中で証言している。二〇〇八年五月八日、レアル・マドリードがバルセロナを四対一で下した時に、ラポルタ――当時のバルセロナの会長――は、シーズンの終わりに、ライカールトとの契約は更新されないと発表した。

●グアルディオラを捨て札として獲得する

多くの幹部によれば、グアルディオラは、ライカールトに交代させるためのラポルタの最初の選択肢ではなかった。コーチとしては、若すぎて経験も少ないとみていたのであった。彼は家庭的な人間であり、クラブの攻撃的なサッカー哲学を体現し、バルセロナBで良い働きをしていたが、実際、技術コーチとしては新米であった。ラポルタは、それを非常に危険な賭けとみていた。

FCバルセロナが必要なのは、強硬な手腕であり、チームに規律を強要できる誰かであった。ラポルタや多くの幹部メンバーにとって、その人間は、かつてFCバルセロナでプレーし、今はチェルシーの監督であるポルトガル人ジョゼ・モウリーニョであった。FCバルセロナの二人の代表がモウリーニョと交渉するためにポルトガルに旅立った。彼の代理人も、FCバルセロナと緊密な絆を有していた。なぜなら、ラファエル・マルケスとデコのエージェントだったからである。いくつかの見解によれば、モウリーニョは、二年契約で一シーズン九〇〇万ユーロ、加えて近しい支援者のために毎年一〇〇万ドルを要請した。

別の情報源では、ラポルタは――おそらくグアルディオラが二〇〇三年のクラブの会長選挙で彼の競争相手を支持したことを恨んでいた――、アヤックスとバルセロナで選手として多くのタイトルを獲得し、当時、ヘタフェの監督であったデンマーク人ミカエル・ラウドルップを誘った。彼のラウドルップに関する本、『新しい服の紳士』の中で、当時のヘタフェの監督アンヘル・トレスがラウドルップが既にバルセロナを指揮するためにヘタフェを辞任することを決心したと明言していたが、最後の瞬間に契約は失敗に終わった。最後には、クラブの評議会幹部に教唆されて、ラポルタはグアルディオラに決定した。一つはモウリーニョがFCバルセロナの攻撃的哲学を代表しなかったこと、そしてもう一つはグアルディオラがクラブとより融合しており、安上がりとなるであろうという理由からであった。二〇〇八年六月一七日、三七歳でグアルディオラはFCバルセロナの新しい監督を引き受けた。

●グアルディオラはロナウジーニョを解雇

グアルディオラが一部リーグの監督職を引き受けた後、最初に行ったことは、チームのスター、ロナウジーニョとその同僚のサミュエルとデコの解雇を発表することであった。

グアルディオラは、無規律の選手のいる場がないチームを作りたかった。有効な一撃で始めなければならなかった。なぜなら、向かい風が吹き始めていたからである。スポーツ紙やFCバルセロナ自体の少なからぬメンバーの間の一般的な意見は、グアルディオラが一部リーグのチームを指揮する準備ができていないということであった。チームの三人のスターとの契約を更新しないとの発表は、ファンの尊敬を勝ち取るためにも、またチームの三人の選手と他の選手への的確な一撃であった。間もなくロナウジーニョは、ACミランに移籍させられた。デコはチェルシーに移り、そしてエトオは──チームのスターたちに起こることを見て、そしておそらくは今やグループのリーダーになれることを嗅ぎつけて──、力を出して、より真剣に仕事をやりはじめた。同時に、グアルディオラは、メッシにますます責任を負うように励ました──未だにキャプテンに指名するには若すぎたが──。また、クラブのカンテラで育成されたジェラール・ピケ等の多くの若い選手を召集した。

スコットランド、セント・アンドリュースのキャンプでの最初の練習で、グアルディオラは、選手たちに彼の哲学を伝えた。エラーは許すが一〇〇%の力を出さないことは許さないこと、いつも職業的なことや個人的な事についても誰とでも話す用意があること、新チームには派閥のいる場所はないこと、全員が個人としてよりもチームとして自分自身からはるかに多くを与えられることを理解すべきであること、そして、チームはFCバルセロナを特徴付けた哲学＝攻撃的な試合に従うということであった。

　規律を回復するために、グアルディオラは、下部リーグで科した制裁スキームを維持すると告げた。そこでは、練習に遅れた選手は一二〇ユーロの罰金、真夜中の消灯の鐘を尊重しなければ一五〇〇ユーロ、後者を守らず三回罰金を受ければ出場停止となる。同様に、チームの精神を蝕んでいた国籍による派閥を避けるために、選手との間には、スペイン語とカタルーニャ語のみを使うよう命令した。また、集会や練習では、全員が同じテーブルで食事するよう規定した。それまで選手たちは、FCバルセロナでは、分かれたテーブルで食事をしていた。

　効果的な組織を確保するために、フィジカルトレーナー、栄養士、物理療法士、技術補佐、選手たちの個人的補佐、全試合を評価する分析家と雇用契約を結んだ。そして、FCバルセロナの新監督は、相手チームの最近の試合を詳細に研究するために、彼の事務所に大きなサイズのテレビスクリーンを据え付けた。

　間もなく多くの人を驚かせた開幕の後――グアルディオラのチームは最初にプレーした試合は敗北し、二番目は引き分けであった――、FCバルセロナは、試合という試合に勝ち始め、選手権を獲得した。二〇〇九年には、クラブは参加する全てのトーナメントで優勝し、最高の栄光に到達した。スペイン・リーグ、国王杯、スーペルコパ・デ・エスパーニャ、UEFAチャンピオンズリーグ、UEFAスーパーカップ、クラブ・ワールドカップである。どのスペイン・チームも以前には決して同じシーズンに六タイトルを勝ち取ったことはなかった。

●最初はライバルを研究すること

グアルディオラは、競技場でその勝利について説明するための偉大な仮説を展開するサッカーの理論家ではない。反対に、何が成功の秘密であるか質問された時には、いつも肩をすくめて頬笑み、主な手柄は選手のおかげであると謙虚に答えるのであった。「『グアルディオラだった』というよりも『メッシだった』」と一度ならずも断言した[12]。試合に勝つための秘密の公式はないと指摘した。唯一のいつもの「方法」があるとすれば、相手チームを詳細に研究することであり、何時間もの間、最新の試合のビデオを見ながら弱点を分析し、最大限に彼に有利になるよう利用することであった。

グアルディオラによれば、彼の戦術は、「これらの選手はこういうふうに守り、『進むための』スペースがここにあり、彼らはこのように守り、スペースはあそこにあるということを発見することです。私は右の方に多くのスペースがあると思い、それを直感するのです。なぜなら、サイドは後ろには走らない厚かましい奴だからです。それ故、そこに多くの出口があるのです。戦術はそれでできています。彼らが何をするかを探知し、そこから選手たちに仕事を適応させるのです[13]」。

カルロス・ムリリョ・フォートは、現在はポンペウ・ファブラ大学で国際経営修士課程とスポーツ指導・経営修士課程を指導しており、バルセロナについて多くの本を執筆したバルセロナの元最高幹部であるが、彼は、チームの先頭にたつグアルディオラの成功の鍵の一つは調査研究であると私に述べた。「グアルディオラは、ほとんど強迫観念にとらわれており、強迫観念にとりつかれている人よりもさらにとりつかれているのです」ムリリョは私に言った。「彼のモットーは根気強さです。彼は勉強家で、戦術狂で、試合のビデオを何時間も見て、見返すことを基礎に勝利を得るのです」。

●「私の職業のエンジン――計画に従うこと」

全ての監督は試合を計画し、時々はうまくゆき、時々はうまくいかないものであるが、グアルディオラは、いつもその勝利と敗北から教訓を引き出すのであった。「グアルディオラからは、試合の後に、多くの監督たちが使う『サッカーはこういうものです』という決まり文句が決して聞かれないのです。彼のスタイルは、しつけのされた、職業的なものであり、その中で全てが分析され、全てから教訓が引き出されるのです」とムリリョは説明する。「敗北を喫した時、記者会見での彼の最初の言葉は、相手チームを祝福し、『今日は私たちよりも良かった』と認めることです。その後、敗北のいくつかの原因を技術的、管理的な観点から説明しようとします。これは、選手にとって、教育的な効果を持つのです。エラーは直すべきで全ての失敗から多くの事が学べるという考えを伝達しようとしていました。『サッカーはこうであるから』ゆえに敗北したではなく、自らのエラーと相手チームの能力ゆえに敗北したということです」[15]。

グアルディオラにとっては、どんな企業にとってもそうであろうが、計画が基本的なものであった。偶然に決して任せないようにしなければならないのである。スポーツの競争は、それぞれの監督が持っている兵器をいかに有効に使うかを計画する戦略ゲームである。そして、グアルディオラにとって最大の幸せは、勝つという単なる事実ではなく、物事が彼の計画したように行われるのを達成することであった。これが、彼にうまく物事をやっているとの確証を与え、勝ち続けることにつながったのである。

「前日にどうするかを計画し、どのようにするかを仲間に伝えることは、私の職業の原動力なのです」

とグアルディオラは説明する。「全ての鍵はうまくやるために競争相手を知ることです。それは相手をたたくためでも『相手に勝った』と言うためでもありません。違います。私は決して『我々は勝った』という態度はとらないのです。もっとも良いことは、私が考え、私の仲間に伝えたことが、試合中に起こっていることです。これが私の絶頂の時なのです。そしてそれが起こっていない時は、私たちが間違ったか、うまくいかないことを思いついたためなのです[16]」。

おそらく、試合の計画に重要性を置いているため、グアルディオラは、デイエゴ・アルマンド・マラドーナやその他の監督になった元選手たちのように、両腕を高く上げて狂ったように走ったり、床に転げまわったりして、チームの勝利を祝わなかった。グアルディオラにとっては、勝利は天からの贈り物以上に、計画がうまく実行されたことを最後に飾るものであった。「勝利を祝うことはより自然なものでした」ムリリョは思い起こす。「チームが勝利すると、グアルディオラは、選手のみならず、技術コーチ、助手、医師、二〇名の控えの選手を含む全員を競技場の真ん中に出させるのです。非常に重要なメッシからしまいには理学療法士までも。そして、チームが敗北した時には、グアルディオラは、自分のものとして責任を取りました。敗北を前にして、彼の応答は、相手を祝福し、こう言うのです。『今日は私たちよりも良かった』と。その後、直ぐに成功しなかったいくつかの理由を説明しようとするのでした」。

●奇襲要因の重要さ

グアルディオラは、いつもクライフの「トータル・フットボール」の姿勢を維持したものの、バルセロナの攻撃的な哲学に多くの変化を導入した。クライフが全てのエネルギーを攻撃に集中させる――次の語句が彼のものとされている。「三本ゴールを入れられても構わない、もし四本ゴールを入れることができるのであれば」――一方で、グアルディオラは、バルセロナの全員の選手に、敵が攻撃している時には、そのエリアにボールを捜しに戻るように教えていた。その考えは、もしボールを失えば、素早くそれを取り返さなければならないということであった。相手がボールを奪う毎に、もっとも近くのバルセロナの二人の選手は、ショートパスを妨げ、スペースを閉じ、敵を追い詰めながら、それを取り戻さなければならなかった。

グアルディオラのバルセロナでは、全員が攻撃し、全員が防御していた。そして、防御していたのは、普通のディフェンスではなかった。伝統的なチームのセンターバックは、ほとんど二メートルもあるような背の高い頑丈な選手であるが、グアルディオラのバルセロナでは、センターバックは、一メートル七四センチの、チームでもっとも背の低いアルゼンチン人ハビエル・マスチェラーノであった。同様のことがメッシでも起きていた。彼はしばしば、センターフォワードとして、ある時にはミッドフィールダーで、そして、またある時には、ディフェンスとして、自らのチームのエリアでボールを奪うのであった。「グアルディオラのトータル・フットボールでは、相手は、誰がどのポジションでプレーするのか分からないのです。それは相手を混乱させるための技術なのです。……他のチームでは、あなたのセンターバックにこう言えます。『全グラウンドでこの選手を追え、そして放すな』と。バルサでは、それを言えません。なぜなら、全員が全ての場所でプレーするからです。そして、もし相手をあらゆる場所から追えば、相手チームを撃破するということです」とサラ・イ・マルティンは明言した。グアルディオラ自身がこう総括している。「バルセロナでは、千のやり方で勝つことができることが分かります。全てが有効なのです、全てが役に立つのです[17]」。

しばしば、驚きは試合の中盤で起こった。サラ・イ・マルティンは、二〇〇九年五月のバルセロナとレアル・マドリードのエル・クラシコ（伝統の一戦）を思いだす。そこでは、マドリードのチームが多くの試合に勝っており、バルセロナは、順位表では非常に取り残されていた。グアルディオラは、レアル・マドリードのビデオをはじめから録画させ、何時間も見ていたが、解決策が見つからなかった。随分と思案した後で、メッシを「偽の九番」のポジションに配置することを思いついた。

グアルディオラは、誰にも言わず、メッシを呼び、ビデオを見せ、どこに身を置くべきか、何をするべきかを説明し、彼の計画を明らかにした。試合をごく普通の対戦のように始め、一〇分でメッシが「偽の九番」としてミッドフィルダーに移るのである。アルゼンチン人メッシの目が輝いた。バルセロナは六対二で勝利した。

「新機軸はメッシをミッドフィルダーに配置することではなく、相手がどう動くかを見出して中盤で驚かすという柔軟性でした。勝利するのはもっとも柔軟なチームです」とサラ・イ・マルティンは言った。もちろんレアル・マドリードは、そのトリックを学習し、次の対バルセロナ戦では、もしメッシが「偽の九番」としてプレーするなら、メッシを包囲するための全ての予防措置を取った。しかし、グアルディオラは、既にそれに先んじて、アルゼンチン人メッシを別のポジションに配置した。「グアルディオラのそれは、絶え間ない変化をつくることでした。彼の大きな革新は、チームの哲学とDNAを持つ完全にダイナミックなシステムを持つことでした」。

●どのように選手たちを動機づけるか

グアルディオラによれば、チームを動機づけるには、選手の一人一人に違った個人的な対応をすることが必要である。なぜなら、各人は、インセンティヴ付与においても懲罰においても違う方法で反応するからである。「私たちの仕事は、チームの人たちの最良なところを引きだすことから成っています。そしてそれが一番難しいのです。なぜなら一人一人が違うからです」とグアルディオラは説明する。九〇年代に多くの選手権タイトルを勝ち取ったイタリア・ナショナルチームのアルゼンチン人のバレーボール監督フリオ・ベラスコを引用しつつ、グアルディオラはこう指摘した。「スポーツにおいて存在する最大の嘘は、選手たちが皆同じというものです[18]。公の場で非難できる選手もいれば、死ぬほど怒られる選手もいます。夕食に彼らを招待し、連れて行きたいところに彼ら自身で到達させるのです」。「全員が同じではありませんし、全員が同じように扱われるべきでもありません。もちろん同じ尊敬を持って取り扱われるべきですが、全員が同じではないのです。ある者は仕事の領域から離れて食事に招待する必要があり、別の者は自分の執務室に集める必要があり、また他の者は戦術については何も話すべきではなく、さらに他の者は自由時間に一日中戦術について話す必要があるのです。最後に自分の領域に連れて来て、選手の最良のものを引きだすために、何を話すのか、何をするのか、どう一人一人をだまし、どう誘うのかを見つける必要があるのです」とグアルディオラは説明した[19]。

バルセロナのディフェンダー、マスチェラーノは、グアルディオラが各選手に特に求めたことを際立たせる多くの選手のうちのひとりである。「グアルディオラは、誰よりもグループを指導するのです。バルセロナの養成所で彼が推し進めたようにグループを操るのはほとんど見たことがありません。

私もそれをサッカー選手として楽しむことができました。彼はサッカーの監督ですが、何でも話せる指導者です」とアルゼンチンの選手は言う。「彼のサッカーに生きるというやり方が感染するのです。毎日起床させ、やっていることが立派なことであり、練習が基本的で通常の事であり、その職業的人間的実現のためにふさわしいものだと感じさせるのです。何度も私たちを取り巻く環境にうんざりさせられました。疲れる環境なのです。私たちがプレーしない時は、私たちは嘆きます。そして、そうなると人はいつも否定的なことが尾を引くのです。しかしながら、彼は、全ては努力と才能で勝ち取らなければならないと言うのです[20]」。

前任者よりもより大きな規律を要求する時には、グアルディオラは、試合の前夜の集会を中止する等、選手たちにより歓迎されチームのモラルを向上する決定を行った。ライカールトの時には、バルセロナが他の都市でプレーする場合、選手たちは前夜に移動するもののホテルで集会があり、外に出られず、家族ともいられないことで、退屈で欲求不満な長い時間を過ごしたのであった。グアルディオラはこの習慣を廃止した。バルセロナが外でプレーする時には、チームは試合の日の午前中に移動した。地元で試合を行う時には、午前中に練習のため選手たちを召集し、昼食のために家に帰らせたのである。「家にいることの方が、何もせずにホテルに閉じこもるよりも好ましいのです」とグアルディオラは言った。「選手たちはこの措置を喜びました。ホテルでの集会が減ると、試合前のストレスのレベルが減りました」。

しかし、同時に、グアルディオラは、選手が練習に時間どおりに到着し、彼の指示を遂行することを要求する際には、完璧な態度をとった。彼の指導スタイルは、ライカールトとは違い、管理経営者的であった。チームの戦略は、集団の議論のテーマではなく、彼が指図するのであった。「指導を行う選手たちは馬鹿ではないのです。もし、ためらうのを見られれば、一瞬ですばやく察知するのです」とグアルディオラは説明した。「彼らに話す時には、既に彼らに言うべきことを明確にしてからこう言うべきでなのです。『これが、私たちがどのように事を行うかのやり方です』と。なぜなら、サッカー選手たちは全くの直感型であり、血まで嗅ぎつけるのです。そして、弱いと見たら、あなたに針を刺すのです[21]」。

●クラブ以上の存在

ＦＣバルセロナの標語がカタルーニャ語で「クラブ以上の存在」というのは、偶然ではない。一八九九年の創設以来、特にスペイン市民戦争とフランシスコ・フランコ将軍の独裁以来、バルセロナは、カタルーニャ民族主義と反フランコ主義のもっとも目に見える象徴の一つとなった。一九六八年にクラブの元会長ナルシス・デ・カレラスが就任式で、バルセロナは「クラブ以上の存在」であると最初に言った時に、この文句は主要な標語となり、クラブのモットーとなるのに時間はかからなかった。

クラブの歴史家たちは、一九二五年に、プリモ・デ・リベラの独裁時代に、バルセロナ・チームのファンが、試合が始まる前に音楽隊が演奏し始めたスペイン国歌をやじったために、政府がバルセロナのスタジアムを六ケ月間閉鎖するよう命じたと証言している。当時のクラブの会長、ハンス・ガンパーはこの事件により辞任し、スイスに亡命しなければならなかった。わずか数年後、一九三六年に市民戦争が勃発した時に、バルセロナの会長ジョゼップ・スニョルは、カタルーニャ共和左派政党のリーダーであったが、フランコの軍隊により銃殺された。間もなく、クラブは、実際フランコ政権により介入を受けた。しかしながら、フランコ政権の四〇年間に、カタルーニャ民族主義を擁護した全ての政治機関が閉鎖された時に、バルセロナは、反フランコの戦いの要塞に変わった。バルセロナのサポーターは、サッカーの試合を活用し、スタジアムで反フランコの標語を合唱したのである。どの公共の場でもできなかったことである。バルセロナの政治的なアイデンティティーとして、バルセロナとレアル・マドリードの間のエル・クラシコは、それぞれのサポーターの多くにとって、左派対右派、独立対中央集権という政治的背景を持つようになった。

フランコ主義のずいぶん後、クラブは、カタルーニャの大義のもっとも目に見える象徴の一つであり続けている。『バルサ――国民の情熱』の著者、ジミー・バーンズは、クラブは、――フランコ主義の介入のもっとも厳しい数年を除き――常に、その公的登録や内部文書をカタルーニャ語で作成し、そのサポーターはクラブ賛歌をカタルーニャ語で歌い、チームのキャプテンは常に腕にカタルーニャの旗を付け、近年では、全ての選手がシャツの首の周りの後ろの部分にカタルーニャの旗を付けているのである。一九三二年、一九七九年そして二〇〇六年にバルセロナは、カタルーニャの自治権を支持する声明に署名した。バーンズによれば、「FCバルセロナは、サッカー・クラブ以上のものです。それは、社会的かつスポーツ的な現象なのです[22]」。

●ユニセフと「平和のための試合」

近年では、カタルーニャの大義を支持する他に、バルセロナは、多くの連帯的大義と同化して「クラブ以上の存在」という神話を増大させることを達成した。一九八〇年と一九九〇年に、バルセロナは、ユニセフと反麻薬支援基金のために、世界の最良の選手たちの選抜チームと対戦した。そして二〇〇五年には、イスラエルとパレスティナの共同選抜チームとの友好試合を組織した。そこで初めて両国選手が共にプレーした。二〇一三年には、カタール基金――いくつかのプレス報道によれば、イスラムのテログループとつながりを持つ――の広告をユニフォームに入れることを受け入れたことへの批判を消すために、バルセロナは、テル・アビブでイスラエルとパレスティナの選抜チームと対戦するもう一つの「平和のための試合」を申し出たが、この計画は、パレスティナのチームの参加拒否によりキャンセルされた。

しかし、バルセロナの「クラブ以上の存在」との神話を維持するためのもっとも独創的なプレー――それから、このようにして世界中で莫大な利益をもたらすユニフォームや旗、その他バッジ等のマーケティングを増大させること――は、二〇〇六年にユニセフに対し、チームの選手がユニフォームの前面に国連機関のロゴを付ける代わりに、世界中の貧しい児童のために毎年二〇〇万ドルの寄付を申し出ることであった。

「それは、逆のマーケティングでした。選手がユニフォームにバッジをつけることでユニセフがバルセロナに支払う代わりに、バルセロナがユニセフに支払ったのです」バルセロナの元会長で大学教授のムリリョは語った。「これは、クラブのブランドを強化し、クラブ以上の存在という神話でチームを売り出すことに大きく役立ちました」。

ユニセフとの五年契約が二〇一一年に終了した時に、クラブの新会長のサンドロ・ロセイは、チームのユニフォームにカタール財団のロゴをつけるため、五年間で二億六二〇〇万ドルの物議をかもす支援を受け入れた。カタール財団の記章は、ユニフォームの前面に、そしてユニセフのロゴは背面に配置された。ユニセフとの合意を始めたラポルタ元クラブ会長は、変更が承認されたクラブの総会への出席を拒否し、後でこう宣言した。「豆料理と引き換えにただ同然でユニフォームを売ってしまった」[23]。『ニューヨーク・タイムズ』紙は、バルサのユニフォームの変更のニュースを「バルセロナはユニフォームと価値を変える」との見出しで報じた。

新聞は、数年前までクラブは、ロナウジーニョやメッシのようなスター選手を激励して、全世界で目立つように貧しい子供たちや天災の被災者を支援していたのだが、「クラブの優先順位は……変わってしまった」と指摘した[24]。そしてメディアが、カタール財団はハマスのテログループと過激主義の聖職者のユースフ・アル＝カラダーウィーへの主要な寄付者の一つであるとの告発を公表した後、カタール財団の後援への批判が強くなった。それは、イスラムのテロ組織と結びつけるものであったが、それは、その後、合法的なカタール財団とイスラム・テロ組織とのつながりにより違法であるカタール慈善財団――カタールの王族に属している――とを混同したものであることが明らかになった。バルセロナの幹部は、カタール財団と暴力グループとの全ての結びつきを否定し、クラブがユニフォームにロゴをつけることでユニセフに二〇〇万ドル支払い続けることを指摘しつつ、また、バルセロナが「クラブ以上の存在」であることを主張しつつ、隠れた批判に対応した。

●バルセロナの崩壊

二〇一三年のグアルディオラのFCバルセロナからの退団とドイツのバイエルン・ミュンヘンの監督としての入団の後、バルサは一連の融資スキャンダルや会長や監督の交代を被り、それが間もなくグランドでの憂慮すべき一連の敗退につながった。ロセイは、二〇一四年の初めに、クラブが公式に報告された五七一〇万ユーロの代わりに、九五〇〇万ユーロかかった選手への巨額の超過支払いを会員に隠ぺいしたとの告発を受けた後、ブラジル人のスター選手ネイマールとの契約をめぐる融資スキャンダルの中で、バルセロナの会長を辞任せざるを得なかった。その少し後に、国際サッカー連盟（FIFA）は、一八歳未満の未成年の選手を召集した容疑でバルセロナに制裁を科した。クラブの新会長、ジョゼップ・マリア・バルトロメウは、上告し、契約した三三人の未成年に関するFIFAからの情報請求にどう対応するかを研究していた。

同時に、グアルディオラの後任監督のティト・ビラノバは、在職一年でガンの治療を開始するために辞任しなければならなかった。間もなく――アルゼンチン監督ヘラルド・タタ・マルティーニョの指揮の下で――、『エル・パイス』紙が評した「記念碑的な崩壊」を被り始めた。二〇一四年に、バルセロナは、多くの格下のチームに敗れただけではなく、コパ・デ・レイ杯でレアル・マドリードに敗れ、チャンピオンズ・リーグでは、アトレティコ・デ・マドリードに早々に敗退し、スペイン・リーグのチャンピオンの王座にはつけなかった。バルセロナの地元の新聞『ラ・バングアルディア』紙までが、カタルーニャのチームの「衰退」についての記事を発表し始めた。

他方で、グアルディオラのバイエルン・ミュンヘンは、試合という試合に勝利し、二〇一四年には、トーナメント最終日の七日前にドイツのブンデスリーガのチャンピオンとなった。バルセロナで確立した同じスタイルを用いて、グアルディオラは、ドイツリーグで競争相手を打倒し、ドイツの『ビルド』紙までが彼をアルベルト・アインシュタインと比較するに至った。「トータル・フットボール」の偉大な先駆者クライフは、バルセロナの摩耗を嘆き、「バルサにとって最良の事は、ペップ・グアルディオラが戻ることである」と付け加えた。[25]

●「勝っている時に刷新するべきである」

元選手で、いくつか指揮したチームの中でもレアル・マドリードを指揮したアルゼンチンの技術監督ホルヘ・バルダノは、「グアルディオラは、サッカーのスティーヴ・ジョブズなのです」と断言した。なぜなら、最近数年でどの同僚よりもより多くの刷新を導入したからである。「彼は、刷新者で、創造者であり、高い感受性を持つ人です。勇敢で、自分の仕事の美しさを愛するのです」。彼は、新しいアイデアで絶えず競争相手を驚かすのである。[26]

「バルセロナで、六ヶ月毎に違うチームに変化していました」バルダノは思い起こした。「メッシは、サイドでプレーし始めて、センターハーフでプレーを終えました。時々四人のディフェンダーとプレーし、その後三人のディフェンダーとのプレーに移りました。七人のセンターハーフと、フォワードなしにプレーした試合もありました。長い間サッカーの世界で見たことのないとても深い刷新で驚かせたのです」。そして、おそらくもっとも重要なことは、「刷新は、勝っている時に行う必要があるということです。そのためには、非常に強い信念を持つ必要があるのです」と、レアル・マドリードの元監督は結論づけた。

これは、サッカーチームにとってだけでなく、どんな企業やどんな人にとってもグアルディオラのバルセロナの最大の教訓であるべきである。勝っている時に刷新しなければならない。勝ってない時でさえも、競争相手を研究し、来るべき変化を先取りしなければならない。最近数年で消滅した多くの大企業は、まさに、十分な時間と資金を革新に投資しなかったために失敗したのである。

長い間、写真産業で世界のリーダーであったコダックは、もし、デジタル・カメラが出現した時に再発明していれば崩壊しただろうか？　ＲＣＡ、コンパック、ゼネラル・フーズ、スタンダード・オイル、パンナム社等の会社は、もし絶頂の年月の間に革新を始めていれば倒産したであろうか？　おそらく、多くの企業や商人、職業人は、特に勝っている時に絶えず革新の必要性を念頭に置くために、彼らのオフィスにグアルディオラの写真を置くべきであろう。いつも同じことをして留まっている者は、長期的にはあとに取り残されるのである。

【注】

1　「各人の世界を尊重しなければならない――グアルディオラ」『エル・ティエンポ』紙、コロンビア、二〇一三年四月三〇日。

2　ブエノスアイレスのグラン・レックス劇場でのグアルディオラの講演、二〇一三年五月三日。

3　「各人の世界を尊重しなければならない――グアルディオラ」『エル・ティエンポ』紙、コロンビア、二〇一三年四月三〇日。

4 「あからさまになったペップの生活」、第一章、ペナ・バルセロニスタ・デ・リスボアのウェブサイト、二〇〇九年三月二八日。
5 ギリェム・バラゲ『ペップ・グアルディオラ――伝記』コーナー出版、二〇一三年、六一頁。
6 「各人の世界を尊重しなければならない――グアルディオラ」、『エル・ティエンポ』紙、コロンビア、二〇一三年四月三〇日。
7 同右。
8 ギリェム・バラゲ『ペップ・グアルディオラ――伝記』コーナー出版、二〇一三年、七二頁。
9 「グアルディオラ、ブレスシアでドーピング告訴から無罪に」、二〇〇七年一〇月二三日。
10 同右。
11 ギリェム・バラゲ『ペップ・グアルディオラ――伝記』コーナー出版、二〇一三年、一〇三頁。
12 「謙虚なペップ」『ラ・ナシオン』紙、アルゼンチン、二〇一三年一二月二八日。
13 ブエノスアイレスのグラン・レックス劇場でのグアルディオラの講演、二〇一三年五月二日。ユーチューブに発表。「グアルディオラと戦術の重要性」、二〇一三年五月七日。
14 筆者とカルロス・ムリリョとの電話インタビュー、二〇一二年一一月五日。
15 同右。
16 ペップ・グアルディオラとフェルナンド・トゥルエバとの会話、ユーチューブ、二〇一二年五月一八日。
17 ジョセップ・グアルディオラ「それを感じること」『エル・パイス』紙、二〇〇七年三月二日。
18 ブエノスアイレスのグラン・レックス劇場でのジョセップ・グアルディオラの講演、二〇一三年五月七日。
19 同右。
20 ハビエル・マスチェラーノ「ペップ・グアルディオラ――親切な指導力の勝利」『ラ・ナシオン』紙、二〇一三年一月三一日。
21　ブエノスアイレスのグラン・レックス劇場でのジョセップ・グアルディオラの講演、二〇一三年五月七日。
22　www.jimmy-burns.com.
23　ラポルタ――「私たちは、シャツをカタールにただ同然で売った」、www.antena3.com, 二〇一二年六月一七日。
24　「バルセロナは、ジャージとその価値を変える」『ニューヨーク・タイムズ』紙、二〇一一年九月二七日。
25　「クライフ――バルサにとり最良のことは、ペップ・グアルディオラが戻ること」『ムンド・デポルティーボ』紙、二〇一四年四月一六日。
26　ホルヘ・バルダーノ「ユーロスポーツとのインタビュー」、ユーチューブで発表、二〇一二年一一月一五日。

第七章　ブランソン、ムスク、カルギーマンと再発明の技

●「もし再発明をしていなければ、生き残っていなかったでしょう」

大富豪で、冒険家でその財産が四六億ドルと推測されるリチャード・ブランソン卿が、彼の企業ヴァージン・ギャラクティック社が今後数年のうちに、火星を人類の定住地として「開拓し」、宇宙にホテルを建設すると述べた時に、私はそれを真面目に受け取るのに少し骨が折れた。私たちはテレビカメラの前にいた。私はあまりに懐疑的な笑みがもれないようにしようとした。しかし、内心では、新製品のいくつかを宣伝するための派手な宣言を行うことに慣れた奇抜な億万長者の典型的なからいばりのように思えた。

しかしながら、ブランソンや他の宇宙の冒険家――多くの人が「宇宙狂」と呼ぶ――と話せば話すほど、おそらくは彼らはそれほど道を誤ってはいないと、いよいよ納得するのであった。もっとも大胆な革新者であり、企業の成功の秘密についてビジネススクールで教えられる前提条件の多くに挑戦する人たちのことである。ブランソンは、決まった目標を立てる代わりに、航空学や宇宙開発のような彼が少ししか知らないか、あるいは全く知らない分野に何度も乱入しながら、数多く再発明したのである。そして、いくつかの会社が再発明する者たちをからかい半分で見ている間に、ブランソンは、個人として、そして企業としての転換を主要な誇りの要因の一つとして引き受けたのである。「もし

再発明していなければ、私たちは生き残っていなかったでしょう」と誇りを持って明言するのである。[1] 彼の全ての種類の数多くの企業は、企業的大胆さ、創造性、絶え間ない再発明の技の結果なのである。彼にインタビューした時に、ブランソンは既にヴァージン・グループの四〇〇以上の企業を持っていて、数ヶ月後に、宇宙に彼の宇宙船スペースシップ・ツーを打ちあげようとしていた。民間宇宙開発と宇宙観光の新時代において、彼の多くの競争相手――ペイパル（PayPal）社の億万長者が創始者の会社であるスペースXを含む――に勝とうとして、大急ぎで走っていた。「宇宙狂」たちは、目標を達成しようとして歯止めのきかない競争をしていたが、それは、大多数の大衆には全く常軌を逸したものと思われていた。

●二〇万ドルで宇宙旅行

ブランソンは、ジーンズに白の開襟シャツと黒いブレザー、六〇年代の古典的スタイルの長髪でインタビューに現れた。ほとんど宗教的ともいえる熱意で、彼の新しい冒険について話し、彼によれば、人類の歴史を変えようというものであった。ヴァージン・レコードのレコード帝国を構築し、彼の航空会社ヴァージン・アトランティック社やヴァージン・ブランドの下にあらゆる種類の多数の会社を創設し、これまでに建造されたことのない最大の風船で大西洋と太平洋を横断するスポーツ記録を破った後で、ブランソンは、新しい挑戦――宇宙の征服――を、彼の人生でもっとも情熱的なものとして見ていた。

ブランソンの宇宙船は、二〇〇四年に億万長者ポール・アレンにより打ち上げられ、一〇〇〇万ドルのアンサリX賞を勝ち取ったスペースシップ・ワンの拡大改良版であった。スペースシップ・ワンは、政府の資金なしに最初の宇宙飛行を実現したが、その最大の貢献は再利用可能な宇宙船ということであった。一度宇宙空間に打ち上げられれば破壊されるNASAのロケットと違い、この宇宙船は、地上のどんな飛行機とも同様に、宇宙に行って帰ってくることができたのである。今や、ブランソンが三億ドルを投資したスペースシップ・ツーは、同様の、あるいはより野心的な目標を持っていた。民間企業による宇宙旅行と宇宙開拓植民の時代を始めることである。それは、まさしく独立前の米国の西部開拓の銀河版であり、——新しい宇宙派遣団と同様——民間企業により率いられ、その後カウボーイのようにハリウッドによって人気を高められたのである。

小さな宇宙船であったスペースシップ・ワンと違い、ブランソンのスペースシップ・ツーは二倍も大きく——長さ一八メートル——、二人のパイロットと六人の乗客を運ぶことができる。二〇一三年に、ブランソンは乗船切符を一席二〇万ドルで販売し始め、既に、最初の飛行のために六〇〇人の登録を確保した。それは、約二、三時間地球軌道から離れ、宇宙における短い散歩——あるいは遊泳——をし、地上に戻るのである。最初に登録した者には、ポップ・ミュージックの「手に負えない子供」であるジャスティン・ビーバーがいた。ブランソンの計画は、大規模な宇宙旅行を展開し、それを宇宙探査と火星の植民開拓のための収入を生む目的で使うことであった。

「宇宙旅行の目新しさが一度過ぎ去ってしまえば、人が宇宙を数分散歩するために、二〇万ドル支払うと信じるのは馬鹿げていませんか?」と彼に質問した。英国人の大富豪は、頬笑み、頭を振って否定し、言った。「全く反対です。もし宇宙旅行を可能とする経済力を持っていて、地球への帰還が保証されるのであれば、膨大な数の人々が宇宙旅行に魅了されるでしょう。それは、多くの若い人々の持つ夢であり、多くの人々にとってのかなわぬ夢なのです。なぜなら、これらの計画は政府のみが実行し、非常に高額だからです。それ故に、ヴァージン社が行いたいのは、今後数年で、宇宙旅行の値段を下げて、多くの人が一日宇宙飛行士となるようにすることです。今後一〇年か二〇年で、値段は、はるかに手に届くものになるでしょう。そして、大金持ちのためだけであった高額な宇宙飛行船に代わって、非常に多くの人々が宇宙に行く機会を手に入れるでしょう[2]」。

●金持ちのための娯楽?

引き続き私はブランソンに質問した。「現在の切符代の二〇万ドルで、乗客はどんな便宜を受けるのですか?　特別食のついたファースト・クラスの扱いですか?」ブランソンは答えた。「乗客は多くの便宜を受けるでしょう。私たちの宇宙飛行船は、外面の美しさと共に内面も眺められるように設計されているのです。宇宙船には大きな全景の窓があります。遊泳して、この経験により人生で最大の頬笑みを得られるものと信じています。そして、準備ができれば、ベルトを締めて、地球に戻るのです」。

「しかし、これらの旅行は何か科学的な価値を持っているのですか、それとも金持ちのための単なる娯楽ですか?」と質問した。ブランソンは、本書の第一章であらかじめ述べたように、人類の大きな進歩の多く――最初の大西洋横断のようなもの――は、裕福な人々により融資され、時間と共にこれらの旅の値段は下がっていき、最後に世界中に恩恵を与えたことを私に思い出させた。「それ故にこれらの飛行を始めるためには富裕な先駆者が必要なのです」と説明した。[3]
実際に、航空機の先駆者の大半――ライト兄弟を含め――は、自らの財産で飛行実験を行ったのであり、人類の多くの偉大で重要な発明の多くについてもそう言えるのである。トーマス・アルバ・エジソンは、電球や一〇〇〇件以上の特許の発明者であるが、彼は、自らの財布から大半の実験を融資した。ブランソンは、明らかに、彼自身をこの革新的大富豪の伝統の一部とみており、それを誇りを持って引き受けているのであった。

●「宇宙に衛星を配置しよう」

「しかし、宇宙観光旅行は、どんな科学的価値を持つのですか?」と私はしつこく質問した。宇宙旅行は、数えきれない方法で、全人類に恩恵を与えるとブランソンは応じた。「この宇宙プログラムでは、私たちは、人を宇宙空間に運ぶのみならず、大量の科学的研究を行っているのです。現在かかる費用の何分の一かで宇宙空間に衛星を配置するのです。それは、電話料金やインターネットの接続料やWi-Fi料金をかなり引き下げることになるでしょう。未だにこれらのサービスにアクセスしていない二〇億の人々が非常に安くそれを手に入れることを可能にします。それ故に、この事業はどんな人にも多くの、本当に多くの恩恵をもたらすのです。これが、商業会社のこの産業への参入におけるもっとも魅惑的なところです[4]」。

●「他の惑星に植民開拓地を設置する必要があります」

ブランソンが宇宙への民間飛行を推進しているのは、ＮＡＳＡやその他の世界中の政府機関が予算削減を被っている時に科学的探査のための代替源としてだけでなく、全人類の潜在的救済としてでもある。彼の信ずるところでは、「私たちは、できるだけ早く別の惑星を植民開拓しなければなりません。なぜなら、いつでも、巨大な隕石が地球にぶつかり、私たちを破壊する可能性があるからです。既に私たちは、二〇一三年にその前兆を見たのです。その時には、直径約一八メートルの隕石がロシアのウラル地方に落下し、一五〇〇人が負傷し、七〇〇〇以上の建物が損壊しました。地球を破壊しうる、はるかに大きな隕石が将来落ちてこないとどうして分かるのでしょうか？」。

「私たちは、他の惑星を植民開拓し始めなければなりません。もし巨大な隕石が地球に衝突すれば、スティーブン・ホーキングまでが、人類の種が終焉してしまう可能性があると述べています。ですから、私たちの種が保存されるために、他の惑星に植民開拓地を設置できることが重要なのです」とブランソンは言った。そして、その起業家は、既にどこに最初の植民開拓地を設置するかを決めていた。火星である。私に述べたところでは、「自分の生きている間に」行えることを期待している。[5]

ブランソンは、他の惑星に生命体があることに何の疑問も持っていないと思われた。話をした同じ週に、『サイエンス・ジャーナル』が火星に乾いた川が存在することを科学的に証明することを裏付ける記事を発表したばかりであった。そのことは、赤い惑星には、かつては生命体があった、あるいは、あることを意味するのである。「生命が存在する数千の惑星が存在することは疑いありません。見てください、空にはこれほど多くの星があり、その中には生命を持った数千の惑星があるはずです」。

そして、彼によれば、彼の企業のような民間企業のおかげで、火星の植民開拓は非常に早く可能となるであろう。

今後一五年で、火星への有人ミッションが技術的に可能か尋ねられ、ブランソンは答えた。「私は可能だと思います。民間セクターには、おそらくNASAと共同で研究するための十分な決意があると思います。民間セクターは、政府よりもはるかに安いコストで物事を行えるのです。私たちは、数分の一の価格で物事を行えるのです。もし、私たちの宇宙計画が予想通り非常にうまく行けば、多くの資金を生み、その利益を火星プログラムなどに再投資でき、火星の植民開拓を現実のものに変えられるのです[6]」。

●「失読症で一五歳の時、学校をやめました」

もし、革新的な人々の共通の特徴が、外向的で、効率的で、少し神経症的で、実験好きで、他人に気に入られることにそれほど気を使わないということであれば、ブランソンはこれら全ての要素をかなり持っている。あまり伝統的ではない方法で若い時から財を成した。企業を相続したり、良い大学を卒業するのではなく、無から始めたのである。彼自身が語ったように、子供の頃から失読症であり、非常に成績の悪い生徒で、おそらく今日では注意欠如多動性障害と診断されたであろう。当時はその用語は知られていなかったのではあるが。

「私は、失読症でした」と私に語った。「わずか一五歳で、ベトナム戦争に反対するキャンペーンを行う雑誌を設立するために学校をやめました。それは、非常に不当な戦争だったので、若者たちに声を届けたかったのです。人生の中で私が行ってきたことは、生活に前向きな色合いを持たせるために企業を創設でき、行動に移ることができると思える状況を特定することでした。幸いに、私は、愛にあふれた家族の団結のある家庭の出身で、家族はいつもあらゆることにおいて私を助けてくれたのです」。

多くの英国の若者と同様、ブランソン――中流階級の弁護士の息子であり孫である――は、八歳のまだ幼いころから、寄宿学校に送られた。それは英国人家庭が息子を正し、その独立や自給自足を奨励しようとする伝統的な方法であった。ブランソンは寄宿舎での生活が最悪だったと述懐した。「私は失読症の上に、近視でした。私は最前列に座っていても黒板の字が読めないのです。何学期かの後、誰かが私に視力検査をさせることを思いつきました」。その上、見える時でも文字や数字は何の意味もなさなかったのです、と付け加えた。「そして、誰も失読症について聞いたことがなかったので、読めず書けないことは、生徒や先生たちからは馬鹿な怠け者の欠陥と見られたのです。そして、寄宿学校では、両方のことでぽかぽか殴られました」[7]。幸いなことに、ブランソンは、後の数年を生き残る助けとなった学業の欠点を補ってくれる長所を持っていた。それは、素晴らしいスポーツマンだったことである。彼は直ぐに学校のサッカーやラグビー、クリケットのチームのキャプテンになった。「英国の公立学校でいかにスポーツが重要かを過剰評価することは難しいのです。もしあなたがスポーツで優秀であれば、英雄なのです。年長の生徒は、あなたを殴ることはしないでしょう。先生は、試験に通らなければ、心配してくれるでしょう」と言う[8]。それにもかかわらず、ブランソンはシャムリー・グリーンの村の両親の家に戻る時が何より幸せであった。彼の母親は、いつも彼を遊ばせないで、いくらかのお金を稼ぐために庭掃除をさせたりして、仕事を見つけることに固執していた。しかしいつも笑みと大きな愛情を持ってそれを行ったのである。

一三歳でブランソンはバッキンガムシャーの公立学校に転校した。八〇〇名の男子生徒の学校で、スポーツの他に、居場所を見つけたのである。図書館であった。失読症とは闘い続けていたが、——足のけがの後、サッカー場とは長い間離れていた——。書くことが好きということを発見し、官能小説を書き始めたのである。二年後、ジョニーと呼ばれるクラスの仲間と共に、六〇年代の学生の反乱の中で、生徒たちの要求を反映する学校の雑誌を作るというアイデアが生まれた。いろいろな書名の案が挙げられ——トゥデイ、一九六六、フォーカス、モダン・ブリテン、インタビュー等——ようやく最後に『スチューデント』と決定された。

「刑務所で終わるか億万長者となるか」

雑誌を助成するための広告や資金援助を求めて、ブランソンは、『フーズ・フー』の本で名前を見つけた二五〇名の国会議員や電話帳で見つけた住所の多くの企業に手紙を書いた。誰からも返事がなかった。ブランソンと彼の友人は、雑誌が広告主にとって魅力的な何かを持つために、学校だけをカバーするのではなく、多くのものをカバーするように内容を拡大しようと決心した。ベトナム戦争の年であり、学生の抗議や学生パワーと関係あるものは全て流行していたとブランソンは記憶をたどった。

ブランソンの母親は、二人の若者に電話代と切手代をまかなうために四ポンドを貸し付けた。また、父親は、「スチューデント。英国の若者のための雑誌」というレターヘッドをつけた便せんを印刷させた。数週間が過ぎ、ブランソンの学校での成績がますます悪くなる一方で、『スチューデント』誌は彼の生活の中心となった。

「もし、私の年が五、六歳上だったら、一五歳の学生が作る、未だに発刊されていない雑誌のために広告を大企業に取りに行くという考えのばかばかしさで、電話をかけることさえも止めさせていたでしょう。しかし、失敗を考慮するにはあまりに若かったのです」[9]。しかし、数ヶ月後に、ブランソンは、幸運の一矢を受けた。広告を二五〇ポンドで取ることができ、芸術家のジェラルド・スカーフェにインタビューを行い、漫画を無報酬で掲載するように説得できたのである。『スチューデント』誌は一九六八年一月に創刊された。

その時までに、ブランソンは既に学業を放棄していた。彼が思い出したところでは、彼の指導教官が最後に発した言葉は、雑誌の差し迫った発刊への祝福であった。「おめでとう、ブランソン。私の予想は、君は刑務所で終わるか、億万長者になるかだよ」。間もなく、『スチューデント』誌は、二人の若者による会社——既にジョニーの両親のガレージに設置されていた——が、女優バネッサ・レッドグレイブへのインタビューを獲得した時、国内的に注目を集め始めた。

「彼女に意見を変えるように説得できたのです。そして、『スチューデント』誌が成功するよう願うメッセージの送付のみならず、インタビューに同意しました。このインタビューは、私たちにとって転換点でした」とブランソンは振り返った[10]。その時から、二人の若者は、レッドグレイブの名前を合法性の証明として使うことができ、芸術家のデビッド・ホックニーや作家のジャン＝ポール・サルトル等の人物をひきよせることが可能となった。そして、ますます雑誌が重要なインタビューを予告するに従い、次の号を印刷するために十分な広告が集まるようになった。

●「ジョン・レノンとのインタビューは、ほとんど私たちを破産させるところでした」

『スチューデント』誌が大きな跳躍を遂げ、有名となったことは、皮肉にもその雑誌を破産間際にまで追い込んだ。それは、ジョン・レノンがインタビューを行うことを受け入れた時である。当時、若者にとっては、レノンは半分神であった。そして、――ブランソンによれば――歌手のプレス部長がレノンが雑誌の読者のために未発表の曲を寄付すると約束した時、雑誌の発行者はシート版レコードのおまけ付きで、記録的な一〇万部の印刷を決定し、当時のもっともよく知られたデザイナーのひとりに表紙を依頼したのであった。

しかし、黄金の機会と思われたことが悪夢に変わった。ブランソンが語ったところでは、何週間たってもレノンの録音は届かなかったのである。若いジャーナリストたちは非常に神経質になっていた。雑誌の将来をこの号に賭けていたのである。そして、レノンの代理人に電話するたびに、新しい口実を受け取るのであった。とうとう、何が起こっているのかを知ることになった。レノンは、深刻な個人的危機の中にあった。彼のパートナーのオノ・ヨーコが待望の赤ん坊を流産し、レノンはマリファナ所持で逮捕されたのである。そのカップルは、実際、隠遁していた。「私は問題を抱えていました。『スチューデント』誌特別版の計画は、破産の瀬戸際に私たちを追いやったのでした」とブランソンは述懐した。

そして、待ち続けていたが、ついに口頭の契約破棄について裁判を始めるために弁護士を雇ったのである。ほんの数日後、ブランソンは、歌手の代理人から電話を受けた。代理人は、彼のために録音があると言った。訪ねていくと、それは心臓の鼓動が聞こえ、それに続く長い沈黙だけのテープだった。「これは私たちの赤ん坊の心臓の鼓動です。赤ん坊は死にました」とレノンは彼に言った。そして、後の方で「私たちの死んだ赤ん坊の沈黙です」と付け加えた。一方で、ヨーコはその横で泣いていた、とブランソンは思い起こした。レノンの助手は、ブランソンが当惑しているのを見て、レコードが「概念芸術」であるとうまく付け加えた[11]。何を言って良いのか分からず――レノンに対して裁判を続けるのか「レコード」を発表するのか――、ブランソンは、雑誌の表紙を再デザインし、損害を引きうけ、前に進む事を決心した。

「私は人生で多くの失敗をしました」

そこから、ブランソンの経歴は、ほぼ全ての成功した企業家と同様、成功と失敗のジェットコースターであった。彼が言うところでは、「もし人が失敗しないのであれば、何も得られません。起業家は失敗を恐れてはいけません。もし失敗すれば、新たに試みるべきです。そして、再び失敗するなら、さらに試みるべきです。勝利するまで……」。成功するためには、時々その道で失敗を被る必要があり、それは、成功をより満足のゆくものとするのである、と[12]。

成功への道の一つとして失敗を賛美することを例証するためのブランソンのお気に入りの逸話の一つは、ビートルズの物語である。六〇年代に、このロック・グループは、受け入れてくれるレコード会社を見つけるまでレコード会社七社から断られたのである。彼は、いかにアイデアが良いかということはどうでも良いのであり、いつも離陸に成功する前に一度ならず何度も失敗することができるのだと指摘した。

「あなたの人生に刻まれた一番の失敗は何ですか？」とテレビインタビューの後にブランソンに質問した。「私は、人生で多くの失敗をしてきました」と応じた。「私が企てた最初の二つの商売は小さな会社でしたが、二つとも失敗しました。まだ学校にいる時、卒業する時に少しお金を儲けておこうと、クリスマスの木を大量に植えました。私が学校を卒業するころには、木は既に育っていました。そして、売ることが可能だったのです。しかし、ウサギがやってきて、全て食べてしまったのです。その後、同じことを人がペットとして飼うオウムでやってみました。とても早く繁殖すると聞いたのです。しかし、ネズミがやってきてオウムを全部殺してしまいました。この事で、早い時期から失敗の技を学んだのです[13]」。

何年も後に、彼は既に億万長者となっていた。ブランソンは、成功を蓄積し、失敗を被り続けている。発刊からわずか数年で、『スチューデント』誌は収入不足で破綻した。しかしながら、その時には若きブランソンは既に多様化しており、ヴァージン・レコード帝国を始めつつあった。彼のやり方は、不遜と創造性を交えながら、市場を独占していた企業の横暴の前に、より良い価格、最高のサービス、消費者と連帯する雰囲気を提供しつつ、はるかに強力な企業に――レコード産業であれ、航空機であれ、どんな分野でも――襲いかかることであった。ある場合には、ヴァージンコーラの販売促進のための策略としてニューヨークの心臓部タイムズ・スクエアに煙を吐く戦車を持って行き、コカコーラの巨大看板に対し狙いを付けるといったように、ゴリアテに対するダビデの戦いのごとく企業を紹介されることを熱望するという極端なことをしたのである。

巨大企業に対して襲いかかる処方箋は一般的には機能した。しかしながら、彼の企業の多くは戦いに生き残れなかった。彼が非常に平然と語ったところでは、「私たちは企業を創設しましたが、直ぐに機能しなくなるか、間もなくもっと大きな企業に潰されてしまいました。私たちはコカコーラに飛びかかりました。多くの国で勝っていましたが、彼らは戦車を送ったのです。分かるでしょう、お金の詰まった袋です。そして、私たちの炭酸飲料、ヴァージンコーラは、棚から消えたのです」。同じことが、数年後に、ウォッカ企業やオーストラリアのクレジットカード会社やヴァージン一族のその他多くの企業で起こった。

しかしながら、ブランソンが述べたところでは、競争相手の打撃に直面した際の彼の方策は、いつも直ぐに立ち上がり、もしそのビジネスに将来がなければ次に移ることから成っていたのである。「同じ間違いを何度も繰り返さないのであれば、間違いを犯すことは何ら悪いことではないのです」と断言した[14]。ブランソンにとって、彼の人生で受けた最良の助言の一つは、スキーの先生からのものであり、彼は、もしうまくスキーを滑ることを学びたいのであれば、何度も転ぶ準備ができていなければならないということであった。同じことが企業家の人生でも起こるのだとブランソンは言った。「私たちは敗退を被りましたが、幸運なことに、失敗よりも多く成功したのです」と結論づけた[15]。大事なことは最終結果であり、途中で被る失敗ではないのである。

●ヴァージン・レコードはどのように始まったか？

『スチューデント』誌を運営している間、学生運動や自由恋愛、ヒッピーの活動の絶頂期に、ブランソンは、手紙をくれる読者や雑誌に電話してくる多くの学生が中絶のような誰にも公然と話さない問題について情報を求めて来ることに気が付いた。雑誌の協力者のひとり、デビーが、妊娠した後どうやってどこで中絶を行うのか、あるいは性病感染の危険性やどこで心理学的支援を受けられるかについての情報を求める電話をしても、国家保健サービスや教会では誰も答えてくれなかったということを出版社の仲間に話したのである。

「私たちは、学生が直面する典型的な問題の長いリストを作り、それについて何かをすることを決意しました」とブランソンは言った[16]。同雑誌は、学生のための助言センターを設立し、無料の電話サービスを行い、「あなたの悩みを私たちにください」とのタイトルでセンターを売り込むパンフレットを街で配布し始めた。そのアイデアはお金を儲けることではなく、雑誌を売り込むことにあったと言う。間もなくたくさん電話がかかってくるようになった。安い価格でサービスを提供する多くの医者や医院、誰かと話す必要のある自殺願望のある青少年からの電話やたびたび救いを求めて雑誌社に自ら駆けこむ人もいた。

間もなく、警察が、若いブランソンに、性病治療支援の販売促進を禁止する法律にそむいていると通告しにやってきた。ブランソンは、単に助言を提供していただけだと主張したが、同誌がセンターを推奨していた方法を変更することに同意した。しかし、直ぐに警察が戻って来て、同じ規範に違反し続けているとして、ブランソン――その時一九歳だった――を逮捕した。それが法律との多くの小競り合いの最初のものであったが、決してその企業家をおじけづかせることはなかった。「裁判事案は、私に、若くて、ジーンズをはいていて、お金が少ししかなくても、官権の公的脅かしを恐れてはいけないということを教えてくれたのです。良い弁護士を獲得できるのであれば、特にそうです」とブランソンは数年たって考えるようになった。[17]

直ぐにブランソンの注意を引いたことの一つは、センターに救いを求める全ての若者が、共通して彼らの時間の大半を、音楽を聞いて過ごしていたことである。全員が、ローリング・ストーンズやボブ・ディラン、ジェファーソン・エアプレインの最新のレコードを買うために、持っているわずかなお金を使うのだった。そこでブランソンは、彼の雑誌の財政――下落を続け危なかった――を立て直す良い方法として、割引のレコードを提供することにした。そして『スチューデント』誌の次の版で、かなりの割引価格でレコードを提供し郵送する広告を掲載した。わずか数時間で、『スチューデント』誌の編集部は注文であふれた。「そして、私たちが決して考えたこともない現金であふれたのです[18]」。

ヴァージン・レコード帝国が誕生しつつあり、『スチューデント』誌は直ぐに忘れ去られるのであった。

●レコード郵送からレコード店そして音楽のレーベルへ

ブランソンや彼の仲間たちでさえ音楽産業について何ら知識を持っていなかった。しかし、これは――若き起業家を特徴づける大胆さをもって――ビジネスを直ぐに始めるための障害ではなかった。ヴァージンの名前は、まさに、彼らの誰もがレコード産業に経験を持っていない事実から生まれた。この分野では全くのヴァージンであった。ヴァージン・メールオーダーと呼ばれていたレコード郵送企業は、直ぐにロンドンに最初の店舗を借り上げた。販売店員があまり音楽を知らず、レコードを他の商品と同様に扱っていた大型店とは反対に、ヴァージン店の店員はヒッピーであり、最新の曲を知っていて、未来の客と友人のように話すのであった。そして、顧客は、しばしば吸ったばかりのマリファナで唇に笑みを浮かべて店に入り、自由に使えるソファーにもたれかかり、好きなだけ店で過ごせるのであった。わずか数ヶ月の間にブランソンは、既に英国にヴァージン・レコードの店を一四店舗オープンしたのであった。

この企業家は、音楽ビジネスが、大衆へのレコード販売にあるのではなく、レコード制作会社にあることに気付くのに時間はかからなかった。彼のビジネスは拡大していたが、経費も拡大し続けていた。経費を削減するか企業を拡大するかの二者択一を前に、ブランソンは、後者を選択した。それは彼の未来の全ての経歴の中で、彼を特徴づけた大胆さであった。「もし人が大胆でさえあれば、どこにでも行けるのです」とブランソンはよく述べていた。この若者は、彼が三〇歳になった時のために両親が取っておいてくれた資金を使うことに決め、家を購入した。それは、直ぐに録音スタジオとなった。ヴァージン社は、ロックバンドの演奏を自前で録音し始め、間もなく、自らのレコード制作企業を創設した。その時までに、『スチューデント』誌は、あまりに多くの時間を費やし大きな損失となっていたので、ブランソンとその仲間たちは続けないことを決定した。音楽ビジネスが、既に彼らにとって、はるかに熱中させるものと思われたのである。

●脱税で刑務所へ

一九七一年、ブランソンが二〇歳の時に、彼のレコード会社は成長し続けていたが、しかし損失も出し続けていた。問題は、ヴァージン社がレコードの大幅な割引を行い、プロモーションや賃貸、郵送に多額の資金を費やし、利益が出ないことであった。そして、さらに悪いことに、郵便サービスのストが郵送による割引レコード販売オペレーションに打撃を与えたのである。企業の債務は、録音スタジオの購入のための銀行の抵当二万ポンドを除いても一万五〇〇〇ポンドまで達していた。

ブランソンには、関税を支払わずに、国外から持ってきたレコードを販売するしか良いアイデアは浮かばなかった。「それは法律に違反する計画でした。しかし、この時まで、いつも私は規則を破りながら際立ってきたのです。その頃は、何も悪いことは起こり得ない、あるいは悪いことが起こったとしても、私を捕まえることはないだろうと考えていました」と何年も後になって思い起こすのであった[19]。

彼の何度かの成功裡の旅行の後に、税関サービス警察はいかさまを発見した。もっと後で、ブランソンは、多くの他の企業が、以前にも同じビジネスをしようと試みていたことを知った。刑事がヴァージン社の捜査を行い、関税を支払っていない一万枚のレコードの積荷を押収した。「刑務所のプラスティックの黒いマットレスの上で古い枕で眠りながら一晩を過ごしました」とブランソンは思い出を語った。学校の指導教官の最初の予言「刑務所で終わる」が実現したのであった。

ブランソンは、次の日、一万五〇〇〇ポンドの保釈金を支払い、その後三年間に三回払いで残りの四万五〇〇〇ポンドを支払う約束で刑務所を出ることができた。もし支払わなければ、若者は再び逮捕され、裁判にかけられるのであった。ブランソンは、まだ二一歳を迎えていなかった。そして、彼の企業は破産しており、その上、刑務所に行かないために四万五〇〇〇ポンドを支払わなければならなかった。教訓を学んだが、今や至急お金を稼がなければならなかった。「刑務所に戻るのを避けるということは、私が経験したことのない、より説得力のあるインセンティヴでした」と思いだして冗談を言うのであった。[20]

幸いなことに、一九七三年にヴァージン・レコード・レーベルのミュージシャンのひとりがレコードを新たに発売し、数週間で販売記録を破り、同社を破産から救い、直ぐ後に、大きな利益をもたらした。マイク・オールドフィールドのレコード、『チューブラー・ベルズ』のことであり、シルバー、ゴールド、プラチナ・ディスクを獲得し、一〇〇万枚以上を売ったのである。二二歳のブランソンは、一夜にして借金に利子を付けて返し、レコード産業でヴァージン社の名前を確立した。

●航空機会社の購入

ブランソンの音楽の大店舗は、セックス・ピストルズやボーイ・ジョージ、その他のロックやパンク・バンドの音楽的成功で繁栄した。八〇年代の初めに、ヴァージン社は拡大し、ロック音楽とスポーツに特化した出版社を創設した。一九八四年に、ブランソンは、米国の弁護士ランドルフ・フィールズから、航空会社を購入することに関心があるかと尋ねる電話を受けた。弁護士はフレディー・レイカー卿の格安便の航空路線を買い取れる投資家を探していた。それはロンドンとニューヨークを結ぶ路線だが、二年前に破産していた。「明らかに、この弁護士は、私よりも前に多くの他の投資家とコンタクトを取っていたのです。なぜなら、音楽会社の社長が第一の選択肢となることは難しいからです」とブランソンは言った。[21] ブランソンは、この案件を気に入り始めた。なぜなら、音楽企業家として絶えず旅行をしていて、航空会社が提供する質の悪いサービスに苦しみ、最良のサービスと良い価格を持つ航空会社は、ニッチ市場を獲得できると考えたからである。しかし、――かつての音楽産業での状況と同様に――航空ビジネスについても何も知らなかったのである。

当時大西洋間の経済的な運行を提供していた唯一の企業は、ピープル・エクスプレスであった。ブランソンは、この会社がどういうふうに運営されているかを知りたいと思い、航空券を予約するために電話をした。しかし、電話は話し中で、午前中いっぱい連絡を取ることができなかった。「私は、ピープル・エクスプレスは、おそらく非常に拙く運営されているものと結論付けました。これは、競争する際に容易な目標になり得ます。あるいは、航空券を買うために電話する人がそれほど多くいるということで、競争する余地があるとも言えます。何よりも、その週の土曜日中、電話がずっとふさがっていたという事実が、私たちが航空路線を経営できると考える勇気を与えてくれたのです」とブランソンは思い返した[22]。

一九八四年六月一九日のヴァージン・アトランティック号の開業試験飛行は、開業直前にほとんど企業を終わらせるところであった。なぜなら、二五〇名の招待された記者たちを乗せたロンドンからニューヨークへの最初の旅で、飛行中にエンジンの一つが爆発したのである。ブランソンと一緒にいた英国航空庁の監査官が、肩に手を置いて、彼に言った。「心配いらない、リチャード、こういうことも起きるんだ[23]」。鳥の一群がジャンボ機のエンジンに吸い込まれたためであった。監査官にとっては、これは珍しいことではなかった。しかし、ブランソンにとっては、潜在的な破局を意味していた。ヴァージン・アトランティック社は、未だに飛行許可――遅くともこの日の午後か、次の日に受け取るはずであった――を持っておらず、それ故に、エンジンに保険をかけることができなかったのである。

取り替え費用は六〇万ポンドであった。

ブランソンの銀行は、当該小切手を発行しようとしなかった。なぜなら、ヴァージン社の融資ラインが上限いっぱいになっていたからである。ブランソンは、開業飛行をキャンセルしなければならないこと、また、企業の流動性（支払い能力）不足がニュースとして流れることを恐れて、ヴァージン社の全海外支店に連絡し、翌日までに可能な限りの全資金を送金するように言った。銀行は、ひとたび大きな保証を受け取ると、ブランソンを困窮から救い出すことに同意した。飛行機のエンジンは取り替えられ、開業飛行は計画通り行われた。しかし、ブランソンは一つの教訓を学んだ。彼の企業は非常に危ない中で生きており、銀行が逆の決定をしたとたんに、既に三〇〇〇人の従業員を持つ全ヴァージン帝国を危険に落とし得るということであった。

●職業的経営者と世界記録

ヴァージン・アトランティックの開業飛行でのハプニングの後、ブランソンは、英国航空やその他の大企業に公然と挑戦しつつ、その航空路線を悪ふざけと意味のないメッセージの広告キャンペーンを基に構築した。彼に言わせれば、それらの企業は最悪のサービスを提供していた。次の数年に、ヴァージン・アトランティック社は、競争相手よりも先に、各座席にテレビ画面を配置し、機内マッサージ・サービスを提供し、ビジネスクラスの乗客には、自宅と空港を往復する無料リムジンを提供した。それは、きわめて効果的な広告の一撃であった。なぜなら、リムジンによる空港までの無料送迎のような事例は、当時ニューヨークとロンドンの間を飛行していたヴァージン・アトランティック社のような小企業が唯一提供できるサービスであり、世界中に数百の路線を持つ大航空会社では、費用が手の届かない金額となるため提供できないのである。

試験飛行中のエンジン爆発後のヴァージン社の全グループを危うくした融資問題により、ブランソンは、彼の企業を再構築し、職業的経営者を連れてきて、もっとうまくできること、つまり、新しいことに投資し楽しく過ごすこと、に専念しなければならないと思い至った。ヴァージン企業グループは、既にヴァージン・レコードの他にヴァージン・ミュージック、ヴァージン・アトランティック新会社、その他の種類の企業を抱え、それは、アパレル会社やバー・チェーン、不動産企業も含むのであった。

新しい経営者たちは、ヴァージン・グループで支配的であったその場限りの仕事を見て、ぞっとした。なぜこのグループが銀行により良い条件を要請するために連結収益を最大化しないのか理解できなかった。そして、この企業のほとんど誰もコンピューターを使わず、適切な在庫管理をしていないことが信じられなかった。即座に業務の整理が始まった。

ブランソンは、他方で、新しい挑戦を試みるためにより多くの時間を割いた。三三歳になったばかりであり、――英国探検家たちの伝統に従い――ヨットや気球、パラシュートでの航行記録を破りたかったのである。その上、はるかに強力な競争相手と競争するために、メディアで大いに人目をひくプレゼンスを持ち続ける必要があった。ブランソンにとっては、テレビに高額な広告キャンペーン料を支払うよりも、スポーツの偉業によってヴァージン・グループのために無料の広告を創り出す方がより安くついたのである。

●「脳に損傷を受けたかと思いました」

彼の最初の試みは、ヴァージン・アトランティック航空のロゴを付けた帆船で、大西洋を横断するスピード記録を破ることであった。「大西洋を成功裡に横断することは、ロンドンと同様ニューヨークにおいても宣伝になるでしょう。それが私たちの唯一の目的でした」と語った[24]。しかし冒険は悪い結果に終わった。三日間の航行の後、帆船——非常に小さく、速度を最大限にするために特別にその大きさで作られたもの——は、アイルランド沖で強い嵐に遭遇し、波にひっくり返されたのである。ブランソンを含めた乗組員は、海に飛び込み、膨らむ救命ボートに乗りこまなければならなかった。そこから、嵐の中でゆられながら、無線で助けを求め、数時間後に近くを通りかかった船に救出された。続く数週間、ブランソンは、耳の中で海のうなりを感じ続けた。「脳に終生の損傷を被ったかと思いました」と振り返った[25]。

一年後、新しい帆船と新しい乗組員でブランソンは再び試み、今度は成功した。彼の帆船ヴァージン・アトランティック・チャレンジャーⅡは、三日と八時間三一分という記録的な時間で大西洋を横断した。そこから先は、彼が興味を持つスポーツへの挑戦と宣伝に熱中し、その他の記録を破ることを試みた。一九八七年には気球に挑戦し、ヴァージン・アトランティック・フライヤーで大西洋を横断した。一九九一年には、太平洋を横断し、スピード記録を破った。そして、四年間、探検家ペール・リンドストランドと共に、様々な記録を破りながら気球で世界一周をする多くの試みを行った。しかし、これらの偉業のどれも、宇宙観光の最初の民間宇宙船を打ち上げ、初の乗客となるプロジェクトとは、比べものにならないものであったであろう。

●「冒険家になることと起業家になることはそれほど違わない」

私は興味をそそられ、ブランソンに彼の冒険で何を求めるのかと尋ねた。彼の伝記で読んだのは、「私の人生における関心は、途方もなく到達不可能な挑戦を企画し、その上にのぼることです」ということであった。しかし、「なぜあなたのような億万長者の企業家が、小さな競技用帆船で大西洋を横断し、気球で太平洋を横断しながら、生命を危険に晒したいのですか？　これらの冒険はどんな満足をもたらすのですか？」と彼に質問した。

「いいですか、冒険家になることと起業家になることはそれほど違わないのです。もし、誰かが『気球で誰もドーバー海峡や大西洋、太平洋を横断したことはなく、誰も気球で世界一周したことはない』と私に言うのであれば、私は、技術的問題を克服できるかどうか考えてみるでしょうし、それを行うために身体的な訓練をし、最後にこう言うでしょう。『とにかく、試してみようじゃないか』」そして、付け加えた。「私の人生の中で、私は多くの素晴らしい冒険に生きてきました。今は私の息子たちと一緒に、太平洋の航行記録を破ろうとして、あるいはドーバー海峡でスカイサーフィンしながら、冒険に生きています。それは非常に満足のゆくものです。このようにして、私たちはどんな身体的、科学技術的な難題も克服できることを私自身と息子たちに試そうとしているのです。人は、夢を現実に変えようとするものです」。

●「もし革新していなければ、後退しているのです」

企業面と同様スポーツ面での次の冒険は何かと彼に質問した時、次のように答えた。「そうですね。宇宙探検については、今年中に私の息子たちと一緒に宇宙に行くつもりです。そして、来年以降宇宙に乗客を運び始めるでしょう。それから、今後数年で軌道飛行や宇宙でのホテル、その後は宇宙探検を考え始めることができればいいなと思います。そして最後に、ある場所から別の場所への旅行費用を現在の価格の何分の一かにして、はるかに時間を短縮したいのです。例えば、人がブエノスアイレスからロンドンに二時間で旅行できるということです。これらは夢のいくつかで、私たちが思い描いている挑戦です[26]」。

ブランソンはそれがいかに奇抜に聞こえようとも新しいことを考えるのをやめない。郵便でレコードを販売するために『スチューデント』誌に広告を載せ始め、その後、ロック・ミュージックの熱狂的な若者たちを雇い、顧客がより快適に感じるようにレコード店に肘掛椅子を置き、次には、ビジネスクラスの客に無料のリムジンサービスを提供し、そして今や宇宙旅行を提供しているのである。

彼の賭けは、常に前を向き、決してその勝利の月桂樹の上に胡坐《あぐら》をかかずに、絶え間なく拡大することである。

「革新は、成功した企業を生き生きと維持するものです。もし、革新していなければ、後退するのです」としばしば述べていた。ほぼ全ての企業経営の学校は、人は、やり方を知っていることに集中すべきであると教え、世界の主要な企業は、まさにそれを行っているのである。コカコーラは飲料水を製造し、マイクロソフト社はコンピューターを作り、ナイキはスポーツ用品を生産する。「しかし、ヴァージン社は規則の例外です。グループの全企業が、最安値で楽しい経験を提供するという共通の特色を持つものではありますが」。ブランソンは自慢する。彼の哲学は全ての分野での絶え間のない革新である。もっとも多くの場合、それはより困難な道なのであるが。

●イーロン・マスクと彼のスペースXプロジェクト

南アフリカ生まれの若者、イーロン・マスクは、ペンシルバニア大学の物理学部を卒業後、ウォートンで企業経営資格を取得し、インターネットによる支払企業ペイパル（PayPal）を創設し財を成した。彼は、出現し始めた民間宇宙飛行産業でのブランソンの主要な競争相手であり、多くの人が見るところ、二人のうちでは、より真面目な方であった。二〇〇二年にペイパルを一五億ドルで売却した後、ムスクは――同企業のほぼ一二％の株を持つ最大株主であった――、太平洋に島を買い、不動産や株式投資を行い、そのまま静かな暮らしに専念できたかもしれなかった。わずか三〇歳で一億五〇〇〇万ドル以上の個人資産を有していた。しかしながら、間もなく彼の個人財産の全額を投資し、三つの会社を創設した。宇宙探検企業スペースX社、電気自動車会社テスラ社、太陽エネルギー企業ソーラーシティ社である。

ムスクは、ブランソンと同様、あるいは、おそらくもっと理想主義的な企業家であった。成功した企業家としてよりも、人類の慈善家として歴史に残ることに関心があった。しかし、ムスクは、彼の宇宙企業をブランソンのものよりもはるかに真面目な科学的プロジェクト、そして事業として見ていた。ブランソンが最初の宇宙観光飛行のひとりにジャスティン・ビーバーを加え、世界中のプレスの見出しを飾っている間に、ムスクは静かにその長期的な宇宙プロジェクトをNASAと共に率いていたのである。

そして、NASAは、明らかにムスクをブランソンよりも真剣にとらえていた。二〇〇八年に、ムスクは、NASAとの一六億ドルの契約を受け入れた。その目的は宇宙への補給貨物飛行を一二回行い、その中で国際軌道ステーションに宇宙飛行士を送ることである。二〇〇九年以降、スペースXは、NASAのために定期的な貨物飛行を行う最初の商業企業となった。

ムスクに彼の競争相手のブランソンとそのヴァージン・ギャラクティックの宇宙観光飛行について質問した時、南アフリカ出身の米国人企業家は、その違いをはっきり示した。「私は何も観光に反対していません。リチャード・ブランソンは、ブランドを作ることには卓越していますが、技術者ではないのです。彼が行っていることは、基本的には娯楽です。そして、それは、大変良いことですが、人類の未来に大きく影響を与えるとは思いません。それを私たちは行おうとしているのです[27]」。

彼の電気自動車会社テスラは、ますますメディアの注目を集めていたが、ムスクは宇宙プロジェクトに固執していた。彼が言うには、人類の歴史には、細胞からの生命の創造、多細胞生命体、植物と動物の分化、水から陸への動物の移動のようなほんの少数の真に重要な出来事があったということである。「そして、次の偉大な変化は他の惑星での生活であり、それは、私たちの集団意識の豊かさと多様性を大きく増大する前例のない冒険となるでしょう[28]」。

同様に、「私たちの生存にとり、大きく増大する多様な脅威から私たちを守るために役立つでしょう。小惑星や巨大火山が私たちを壊滅し得るし、私たちは恐竜が決して対峙しなかった危険に対峙するでしょう。それは、人間により作られたウイルスであり、核戦争、極小ブラックホールの気づかない創造、私たちを滅ぼし得る未知の科学技術です。遅かれ早かれ、私たちは、住んでいるこの小さな泥の球のもっと向こうに生存を拡大しなければなりません。そうでなければ、私たちは消滅するでしょう」[29]。居住可能な新惑星の発見にとって主要な障害は、再利用できない宇宙船の巨額の費用であり、それ故に、ムスクは、NASAのものよりもはるかに安価で再利用可能な宇宙船を建設して、その問題を解決することを決意していた。

●「決して私は屈服しません」

スペースXの軌道飛行の最初の三回の試みは派手に失敗し、企業を破産の瀬戸際に追いやった。三回とも、飛行便は技術的問題により地球軌道からの離脱を達成できなかった。

最初の試みでは、宇宙船のエンジンのうちの一つが離陸から一分で損傷した。第二回目の試みでは、宇宙船が宇宙空間に出ることには成功したが、軌道には入れなかった。二〇〇八年の第三回目の飛行は、二分で失敗した。その時までに、ムスクは宇宙計画に充てた一億ドルを既に浪費していた。

さらに悪いことに、電気自動車企業テスラも、資金がない状態であった。世界の石油消費と環境汚染の削減を助ける電気自動車を作るとの彼の夢が崩壊しつつあった。ムスクは、ペイパル社の個人的な資産の残りを手放さずに残すか、テスラに彼の最後の資金を投資するかの選択を行わなければならなかった。驚きはしたが、彼は疑うことなく、最後の四〇〇〇万ドルを電気自動車企業に投資し、テスラ社への個人投資は合計七五〇〇万ドルとなった。

当時、ムスクの個人的生活も全く混沌としていた。最初の妻、ジャスティンと離婚したばかりであり、彼女との間に五人の息子がいた。そして離婚を求めた六週間後に、ムスクは前妻にメッセージを送り、ジャスティンよりもはるかに若く美しい英国女優と婚約したばかりだと述べた、と後になって女性誌『マリ・クレール』のために書かれた記事で二番目の妻が語った。離婚裁判と新しいムスクの情事――ちなみに起業家と若い女優は二〇一〇年に結婚したが、二〇一二年には離婚した――は、毎日、新聞のゴシップ欄の悪い噂の的となった。「エロンは、彼の仕事に取り憑かれていました。家にいる時でも、彼の頭は別の場所にあったのです」最初の妻ジャスティンは述べていた。「エロンが言っていたことは、実行されました……。私は彼にいつも言っていました。『私はあなたの妻で従業員ではないわ』と。彼は私にこう答えるのでした。『もし私の従業員であったなら、解雇されていたよ』と」[30]。

ムスクの経済的危機と個人的危機の最悪の時期は、テスラ社の資金的救出とスペースXの第三回目の飛行の失敗直後の二〇〇八年末に到来した。二〇〇八年九月の米国での金融危機勃発後、一九二九年の大恐慌以来のウォールストリートの証券取引市場の最大の崩壊がもたらされ、多くの企業が破産した。世界経済の崩壊は、ムスクが資金のない状態になった時だけでなく、スペースXの新しい実験飛行を融資するために二〇〇〇〇万ドルが必要であった時に到来した。

二〇〇八年末、全てが、ムスクの三つの会社の急降下を示していた時に、この起業家は、スペースXの第四回目の実験飛行の成功に全ての資金を充てた。数年後、CBSチャンネルの六〇分プログラムの記者が、いつかの時点でスペースXの第四回実験飛行を中止し、彼の財産をできる限り救い出し、快適な人生への引退を考えたことがありますかと質問した時に、ムスクは答えた「決してありません」。

「なぜそうしないのですか？」CBSの記者が質問した。「なぜなら、私は決して屈服しないのです。私が死ぬか、あるいは完全に不能とならなければ、そのようにはならないでしょう」[31]。

第三回の失敗した試みの八週間後、ムスクは銀行に一セントもなく、もし失敗すれば、企業を閉鎖し、全職員を解雇しなければならないことを知りながら、第四番目の宇宙船を打ち上げた。

幸い、今回の飛行は成功した。任務を完遂した民間宇宙船の最初の飛行であった。その時までに、米、ロシア、日本、欧州宇宙機関のみが、国際宇宙ステーションに貨物のカプセルを送り届けることに成功していたのである。スペースXは、それを行う最初の民間企業となった。それから数日後の二〇〇八年一二月二五日、NASAは、国際宇宙ステーションに貨物宇宙船を派遣するために一六億ドルをその新しい企業に与えると発表した。その後間もなく、民間投資家たちが別の八億ドルをその企業に供与するのであった。わずか数週間でスペースXは、破産に陥る恐れを乗り切り、NASAの主要な共同パートナーになったのである。

火星の八万人の植民開拓地？

NASAが費用削減計画の一環としてスペースXと下請け契約したおかげで、かなりの部分危機が去り、その企業を回復したムスクは、火星への有人宇宙船打ち上げを真面目に計画し始めた。彼の計算では、スペースXは、この偉業を二〇二四年に成し遂げられるとしている。そして、彼が述べたところでは、開業飛行に参加してみたいということである。「初飛行は危険が伴うでしょう。もし、この企業の任務が継続し、息子たちが成長して私が落ち着いたなら、私は最初の派遣隊の一員となるでしょう」と明言した[32]。

政府のみが他の惑星探査を担当するのが良いのではないかと質問された時に、ムスクは、政府は、商業プロジェクトの調査研究を促進するよりも基礎研究を支援する方がはるかに有効なのだと答えた。「政府は、インターネットの基礎を固め、実行に移すためには非常に良かったのですが、その後、プロジェクトは衰退したのです。商業企業が一九九五年頃にインターネットを取り戻し、そこから先、物事が加速化しました。私たちは、宇宙探査においても同様のプロセスを必要としているのです[33]」。

二〇一二年末の王立航空学協会での講演で、ムスクは火星に八万人の恒常的な植民開拓地を建設することを提案した。彼の計画によれば、その目的は火星に一〇人の最初の派遣団を送ること――行きの片道切符で帰りはない――である。その目的は、未来の植民開拓地に必要なインフラ建設を始め、漸進的に人口を増やしてゆくことである。開拓者たちは、建設機器と肥料、メタン及び酸素を作るための機械を一緒に持って行くであろう。その惑星に存在する窒素と二酸化炭素からこれらの物質を作る考えなのだと述べた。

「空想科学小説ですか?」。「全然違います」とムスクは答えた。「コロンブスが新世界に向かった時、ヨーロッパに戻ってくる可能性は、非常に少なかったのですが、そのために止まることはありませんでした。同じことが、米国を創立した開拓者たちにも言えるのです」と主張した。「火星の恒常的な植民開拓地は、実現可能であるのみならず、私たちの種の保存を保証するためにも必要なのです」と結論付けた。

●カルギーマン、ミニ人工衛星を打ち上げるアルゼンチン人

ムスクとブランソンだけが宇宙産業に革命を起こしているのではない。世界レベルではアルゼンチン人エミリアーノ・カルギーマンのようなあまり知られていない別の「宇宙狂」がいるのである。彼は、あまり派手ではないが同じく変革をもたらし得るプロジェクトでムスクたちの後を追っている。正直に言うと、カリフォルニアのパロ・アルト訪問中に、シンギュラリティ大学の国際関係担当教授で起業家のサリム・イスマイルに、彼の意見としてもっとも注目すべき革新を遂行しているラテンアメリカ人は誰ですかと聞くまでは、カルギーマンについての話は全く知らなかった。「彼は、世界レベルで人工衛星産業に革命を起こすでしょう」とイスマイルは述べた。

カルギーマンは、現在では政府や多国籍企業のみによって費用負担されている大型人工衛星と競争するために超経済的なミニ人工衛星を製造しながら、宇宙を民主化するプロジェクトを実現している。地球を観測するために使用される人工衛星――中でも国境監視や森林火災探知のため――が、非常に高価で三日毎に写真を撮影することができるのに対して、カルギーマンのアイデアは、約一五のミニ人工衛星のプラットフォームを作り、五分毎に写真を撮影することができるようにするのである。彼の着想はコンピューター産業にあった。コンピューターは、より小さく安価なパーソナル・コンピューターが市場に出回り世界中で購入できるようになるまでは、当初は巨大で高額な機械であり、政府や大企業しか購入することができなかったのである。

約一億七〇〇〇万ドルかかる伝統的な人工衛星とは逆に、カルギーマンは、一〇〇万ドルのミニ人工衛星を製造しており、その重さは二キロ以下で、既に中国とロシアのロケットで実験的に打ち上げられ

ている。カルギーマンの計画は、宇宙をミニ人工衛星であふれさせ、これらの人工衛星の中で動かすためのアプリケーションを誰でもが作れるようにし、同様に誰もがインターネットのアプリケーションを作れるようにするサービスを提供することである。

「明らかに、伝統的人工衛星と私たちの人工衛星は、同じではありません」カルギーマンは長いインタビューの間に私に言った。「同じ能力を持ってはいるものの、私たちのものは、より危険と向かい合っているのです。なぜなら、壊れたりうまく機能しなくなる可能性はより高く、はるかに耐用寿命が短いからです。しかし、一方で、非常に安いので、以前宇宙空間に一個の人工衛星を配置したのと同じ費用で一〇〇〇個の私たちの人工衛星を配置できるのです。そうして、もし一個が故障しても構いません。なぜなら、全体のサービスに影響を与えることなく、この贅沢を可能とする小さな人工衛星の星座を持つことになるからです」。

アルゼンチンの起業家――五年間数学を学び、その後、論文を完成することなく、哲学の勉強を始めるために大学に戻った人物――は、航空宇宙産業は、コンピューター産業と違い、時間が凍結されたままになってきたと明言した。両産業は、軍により開発が開始されたが、コンピューターが大衆消費に移行した一方で、航空宇宙産業は、軍人の手に留まったままで、今になって民間セクターと競争し始めた。宇宙空間に人工衛星を打ち上げ、その後電話やテレビ、インターネットの企業にそれを貸与する軍人たちは、人工衛星が非常に大きくて、安全であることを要求した。なぜなら、失敗は許されないからである。人工衛星の修理のために宇宙飛行士の派遣を含む費用は払いきれない、と説明した。カルギーマンの人工衛星は、これにひきかえ捨てることができるため、耐用性確保のためには、はるかに少ない投資で済むのである。

カルギーマンは、ブランソンやムスク、その他の多くの新しい宇宙冒険家と同様に、そのビジネスに参入する前には、航空宇宙産業について、少ししか、あるいは何も知らなかった。しかし、二〇一〇年にNASAの宇宙センター訪問中に、宇宙局のプログラムの技術的な遅れが彼の注意を惹いた。それは、──資金不足と惰性を合わせたもの、そして米国の最初の宇宙飛行士が月を踏んで以降政治的支援が失われたことによる──旧式の科学技術を使い続けていたのである。「私は見たことを信じられませんでした。七〇年代の工学で宇宙に出て行っているのでした」とコメントした。ある晩、カリフォルニアで午前二時にラップトップの前に座って、カルギーマンは、宇宙産業を変革できると決意したのである。

●「科学技術か、哲学か、どちらに専念するか分かりませんでした」

二〇一〇年にカルギーマンは、三五歳を迎え、ある種の実存的危機に向かい合っていた。ブエノスアイレス大学で数学と哲学を勉強し、相対的に成功を収めた多くの科学技術企業を創設した後で、人生の残りをその中で働く自分をイメージできなかったのである。世界でもひとり当たりの心理学者がもっとも多いと言われる都市、ブエノスアイレスの精神科医と精神分析学者の間の息子のカルギーマンは、九歳の時に、両親が最初のコンピューター──タイメックス・シンクレア──をプレゼントしてからいつもコンピューターに熱中していた。「子供の頃から、コンピューターに夢中になっていました」と振り返る。青少年になり、ハッカーになった。それは、中でも『ウォー・ゲーム』という映画――一九八三年の米国映画でハッカーの若者が政府のコンピューターに潜入するもの――と、モデムを持っていた従兄のイバンに感化されたからである。そして、既にその新しい機器を試し始めていた。若者たちは一緒に、公衆電話や他人のコンピューターのハッキングを始め、同類の仲間の間ではある種の名声――多くの他のハッカーたちで起こっているのと同様――を得ていた。そして、企業家たちに、いかにそのシステムを守るかの助言を与えていた。

まだとても若いカルギーマンは、アルゼンチンの徴税庁である税務総局（ＤＧＩ）のための最初の仕事をした。税務総局の局長が、カルギーマンの友人と契約し、ハッカーグループを集めて徴税庁のシステムがどれほど安全かを試したのである。そこから先は、ますます企業や政府機関によって、若いハッカーたちに、セキュリティ・システムのどこに欠陥があるかを確認する目的でシステムを破ることを試みるための注文が舞い込んだのである。あまりに多くの注文を受けたので、一九歳の時にカルギーマンと従兄のイバンは、コア・セキュリティ・テクノロジー（Core Security Technologies）と呼ばれる企業を創設し、海外の顧客にサービスを提供し始めた。間もなく海外の最初の顧客を得た。カナダ企業である。「この回路に一度入れば、それは密談のようなものです。全員が全員と話し、一度知り合いになれば、そして良い仕事をすれば、また呼ばれるのです」とカルギーマンは回想した。

一九八八年、二三歳を迎えた時に、彼はカリフォルニアに転居するために数学の学位論文の作成を放棄しなければならなかった。彼の企業は急速に成長しており、その創設者たちは、ブラジルと米国の市場に大きな機会を見出していた。そして、彼らは間違っていなかった。コア・セキュリティ・テクノロジー――今日では、ボストンに本部があり米国に一〇〇人以上の従業員を持ち、アルゼンチンにも多くの従業員を持つ——は、直ぐにアマゾンのような多国籍大企業と契約を交わした。コア・セキュリティ・テクノロジーは成長を続けたが、カルギーマンは、アコンカグア・ベンチャー社を共同設立するために二〇〇六年に引退した。それは、多くの投資パートナーを持つリスク資本企業である。そのアイデアは素晴らしいものだったとカルギーマンは振り返った。彼のような若いアルゼンチン人の才能を活用し、彼らのアイデアに投資し、それを世界的な企業に変えるのである。しかし物事は彼が期待したようには動かなかった。一部には、二〇〇八年の世界経済危機が、投資家が初期プロジェクトを支援する時にはるかに慎重になることを誘発したからである。「それは非常に欲求不満となる経験でした」とカルギーマンは言う。若き企業家は多くのプロジェクトに投資したかったが、アコンカグア・ベンチャーの技術審議会は、四つの投資プロジェクトのみしか支援しないこととなった。その中では、ただ一つのプロジェクトのみが順調である。

失望したカルギーマンは、熱中させるような新会社の設立を考え始めた。それで哲学の勉学に専念した。二〇〇九年、既に結婚していたが子供はなく、いくらかの貯金があったが——「あまり多くはありません。なぜなら、コア社に収入の全てを再投資していたからです」——、カナリア諸島のラ・ラグーナ大学のコンサルタント業を行うオファーを引き受けた。そこに六ヶ月滞在した。そこからブエノスアイレスに戻り、二〇一〇年の初めに——新しい企業を始めるか、あるいは残りの人生を大学教授となって哲学に専念するかを未だ決めないままに——、カリフォルニアのパロ・アルトにあるシンギュラリティ大学の呼びかけをインターネットで見つけて登録した。それは、革新の最新作が紹介される夏期講座であった。

「講座の教室に到着し、机の前に座りました。前の席には男がいて、その彼に何をしているのかを尋ねると、ものを月に送るための企業を組織中なのですと言いました」カルギーマンは述懐した。「冗談を言っているのではないか確認するために彼を見ました。彼はシンギュラリティ大学の創設者のひとりであり、ムーン・エキスプレスの先駆者であるロバート・ボブ・リチャーズだったのです。そのビジネスモデルはどういうものかと尋ねた時に、あまり私に語りたがりませんでした。しかし、そのことについて私に考えさせました。それで、宇宙産業ではやるべきことが多くあることに気が付いたのです」[34]。

●人生を変えた夜

次の数日間、カルギーマンは、シンギュラリティ大学が、NASAのエイムズ研究センターのキャンパス内にあったことを活用し、人工衛星について研究を始めた。このキャンパスは、何ら人目を引くものは持っていなかった――放棄された軍事基地の中にあり、何十年もその建物は近代化されていなかった――が、そこに研究室を持つ多くの航空宇宙産業の企業があった。カルギーマンは、人工衛星産業についてできるだけ多くの人と話し始めた。

「ある夜、午前二時か三時に、シンギュラリティ大学のホールの一つの中にいて、人工衛星サービスの市場について私のラップトップで分析をしていて、何か違ったことをしなければならないと考えました。研究を始め、原則的にはより小さくより安い人工衛星を製造することが実現可能ということに気がつきました。この夜、私は非常に興奮し、このビジネスに専念することを決心しました。何年もの間停滞していて、そして私たちの生活を向上する大きな潜在力を有する産業に、重要な変化を与える可能性を見出したのです」。

カルギーマンは、ビジネスプランを作り始めた。それは、投資家に気象観測や農業のための土壌条件の観測を目的として、地球の映像を撮影したり電話やインターネットのために利用できる安い人工衛星のプラットフォームを提供し、加えて、特殊なアプリケーションでそれらを利用したい人のために個人仕様のサービスを提供するものである。例えば、誰でも世界のどこででも、地域のための独占的なテレビ・チャンネルや住民が特別な関心を持つ家庭対象のテーマ・チャンネルを作るために、あるいはサーフィンをする人たちに近くの海岸の波の状態がどうであるかを調べられるようにするために、小さな人工衛星を利用できるのである。「これは、宇宙空間のアプリケーションの世界を切り開くでしょう。なぜならこれらのアプリケーションは、長期的には私たちの企業から出てくるのではなく、インターネットで起こったように、利用者から出てくるのです」とカルギーマンは確信を持って言った。

二〇一〇年にこの企業家は、幾人かの民間投資家と共にアルゼンチンとリオ・ネグロ県の各エネルギー委員会により六〇年代に創設されたアルゼンチンのバリロチェに本部を持つ企業INVAPの支援により、新会社、サテロジック（Satellogic）社を開業した。アルゼンチン政府は、カルギーマンの人工衛星を大学研究に利用する目的で、一六〇万ドルを投資した。とはいえ、サテロジック社は彼により運営される民間会社であり、政府の参加はないとその創設者は断言した。

二〇一三年四月に、サテロジック社は、他国の人工衛星も運ぶ中国のロケットで宇宙に最初の人工衛星Cube-Bug1、愛称は、アルゼンチンのロック・ミュージシャンの曲に敬意を表してつけられた「キャプテン・ベト」を打ち上げた。同じ年の八月には、第二番目の人工衛星で、愛称は、新聞の連続掲載漫画「マファルダ」で作者キノによって生み出された登場人物に敬意を表してつけられた「マノリート」が続いた。二〇一四年半ばには、サテロジック社は、ロシアのヤースヌイから、ロシア製ロケットに載せて、ミニ人工衛星、愛称は女優ティータ・メレリョに敬意を表してつけられた「ティータ」を打ち上げた。それは、政府の経済支援なしに宇宙に送られた企業最初の人工衛星だった。そして、次の一二ヶ月に他の一五の人工衛星が続くだろうとカルギーマンはプレスに述べた。

既にその頃までに、カルギーマンは、あらゆるところに競争相手を持っていた。それには、NASA自体やスタンフォード大学、また、プラネット・ラボ社のような企業も含まれる。同社は、その年末までに二八のミニ人工衛星を打ち上げる計画を発表したが、地球の周囲に環を形成し、道路の混雑や保護地域の森林破壊等についてのリアルタイムの情報を送付することとなろう。

カルギーマンの企業サテロジック社がミニ人工衛星の分野でリーダーの一つとなるかはこれから見ていかなければならない。しかしながら、既に離陸しており、その三年の耐用年数――革新の世界では、全く軽視できない時間の期間――は、多くの競争相手に市場の経験と知識において、ある種の優位を与えるのである。

●絶えず再発明する技

ムスクやブランソンを、宇宙探査の理想を自分や企業を売り込むために取り入れている風変わりな億万長者と見るのは簡単であろう。しかしそうではない。両者は、その理想のために、時として彼の企業グループを危険にさらしながら資産のかなりの部分を投資したのである。その資産を享受する代わりに、あるいは、世界でもっとも富裕な人物リストの順位をよじ登るためにより多くの資金を蓄積する代わりに、彼らは、宇宙の植民開拓を通じて人類を救出する夢を実現するために、持っているものの多くを――ムスクの場合は全てを――、危険にさらす選択をしたのである。

彼らは、絶えず再発明する企業家――アルゼンチン人カルギーマンと同様――であり、変化を恐れず、前を見ながら生きているのである。ブランソンの場合、彼の全ての企業家経歴は、執拗な再発明の経歴であった。そして、何度も逆境の後に再発明したことが彼を破産から救ったのである。彼の雑誌『スチューデント』が破綻した時に再発明し、郵送でレコードを販売しはじめた。郵便ストにより郵送によるレコード販売のビジネスが終わった後に、商業店でレコードを売りはじめ、新たに再発明をした。再び航空産業の企業家として再発明し、その後、銀河企業家として再発明した。その道のりで彼は、あらゆる種類の数多くの会社を創設したのである。

この稿を書いている時点で、ブランソンの企業は合計四万人以上を雇用し、それは――音楽と航空機の大店舗の他に――民間鉄道網や多くのジーンズ店、ジムのチェーン、化粧品ビジネス、クレジットカード、保険会社等を含むのである。ブランソンは、ムスクやグアルディオラと同様、どの企業にとっても、いつも同じことをやりながら居残ることは健康的ではないという意見である。「それは制約的であるのみならず、危険なのです」と言う。一方で、彼は既に次の企業的冒険を考えているのである。[35]

【注】

1 リチャード・ブランソン『私のヴァージンを失いながら』、クラウン・ビジネス、三一頁。
2 筆者とリチャード・ブランソンとのインタビュー、二〇一三年五月三一日。
3 同右。
4 同右。
5 同右。
6 同右。
7 リチャード・ブランソン『私のヴァージンを失いながら』、クラウン・ビジネス、三一頁。
8 同右。
9 同書、四五頁。
10 同書、五〇頁。
11 同書、五五頁。
12 筆者とリチャード・ブランソン卿とのインタビュー、二〇一三年五月三一日。
13 同右。
14 リチャード・ブランソン『ライク・ア・ヴァージン――ビジネススクールでは教えてくれない成功哲学』ペンギン出版、六二頁。
15 筆者とリチャード・ブランソン卿とのインタビュー、二〇一三年五月三一日。
16 リチャード・ブランソン『私のヴァージンを失いながら』、クラウン・ビジネス、六八頁。
17 同書、七四頁。
18 同書、七七頁。

19　同書、九二頁。
20　同書、一〇二頁。
21　同書、一九〇頁。
22　同書、一九二頁。
23　同書、二〇三頁。
24　同書、二一五頁。
25　同書、二二〇頁。
26　筆者とリチャード・ブランソン卿とのインタビュー、二〇一三年五月三一日。
27　パット・モリソン「スペースXのイーロン・マスク――ゴールは火星」『ロサンゼルス・タイムズ』紙、二〇一二年八月一日。
28　イーロン・マスクとのインタビュー、『エスクァイア』誌、二〇〇八年一〇月一日。
29　同右。
30　ジャスティン・マスク「私は、スターターの妻」『マリ・クレール』誌、二〇一〇年九月一〇日。
31　イーロン・マスクとのインタビュー、「六〇分」CBS、二〇一二年六月三日。
32　パット・モリソン「スペースXのイーロン・マスク――ゴールは火星」『ロサンゼルス・タイムズ』紙、二〇一二年八月一日。
33　同右。
34　同右。
35　リチャード・ブランソン『私のヴァージンを失いながら』、クラウン・ビジネス、四一〇頁。

第八章　サルマン・カーンと「反転学校」

「私たちは決して何も徴収しません……私たちが行っているのは公開慈善活動なのです」

サルマン・カーンは、インターネットでのビデオと実用的な無料の教育実習によって世界で教育に革命を起こしている人物であるが、ビル・ゲイツやスティーブ・ジョブズ、マーク・ザッカーバーグ等が当時行ったように財産を手に入れることはなかった。おそらく、決してそれを行わないであろう。しかしながら、カーンは、インターネットの偉大な他の革新者たちの大半よりも、はるかに個人的な満足を深めているのである。多くの人と違い、彼は、「社会的な革新者」であり、その企業家としての使命は、全世界の貧困者を救うことである。

そして、余裕を持ってそれを獲得しつつある。『タイムズ』誌が世界でもっとも影響力のある一〇〇人のリストに彼を含めたことや『フォーブズ』誌が二一世紀の教育の先駆者として表紙に掲載したことは偶然ではない。彼のユーチューブのサイト、カーン・アカデミー（www/khanacademy.org）は、数学、歴史、その他の学校の科目の授業を二八言語で受ける年間約六〇〇〇万人の訪問者を持つのみでなく、米国及び世界のますます多くの国々の全ての伝統的な教育制度をひっくり返しつつあるのである。カーンは、「反転学校」（flipped school）の新しい現象のもっとも目に見える顔となった。そこでは、若者たちが、学校で勉強し、家で宿題をする代わりに、相互作用的なビデオで家で勉強し、学校で先生の助けを得ながら宿題をするのである。つまり、私たちの大半が行ってきたものとはまさに逆なのである。

カーンが明言するところでは、彼は決して企業を売却せず、教育ビデオの代金を徴収せず、それに広告を載せることもない。その理由は、彼が言うには、学校における子供たちの学習方法を根本的に変えることであり、このようにして世界を良くすることである。「私たちの使命は、世界のどの場所においても、全員のために第一級の無償教育を提供することです。そうして、無料で教材を提供し続けるだけでなく、決して商売を行う企業にはならず、広告も引き受けないのです」と指摘する。[1]

シリコンバレーの中心部のマウンテン・ビューにある彼のオフィスで一時間以上インタビューした時、カーン——インドとバングラデシュの両親を持ち、ニューオーリンズで育った若い風貌の三七歳の人物——は、既に、カーン・アカデミーに五〇人の職員を持ち、彼の非営利企業は、年間一三〇〇億ドルの運営予算を持っていた。[2] 二〇〇八年に彼の自宅の一室でカーン・アカデミーのウェブサイトを開設して以来、学校の成績を向上させるために二一六カ国の何千万人もの生徒の手助けをしたのである。

しかしながら、この行を読んだ読者の多くと同様、私は、当初、純粋な利他主義でこれら全てを行ったのだと信じるのには骨が折れた。彼の伝記は、物質的な物事に無私無欲な理想主義的な若者のそれではなく、全く反対のものであった。カーンの学歴は、数百万ドルを稼ぐ企業の最高幹部となるか創設者となることを望む若者の典型的なものであった。カーンは、世界の最良の大学で四つの専門課程を修了した。マサチューセッツ工科大学（ＭＩＴ）で数学、電子工学、コンピューター科学の学士号を取得し、その後ＭＩＴのコンピューター修士号を取得、後にハーバード大学で企業経営の修士号を取得した。ハーバードを卒業した後は、投資プロジェクトを分析する投資ファンドのウォール・キャピタルマネージメント（Wohl Capital Management）社で働き始めた。つまり、彼の経歴は、多額の資金を稼げるポストに向かっていたのである。カーンの利他主義は誠実なのだろうか、あるいはインターネットで教育帝国を徐々に建設し、時宜にかなった時にそれを売却するのを待っているのだろうか？　彼にインタビューする前に私は自問していた。

「決して私たちは何も徴収しないでしょう」

インタビューを始めると直ぐに、私は、彼にカーン・アカデミーと彼自身は何の資金で維持されているかと質問した。そして、私は、ザッカーバーグのフェイスブック社が途方もない数のフォロワーを獲得した時に行ったように、数億ドルを稼ぐために、適当な時期にカーン・アカデミーを売却するのかを知りたかった。

カーンは、違うというように頭を振って、指摘した。

「ご承知の通り、カーン・アカデミーは珍しい組織です。なぜなら、これまでの人生で私は営利企業に勤め、そしてシリコンバレーの真ん中で暮らしているのです。それ故に、私たちは、シリコンバレーの伝統的な企業に似ています。なぜなら、私たちはインターネット上にいるからです。しかし、私たちはそうではないのです。事実、私たちは企業でさえありません。非営利組織であり、その使命は世界中に無償教育を提供することです。決して私たちはお金を徴収したりせず、私たちのサイトにも広告を掲載しません。これは、基本的な信念によるものです。私の従兄たちの数学の授業を手伝いながら、これら全てを始めた時、私は非常に大きな満足感を得たのです。助かっていますと私に述べる人々からの手紙を受け取ることは、それほど精神的喜びを与えてくれるのです。そこでこれら全ては一企業のためには、あまりに重要すぎると感じたのです」

「しかし、何で生計を立てているのですか?」私は食い下がった。

「それは、とても正常な質問です。勘定をどのように支払うのか。答えは簡単です。慈善のおかげで私たちは維持されているのです。私たちは、ゲイツ財団、グーグル、アン&ジョン・ドーア、リード・ヘイスティングスのネットフリックス、カルロス・スリム財団、ブラジルのジョルジェ・レマン財団等、多くの財団からのかなりの資金を有しているのです。彼らは、これを教育への慈善寄付の一部とみているのです。私たちが手助けし育成する人の数があまりに多いため、彼らはこれを良い慈善事業の投資と考えているのです」

「さてと、私が理解するところでは、ビデオは全員に全く無料で、どんな種類の広告も、どこにも全くないのですね……」私は固執した。

「その通りです。カーン・アカデミーは非営利です。そして、私はカーン・アカデミーのオーナーではないのです。誰もカーン・アカデミーのオーナーではありません。公開の慈善活動なのです。ビデオは無料です。ビデオのみでなく、教育ソフトも無料です。それは素晴らしく、私の意見では、市場で販売され手に入るものよりももっと最新で最良のものなのです。そして、また無料です。全てを財団と慈善の寄付でまかなうのです」

●「私の従妹のためのビデオを作ることから始めました」

カーンは、インターネットでの巨大なアカデミーは、二〇〇四年に生まれたと語った。その時――ボストンに住んでいて――に、ニューオーリンズに住んでいた一二歳の従妹のナディアに電話で数学の授業を始めた。ナディアの家族がボストンを訪れて、少女の母親がカーンに娘が数学が苦手なので学校で問題を抱えていると語ったのである。

「私は、ウォール・キャピタル・マネージメント社で投資ファンドのアナリストとして働いていました。そして、私の従妹のナディアは、数学の手助けが必要だったので、電話で授業を始めたのです」カーンは言った。「これはうまく機能し始めました。彼女は、数学の授業で成績が改善したので、彼女の年少の弟たち、アリーとアルマンにも授業を始めたのです。そうすると、私が無料の特別授業を行っているというニュースが親戚中に伝わり始めました。そして、当然、ますます多くの私の家族のメンバー――そしてもっと遠い親戚――が、私に彼らの子供たちの手助けを求め始めたのです」。

「二年後の二〇〇六年、既に私は毎晩一〇人から一五人のいとこや家族の友人に授業を行っていました」とカーンは回想した。

その当時は、未だビデオを作ってはいなかった。しかし、いとこたちが練習問題を行うのを助けるためにソフトウェアを作り始めた。そして、ソフトが必要な添削を行い、相応の点数を与えるようにした。「その後、友人が授業をビデオに撮って、インターネットのユーチューブに載せ、一度に全てのいとこたちが使えるようにするよう助言したのです。最初は、馬鹿げた考えだと思い、彼に言いました。『ユーチューブは、ピアノを弾く猫のビデオを載せるもので、数学のような真面目な事のためではないですよ』と。自宅に戻り、自分が考えたのではないということで自省し、試すことを決心しました」と振り返った。

「私がユーチューブに最初に載せた二つのビデオは、代数と代数の前段階の概念に関するものです。しばらくして、私のいとこだけでなく、その他多くの人がそれを見ていることが明らかになりました。視聴者は増加し続け、私はソフトウェアで作業していました。そうして、二〇〇九年には、既にこれが私が唯一いつも考えている事だったのです。既に一〇万人以上がビデオを見ていました。世界のどこにいる誰にでも無料で教育ビデオを作る任務を持つアカデミーとしてカーン・アカデミーを設立したのです」と付け加えた。「全ては、私の従妹のナディアと共に始まったのです」。

●教育の家族文化

未だに彼の話について疑問を持ちながら、一〇人以上いるいとこに電話で無料授業を行うことの動機は何であったのかとカーンに質問した。米国の大学でインドの学生たちは傑出しており、インドへの私の取材旅行で家族が教育に与える重要性について自分の目で見ていたとはいえ、米国の若者が、楽しむためにバーに繰り出す代わりに、週に何晩も彼のいとこたちに無料で数学の授業を行っていることを信じるのには骨が折れたのである。

「なぜそれをするのですか?」と彼に質問した。

「そうですね、質問を逆にしましょう。私はなぜ多くの人々がそれをしないのか理解できません」とカーンは答えた。

おそらく、未婚の母親の子で、父親がいない中で育ったことで、拡大した家族は、いつもカーンにとって特別重要だったのであろう。

「家族の一員としてつながることができるということは誰にとっても非常に満足を与えられるものです。私たちは、成長するに従い独立してゆき、自分の生活を送り始め、家族の集まりあるいは夕食会等でのみ家族と会うこととなります。これは何か非常に表面的なものです。そして、全員が拡大した家族との絆を持つことを熱望しているのです。全員が親戚との関係を持つことを希望しているのです。恩恵に浴したのは私の従妹だけではありません。私も恩恵に浴したのです。関係を確立できたのです。実際的な意味で、一一歳か一二歳であれば、誰かを手助けし、その考え方を変えられる年頃なのです」と私に説明した。

他人を助けることに完全に専念するために多くの資金を稼ぐことを放棄した人間を想像することはできるが、興味深いことに、カーンは裕福な家庭の出身ではない。ニューオーリンズに生まれ、彼が小さな時に、バングラデシュ生まれの小児科医であった彼の父親は、彼の母親と別れた。「私の父親が死ぬ前に、決して父親をよく知ることはできませんでした。私は未婚の母親に育てられたのです」とカーンは語った。

カーンが思い起こしたところでは、幼少期には貧困であった。彼の母親はスーパーマーケットや病院でも働いていた。「私たちはぎりぎりのところで生活していました。私の母親は、多くの仕事をしましたが、非常にわずかなお金しか持っていませんでした」と言った。しかしながら、米国の多くのインド人家庭が息子たちの非常に良い成績で際立っているように、彼の母親――大学の学士号を有していた――は、いつも良い教育を与えることを優先していた。教育の家族文化を持っていたのである。「私の姉は、三歳私より年上ですが、非常に良くできる生徒でした。彼女が私の教育係でした。また、私の友人の中で、多くの両親が博士や工学士だったのです。それでこの組み合わせが、教育が何か非常に重要であることについて、私に気づかせてくれたのです」と指摘した。「私は教育過程の大半においても良い生徒でした。優秀な生徒ではなかったのですが、一〇学年の頃、教育の大切さについて気がつき始めたと思います。もし本当に人生で成功したいのなら、教育を真面目に受け止めなければならないことに気がつきました。健全な方法で、少しだけより競争的になり始めました。そうして、これが、私が在学中にMITに入学することを助け、私を前進させたのです」と付け加えた。

MITとハーバードで四つの資格を取った後、カーンは、ほとんど偶然にウォール・キャピタル・マネージメントで働き始めた。「おかしいのですが、ハーバード・ビジネススクールに入った時には、私はヘッジ・ファンドが何かすら知らなかったのです。しかし、資本市場についての講座をとり、私は魅了されました。それで、私の教授にどの職業が、この授業と関係づけられるのか尋ねました。すると、ヘッジ・ファンドで働くことができると言いました。そこで、彼に言いました。ヘッジ・ファンドとは何ですか？　と。それが何かを私は学びました。その後、指導教官と素晴らしい上司のいる非常に小さなヘッジ・ファンドで仕事を見つけました。本当に私は仕事が大好きでした。それは魅惑的で知的にも挑戦的で、投資の世界がいかに機能するかを学ぶことができました。良い給料を稼ぎ、良い職歴を作れた仕事でした。もし運良く、ポートフォリオの部長のような私の上司の地位に昇進すれば、非常に良い給料を稼いだでしょう。私は、いやでその仕事を辞めたのではないのです。本当に大好きでした。カーン・アカデミーが私にとっては、より魅力的だったということです。私に、より大きな精神的報酬を与えたのです」と私に説明した。

●人生を変えた手紙

まさにいつの時点でバンカーの仕事を辞める決定をしたか、そして、どれほど一歩を踏み出すのが難しかったのかと質問した時、カーンは、二〇〇八年には二、三年の間ビデオと教育ソフトで仕事をしていて、趣味としてやっていたことが巨大な潜在力を持つことがますます明らかとなったが、現在の妻、内科専門医のウマイマ・マルビと結婚したばかりであり、完全に何も経済的報酬がないことを行う決定をするのは容易ではなかったと語った。「妻と私は、私たちの財政状況と大学の借入金を見直し、非営利団体を始める時ではないと語りあったのです」と思い返した。

しかし、二〇〇八年末までに、カーン・アカデミーのビデオをフォローしている学生の数があまりに多くなり、カーンは、もはや手が足りなくなった。二〇〇九年初めには、インターネット・サイトは、一〇万人以上によって利用された。そしてますます人々は学校での科目で合格できるためにより多くの材料を求めたのである。「大変助かりましたという人々からの多くの手紙を受け取り始めたのです。特にアフリカ系アメリカ人学生の一通の手紙は、学校での成績が悪くて、大学には行けないだろうということを誰も真面目に受け止めてくれないと述べていました。そして、その時にネットで偶然にカーン・アカデミーの夏期補習と出会い、その後、大学入学試験を受けた時に、全ての数学の質問にうまく答えられたのです。それは以前にはなかったことでした。そうして、この学生は、決して以前は数学の成績が良くなかったのですが、今や大学で皆が彼にむかって、数学の天才でこれを専門にすべきだと言うのでした。特別にこの手紙を覚えています。それ以来もっと多くの手紙を受け取り、注目と感謝を受け始めました。それで、妻と私は、こう言ったのです。『さてと、私たちには貯金がある』。実際、それは自宅を購入しようと貯めていた資金でした。私は一年間やってみると言いました。そして、おそらく人々は、私たちがやっていることが恩恵をもたらすことに気づき、たぶん誰か慈善家が私たちを助けようと決心して、これに専念できるように妥当な給与を私に支払ってくれるだろうと考えたのです」。

●最初の寄付

最初の寄付を獲得するのは容易ではなかった。カーン・アカデミーは生徒が増えていったが、誰もこのプロジェクトに一銭も与えなかったのである。一度ならずもカーンに近寄る企業家たちは、彼の仕事が非常に称賛に値するが、今のところ資金を寄付できないと言うのであった。結局意義ある最初の寄付が届くまでに九ヶ月が経った。そして、それは思いがけない形でやってきた。

「誰かがこのような事を始める時は、その人は非常に無邪気なのです」とカーンは振り返った。「何かとても重要なことをやっていて、多くの人々の雇用が必要なために融資が必要という良い大義について人々が気づくだろうと考えるのです。しかし、私は多くの人と対話しましたが、多くの人に拒絶されました。九ヶ月後に、私はますますストレスを感じ始めました。私の履歴を新しくして、新しい仕事に応募するしかないなと思っていました。息子が生まれ、私たちは貯金を取り崩していたのです」。

さらに悪いことに、カーンと彼の妻は、彼が働いていた投資銀行がシリコンバレーに引っ越した時に、米国でもっとも高額な場所に転居したのである。

最初の重要な寄付は、アン・ドーアからやってきた。科学技術企業へのリスク投資家として財を成したシリコンバレーの億万長者ジョン・ドーアの夫人である。カーンは、彼女からの「私は大ファンです」とのタイトルのeメールを受け取り、もちろん喜んで即座に開封した。その差出人を、カーンは直ぐにはジョン・ドーアの夫人だとは特定できなかった。彼女は、どこの現住所に寄付を送れるのかと聞いていた。それは何ら変わったことではなかった。なぜなら、多くの人々が、このような形で、一〇ドルか二〇ドル、ある場合には一〇〇ドルまでの寄付を送ってくるのであった。しかし間もなく、二〇一〇年五月にアン・ドーアから一万ドルの寄付が届いた。カーンはeメールで感謝した。それから彼女は、カーンがインターネット上のアカデミーについてもっと話すよう、近いうちに昼食のために会うことを提案したのであった。

「近くに住んでいたので一緒に昼食をとりました。彼女は、私のミッションは何か尋ねました。そして、彼女に、世界のどの場所でも、どんな人でも受けられる無償教育を創り出したいと言いました。彼女は私に、野心的な目標のように思えるが、どうやって経済的に維持しているのか分からないと言いました。そして私は『本当のところは自分では維持できません』と言いました。自分の貯金で暮らしていますと語ったのです。アンは驚きました。家に帰って、玄関に車を駐車すると直ぐに、彼女から次のようなテキスト・メッセージを受け取りました。『あなたは経済的に維持できなくてはなりません。あなたに一〇万ドルを送ったところです』」。

●ビル・ゲイツとカルロス・スリムの賛辞

アン・ドーアとの昼食の一ヶ月後、カーンは、最初の寄付者と同様、あるいはよりうれしいテキスト・メッセージを受け取った。カーンは、夏期講座を指導していたところであった。それは、「反転」教育の機能について身近に研究するために始めたもので、そこでは子供が宿題をするために学校に行くのである。授業中に、アンからのメッセージがあることを見て、直ぐに開封した。「想像できますか、私は彼女のテキスト・メッセージを非常に真剣に受け取りました」と笑みを浮かべて述べた。

その慈善家は、その時にアスペン・アイデア・フェスティバルで千人規模の講演会にいて、そこでビル・ゲイツが話していてゲイツがカーン・アカデミーの素晴らしさについて最後の五分間語っていたと彼に言ったのである。カーンはそれを信じることができなかった。全くゲイツを知らなかったし、彼の側近に近づいたこともなかった。「夢を見ているのかと思いました」カーンは回想した。授業の後、カーンはコンピューターのところに走りより、数日間、ユーチューブでゲイツの講演会を見つけようと探し始め、ついにそれを見つけた。

ゲイツは、舞台にいて、聴衆の前で司会者の質問に答えながら、khanacademy.orgという驚くべきインターネット・サイトを発見し、彼自身、一一歳の息子のローリーが数学の問題を解く手助けとして利用していると語っていた。ゲイツは、ローリーが全ての科目についてのカーンの短いビデオを「むさぼるように見ていた」と語った。引き続き、マイクロソフト社の創設者は、カーンの略歴と教育の質向上に完全に専念するために、一体どうやってバンカーの仕事を断念したのかについて語っていた。「彼の夫人がバンカーの職を断念することを許したことは本当に幸運だったのです」と付け加えた。

カーンが覚えているところでは、彼がユーチューブでゲイツのビデオを見た時「私はとても満足しましたが、とても神経質にもなりました。なぜなら、それらのビデオは、私の従妹のナディアのために考えられたものでビル・ゲイツのためではなかったからです」。間もなくカーンは、ゲイツの事務所長からの電話を受け取った。彼は、ビルが会いたがっており、もし、シアトルに旅行することが日程的に可能であれば、ゲイツ財団がカーン・アカデミーを支援できるかについて話をしたいと述べた。カーンは、自分のスケジュール帳を見たが全く白紙であったことを覚えている。そして答えた――できるだけ重々しく聞こえるようにしながら――「はい、もちろんです、行けるように時間をつくりましょう」。

ゲイツとの会合は二〇一〇年八月二二日に実現した。カーンはとても神経質になっていた。覚えているところでは、ゲイツとその顧問にカーン・アカデミーが行っていることについて語った。しかし、あまりに焦っていて頭の二〇%が言っていることに集中し、残りの八〇%は考えることに集中していた。「目の前にいて話を聞いている人物がビル・ゲイツだということが、どういうことか分かりますか?」

彼の説明が終わり、ゲイツはいくつか質問し、「これは素晴らしい」と言いながら終わった。数週間後の二〇一〇年九月、ゲイツ財団はカーン・アカデミーへの最初の寄付一五〇〇万ドルを発表した。

ほとんど同時に、グーグルが二〇〇万ドル寄付し、カーン・アカデミーは世界の注目を集め始めた。二〇一〇年一〇月、カーンは、中等学校とＭＩＴの元同級生でコンサルタント企業マッキンゼー・アンド・カンパニーで働いていたシャンタヌ・シンハを社長とし、その他多くのソフトウェア開発者を募り、自宅でのカーン・アカデミーの運営を事務所に移した。世界の教育に革命を引き起こす非営利目的の企業を創設するとの彼の夢は実現し始めた。

しばらく後に、メキシコ人大富豪のカルロス・スリムに面会することになった。彼は、彼の友人ジョン・ドーアを尋ねてカリフォルニアに滞在していた。いかに教育の質を向上するかについて話していて、ドーアはスリムに言った。「サルマン・カーンを知らなければなりませんよ」と。カーンが覚えているところでは、「私たちは出会い、その最初の出会いで、カルロス・スリムは一緒に働くことを提案したのです。当然私は大変光栄に感じました」[3]。カーンは、スリム財団から招待されてメキシコに旅し、同財団の支援でカーン・アカデミーは、数百の教材ビデオをスペイン語に翻訳し始めた。二〇一三年末に、カーン・アカデミーは、実際全てのスペイン語に翻訳されたビデオ、練習問題、進捗表を載せたスペイン語ウェブサイトes.khanacademy.orgを開設した。

●「反転学校」（FLIPPED SCHOOLS）のアイデア

カーンによれば、当初からFlipped Schoolsつまり「反転学校」のアイデアは、彼の発明ではなく、数年前から出回っていたものである。彼の話では、二〇〇八年に最初にその言葉を聞いたとのことである。それは、教師からeメールを受け取り始めた時で、ビデオのおかげで素晴らしい結果を上げる「反転」授業を行っていると彼に述べていた。「教師たちが言うのは、学校で授業を行う代わりに、私のビデオを家で生徒に見るように命じ、各生徒が自分のリズムで、授業の時間と場を使って問題を解き、練習問題をするのです」とカーンは言った。「そして、これは非常に単純な変化です。以前授業で行われていたことを子供たちは自分の時間と自分のリズムで見ることができるのです。そして、生徒がひとりでしなければならない自宅の宿題となっていたものが、今やクラスで他の子供や教師と一緒にできるのです。そして、これが行われる時には、多くのポジティヴなことが起き始めるのです」。

「どのようなことですか？」私は尋ねた。

「教室の外、自宅での授業は、より相互作用的なのです。なぜなら、生徒は、自らのリズムでビデオを見ることができ、巻き戻し、再び見ることができるからです。そして、全てをノートにとる必要はありません。なぜなら、ビデオの練習問題は、いつもそこにあり、再び参照できるからです。教室で練習問題を取り出すと直ぐに、教室が各生徒のリズムで勉強できる空間となることを可能とするのです。そして、各生徒が自分のリズムで勉強でき、もっと進んでいる生徒は、遅れている生徒の手助けができるのです。授業を『反転させる』のは、私のアイデアではありませんが、カーン・アカデミーは、それを行うために役立つ道具であり、個人仕様の学習を提供し、そこでは、生徒が概念を学び、各人が自分のリズムで進めるのです」。

●クラスの「空白」を排除する

カーンによれば、ビデオと各生徒のレベルに合わせた個人仕様の練習問題の組み合わせは、根本的な変化を可能とする。生徒が病気で授業に欠席したり、概念が理解し終わらない時に残る「空白」や隙間を排除するのである。伝統的な教育システムでは、一科目に充てられた学習時間は決まっているが、他方で生徒の理解度は多様である。つまり、各生徒がどれほど学んだかとは関係なく、授業は決まった期限内に、それぞれの教科を教えることが求められるため、何としても続けなければならないのである。

そして、伝統的教育システムでの生徒の成績は、このことをよく示している。生徒は、最良の場合で、試験の質問に七〇％か八〇％、あるいは九〇％正しく答えれば合格する。しかし、それは、同時に、クラスの三〇％か二〇％あるいは一〇％が理解しないままであることを意味する。そして、それが、次の授業に進むための必要な基礎を奪ってしまうのである。もし、生徒が数学の概念を理解しなければ、数学の授業についてゆくのは難しくなり、以下同様である。時が経つと、知識の不足が蓄積し、ますます学業に追いついていくのに骨が折れるのである。多くの生徒があまりに遅れてしまって居残ることとなり、留年するか学校をやめることとなる。

反対に、カーン・アカデミーでは、どの生徒も前の授業を一〇〇％理解しなければ次の授業に進まない。このアイデアは、英語でマスタリー・ラーニング（完全習得学習）として知られ、既に一九六八年には、ベンジャミン・ブルームにより普及していたが、米国では幅を利かせてはいなかった。教師が生徒の進歩を個別に追跡できるということは、特に大人数のクラスでは非常に難しかった。そして、もし教師がそれを達成したとしても、どのように生徒にそれぞれの「空白」をカバーするのに必要な練習問題や説明を与えるかという問題もあった。時間に制限され、そうしたくても、そうすることができなかったのである。授業は続かなければならなかった。

今日の違いは、インターネット教育では、教師が、容易にこの困難を乗り越えることができるとカーンは主張する。もし、生徒が見ているビデオの何かを理解しないのであれば、「停止」のボタンを押せば、再び見られるのである。そして、まだ理解できないのであれば、問題を解くための特別な練習問題が用意される。他方で教師は、画面で各生徒が、どこまで進んでいるのか、どの問題で困難を抱えているのか、その詳細を見ることができ、問題に焦点を合わせられるのである。

そして、ある生徒が、去年学んだことを忘れたために何かを理解することが難しいとしても、問題はない。黒板と違い、コンピューターは消去されることはない。授業は決して消えないのである。なぜなら、インターネットでいつも用意されているからである。カーンによれば、歴史上初めて、学習において生徒がもはや「空白」を持たなくなることを達成できるということである。

●生身の教師は不要になるのか？

インターネットによる相互作用的な学習の利点についての話を聞いていて、私は、教師の未来はどうなるのか、消滅を運命づけられた職業となるのかと質問せざるを得なかった。

「もしビデオが教師に取って代わるのであれば、生身の人間ほどうまく教えることはできないため、これは否定的な結果をもたらすだろう、との批判にどう答えますか？」と彼に尋ねた。

「私はその考えに全く同感です。私には小さな息子たちがいますが、彼らには学校という物質的な場所に行き、質の高い教師と仲間を持ってほしいのです。

人は、何かバーチャルな物について話す時、直ぐにそれが物質的なものに代替するだろうと疑い始めるのです。電子ビジネス対物質的ビジネスです。しかし私たちにとっては、アカデミーは、物質的な学校を強化するための道具なのです」

「道具ですか……？」

「はい、道具です。私たちは、情報を配布することを支援できますし、練習問題を添削し支援できます。また、教師にタブレットを渡し、各生徒の進度を詳細に追跡できるのです。なぜなら、私たちは教師が生徒の学習の重要な要素であると信じているからです。この全ての科学技術が可能とすることは、教師が人的相互作用に全ての時間を充てることができることです。教師は、各生徒がどのレベルにいるか、どの生徒が良いか、どの生徒が困難を抱えているかについて探知することができます。そして、教師は、各生徒と後で対座し、学習の遅れが出ないようにすることができるのです。それで、私たちは、教師がこの全てのプロセスでもっとも重要な要素であると考えているのです」

「『個人仕様された教育』について話された時にそれに言及していますね？」

「全くその通りです。個人仕様の教育のアイデアは新しいものではありません。もし四〇〇年前に戻ってみて、誰が教育を有していたか考えてください。非常にわずかな人しか教育を有していませんでした。有していたのは、貴族や王子たちです。彼らは、多くの場合、多数の個人的な家庭教師を持っていました。そして、家庭教師が、教育を王子が理解できるものと理解できないものに適応させていました。そして、二〇〇年前に行くのであれば、大衆教育を見始めるでしょう。そこでは、一教室に三〇人の児童を入れ始め、同じリズムで全員に同じ授業を与え、何人かは理解し、その他は理解しないのです」

「それで？」

「それでクラスが分かれる地点に到達するのです。何人かは大学で勉学を続け、その他は継続しないのです。今や、科学技術により、私たちは、教師が各生徒と個人的に働けるよう自由にし、各生徒のレベルまで降りて働き、全ての生徒が大学に行けるように、授業を個人化できるのです。そして、公立学校や私立学校、豊かな地区や貧しい地区での物理的な教室で私たちが見つつあるのは、各生徒に自分のリズムで勉強させれば、数学の成績が良くないか関心がないと考えていた生徒が、急に関心を持ち始めるのです。なぜなら自分のリズムで学習できたからです」

●プロシア式教育モデル

私たちのほとんど全員が教育されているモデルは、一八世紀にプロシアの王により確立された。それは、無償初等義務教育を確立したが、なかでも、従順で当局を尊敬する労働者階級を創設する目的を持ち、その構成員は、非常に小さな頃から、時間割を守るように習慣づけられているのである。そのアイデアは、子供が両親や教師、司祭たち、そして王の権威を尊重し、毎日勉強に行くために同じ時間に起床することを学ぶことである。

ヨハン・ゴットリープ・フィヒテは、この教育システムを推進した哲学者であるが、こう書いている。「もし人に影響力を与えたいのであれば、ただ単に話すだけでなく、その若者を育成するべきであり、あなたがしてほしいことだけをできるように育成しなければならない」[4]。無償初等義務教育を確立したことは称賛すべきではあるが、プロシア風モデルは、政治的コントロールのメカニズムであることを隠していない。

カーン以前の多くの批評家は、既にプロシア式教育モデルが断片的で個人的な教育を終わらせ、政府により作成された学習計画を通じて政治的思想を国王が子供たちに伝達することを可能にしたと指摘していた。しかし、教育的内容以上に、授業モデルはそれ自体が生徒の頭脳を形作る、はるかに巧妙な形を含んでいた。生徒は、教師の論述を聞くために列を作って座り、教師が入室する度に立ち上がり、クラスは「科目」毎に分かれており、それ自体を暗記しなければならず、生徒の批判的思考を刺激しないようにするために、他の科目との関係はないのである。そして、他方で「科目」は、それぞれ五〇分の継続的周期で口述され、絶えずとぎれとぎれとなり、次から次に話が飛んで、生徒が危険な考えを展開しないようにするのである。

　プロシア式モデルは、国王の意図に非常によく役立ち、また産業革命の間、工場で雇用される肉体労働者の中産階級を創設することを助けたが、二一世紀の革新経済には既に役立たないのだとカーンは主張した。今日では、まさに反対の事が必要なのである。生徒の問題を解決する想像力と能力を刺激することである。デューク大学教授で、「デジタル・メディアと学習競争力のマッカーサー基金」共同理事長のキャシー・N・ダビッドソンの研究によれば、今年入学する子供の六五％は、未だに発明されていない職で働くこととなるであろう。[5]

　既にそれは起こりつつある。一九六〇年に小学校に入学した数百万人の子供たちは、彼らが生まれた時には存在していなかったパソコン産業で働いている結果となろうとは、決して想像しなかったであろう。そして、一九七〇年に第一学年に入学した数百万人の子供たちは、インターネット企業で働くとは決して想像しなかったであろうし、同様に二〇〇〇年に小学校に入学した数百万人の子供たちは、3Dプリンターや商業ドローン、あるいは宇宙観光の産業でおそらく働くこととなろうとは決して想像しなかったであろう。

「『新しい』経済的現実は、単に読解、数学、人文に関する基本的知識を持つだけの従順で規律ある労働階級をもはや要求していないのです。今日の世界は、創造的で好奇心を持ち、全生涯の間、教育を続け、新しいアイデアを理解し実行する能力を持つ人たちからなる労働者階級を必要としているのです」とカーンは指摘した。「不運にもこれは、まさにプロシア式モデルが奨励しないようにしている生徒の類型なのです[6]」

●重要なのは教育ではなく学習です

大多数の教育の革新者たちと同様、カーンは、伝統的な学校があまりにエネルギーを教育――教師の論述、学業計画内容等々――に集中し過ぎており、生徒の学習に少ししか集中していないと確信している。重要なのは、子供に教えるやり方ではなく――もしそれが教師を前にしてか、あるいはコンピューターであったとしても――、子供にとってより容易なやり方で学習することである。

「授業をすることと教えるということの間に重要な区分を作るべきです」とカーンは言った。「最近私は、『アメリカのための教育』機関の創設者、ウェンディ・コップと夕食をとっていました。そして、彼に、生徒に影響力を持つ良い教師となるためにもっとも重要なことは何ですかと尋ねました。すなわち、誰が最良の教師かということです。すると、彼の答えは私を驚かすでしょうと答えたのです。誰が最良の授業をするかではなく、また、誰が博士号を持っているかということでもありません。最良の教師は、生徒の側に座ることができ、その考え方を変えることができ、その生徒の指導教官であり、生徒が自らの学習の手綱を握ることを激励できる人ですと私に言ったのです。これは完全に私たちの言うことと合致するのです」。

カーンはこう付け加えた。「中学校の教室に座っていて、私たちの前に誰かが立ち、授業を行い、成績を読み上げるのです。そして、私たちの誰もが、それを魅力的な経験であると考えたとは私は思いません。他方で、全員が、会話をし、助言を与え、物事を行うために感化を与えてくれた教師を持っています。そして、時が経つに従い、人は、会話をし、私たちの学習の向上を助けてくれた教師を思い出すのです。それで、私たちが守っていることは、――これをウェブサイト上のほとんど四〇〇〇本近くのビデオを作った人が言うのである――ビデオと教室の授業は学習プロセスにおけるより重要性の少ない部分ということです。学習プロセスのもっとも重要な部分は、ものをつくり、問題を解決し、そこに助けてくれる教師と仲間を持つことなのです」。

そして、カーンによれば、実用練習問題と生徒の進捗状況をフォローできるタブレットは、基本となる科学技術の進歩なのである。なぜなら、教師を解放し、より多くの時間を生徒との相互作用に従事させ、学校が各生徒の学習により焦点を合わせることを可能とするからである。

●ラジオとテレビは単に情報を「流布した」だけである

しかし、新しい教育科学技術の恩恵を誇張してはいないのか、と彼に質問した。結局、科学技術が教育に革命を起こすと言われたのは初めてではないのである。一九二〇年代、ラジオが一般に普及した時に、多くの人がラジオが教育に革命を起こすと言った。同じことが一九五〇年代にテレビで起こった。そして、一九八〇年代にパソコンで起こったと、私は彼にコメントした。そして、確かなことは、あまり変わることがなかったのである。私たちは二〇〇年前と同じプロシア式モデル――学校では子供が席に座り、教師の言うことを聞いている――に従っている。今回、科学技術が教育に革命を起こすことができるとカーンに考えさせたものは何なのか、以前の科学技術と同じことが起こらないのだろうか、と質問した。

「それは素晴らしい指摘です」とカーンは応じた。「パソコンが現れた時に、スティーブ・ジョブズは、頭脳の革命となるだろうと言いました。テレビやラジオが現れた時、人々は、世界中に質の高い教育が普及するであろうと言いました。そして、ビデオカセットが出現した時にも同じことが起こりました。しかし、物事を変えさせるいくつかの事があると思います。過去には、科学技術は、いつも何か表面的であり、情報の流布に集中していました。そして、私たちのビデオでも何か表面的なものを持っています。しかし、新しい科学技術でもっとも重要なものと見ているのは、ビデオではなく、段階に応じた特別な練習問題を与えるために、各生徒がどこのレベルにいるかを探知する可能性なのです」。

「生徒には、助けが必要ならば、ビデオがあります。そして、各生徒の進度を登録するために教師にはタブレットを与えています」と続けた。「カーン・アカデミーが利用する三万の教室では、ビデオを流して生徒に見させるだけでなく、彼らが積極的に学習し、練習問題を解いているのを私たちは見ているのです。大半の人は、カーン・アカデミーはビデオであると信じていますが、私たちにとっては、それは私たちが行っていることの重要性のごく一部です。もっとも重要な部分は問題の解決、練習問題、学習のための道具であるということです」。

●「証明書や免状は与えません」

まさに学習に完全に焦点をあてているため、カーン・アカデミーは、証明書や免状を与えないとカーンは述べた。生徒はカーン・アカデミーのインターネット・サイトに入る時、短いテストを受ける。そのテストの点数に基づいて、システムが生徒の知識の有無に適応し、特別な問題や分からないことの理解を助けるビデオを推奨する。そして、まるでゲームであるかのように、進歩するたびに点をとり、生徒は動機付けを感じ、ますます学習を続けるのだと説明した。

事前対策型のシステムであり、個人レベルで生徒が、あるいは――より良いのは――指導教官と生徒が活用できるのである。生徒は、両親の内のひとりか、彼の教師あるいは両者を指導教官に任命できる。そして、学習プロセスに彼らを巻き込むのであると説明した。「そして、生徒の私があなたを『指導教官』とシステムに登録すれば、指導教官のあなたは、私がいかに進んでいるかをみることができます。指導教官は助言を送ることができます。そして、指導教官は、このようにして教室全体を管理することができるのです」と付け加えた。

カーンによれば、このシステムは、シリコンバレーのロス・アルトス地区の学校で採用され素晴らしい結果を出した。生徒は、インタラクティヴな練習問題で点数を増加させるに従い、電子「賞品」の報償を受け、これが、教育プロセスの中でますます積極的な参加者に変えたのである。そして、多くの教師の「反転」授業のシステムが標準試験での生徒の点数の下落につながるとの大きな恐れは根拠のないものとなった。カーンの教授法は、生徒の数学やその他の教科の概念的理解を向上することを助けるだろうが、試験の点数には影響ないと多くの人が考えていたのとは逆に、五学年の生徒の九六%が最終試験に合格するということが起きたのである。「反転」授業を行う前の学校では九一%だったとカーンは述べた。同じことが、このプログラムをもっとも貧しい地区で行った時にも起こったとも付け加えた。九五%の学生がアフリカ系アメリカ人で、八五%が無料のあるいは補助金を受けた昼食の提供を受けているカリフォルニア州オークランドのユニティ高等学校で、生徒は、代数の点数が一〇%から四〇%に上昇した。学校長のダビッド・カスティーリョによれば、結果は「印象的」であった。なぜなら、ビデオや練習問題、「反転」クラスは、多くの生徒がますます教科に関心を持ち、「無関心から責任感へ、そして怠惰から努力」に移ることを助けたからである。[7]

裕福な国のための方式?

カーンの語るように、このシステムは理想的に思える。しかし、これが裕福な国々のために設計されたのではないかと誰もが質問せざるを得ない。そこでは、子供たち——貧しい家庭出身の子供を含めて——は、いつもほどほどによく栄養をとっており、家庭ではコンピューターを持っているのである。この教育モデルは、学校にはその日唯一の食事を食べにゆき、家にはコンピューターがないホンジュラスの掘立小屋で暮らす子供のために適用できるのか、と質問した。

「これは実に大きな問題です。ホンジュラスの掘立小屋のことを話すのであれば、米国でも三〇%の人々が自宅でインターネットの迅速な接続アクセスを持たないのです」とカーンは答えた。「しかしながら、いくつかの期待できる傾向があります。物事は、今日明日中には解決しないでしょう。しかし、今後五年から一〇年の間には、インドあるいはホンジュラスの農村の生徒たちでも、一〇〇ドル以下あるいはおそらく五〇ドル以下の価格となるコンピューターにアクセスできるようになるでしょう。そして、もし、生徒ひとりに一台のコンピューターがなければ、おそらく、子供たちが来ることができ、他の生徒とコンピューターを共有できる地域センターができることでしょう。このようにして、生徒のコンピューターの費用は一日わずか数セントに減少するでしょう」。

カーンは、インターネットの費用もまた、劇的に下がっていると付け加えた。そうして、今後五年から一〇年の間、インターネットやコンピューターは、電話や冷蔵庫、電子レンジ、あるいは車のような科学技術が採用された時よりも、より迅速に採用されるだろう。カーン・アカデミーの方式は、現時点では、ホンジュラスの最貧地帯では適用できないが、もう間もなく、それは可能となるであろうとカーンは断言した。

●家庭での宿題は不平等を助長する

世界の大部分で支配的なプロシア式教育システムは、社会の不平等の大きな発生器である。なぜなら、生徒に、宿題を教師の手助けで学校でやる代わりに、家でやることを要求するからである。伝統的教育システムでは、中流や上流階級の家庭の生徒は、しばしば家庭に、宿題を助けてくれる父親や母親、兄あるいは家庭教師を持っているのである。

「しかし、貧困家庭の生徒はどうなのだろうか？」カーンは質問する。「両親が教育を持たず、あるいは息子たちの面倒をみるにはあまりに疲れきって帰宅する時に、誰が生徒の宿題を手伝うでしょうか？　そして学校から帰った後は、働くか両親の手伝いをしなければならない子供たちが、授業時間の後に宿題ができるとどうして推測されるでしょうか?」。

金持ちはますます豊かになり、貧者はますます貧しくなるのである。教育に関して言えば、学校の宿題は社会の不公正を増大することにつながるのだとカーンは断言した。それ故に、子供が教師の手助けによって学校で宿題をすることができる「反転」学校は、社会の平均化の非常に大きい要因なのだと主張した。

●「夏休みは馬鹿げた考えです」

私がインターネットのカーンの講演で聞いた話の一つに、学校の夏休みを排除しなければならないということがあった。興味をそそられ、子供に学校の休みを与えるのがなぜ悪いのかと尋ねた。「おそらく小さな子供の間で私のファンは多くないでしょう」とカーンは笑いながら言った。「実際私は、夏休みが馬鹿げた考えに思えると言いました。馬鹿げていると思われる理由は、夏休みがある唯一の理由は、一般的に学校が創設された時代には、生徒の大多数が農村部に住んでいて、夏の間に農園で両親を手伝わなければならなかったからです。これは、まだいくつかの場所では見られますが、今では、世界の人々の大多数は都市に住んでおり、農園で働く必要はないのです」。

私がそれは、なぜ子供に休みを与えることが悪いのかの答えになっていないと指摘すると、カーンは、夏休みが、勉学を中断するのみならず、若者が多くのことを忘れるばかりか、社会的な不均衡を増大するという多くの研究に言及した。多くの中流または上流の生徒は、補習講座をとったり、あるいは学期が再開した時により速く進めることを助ける知的活動を行い、他方で、貧困家庭の多くの生徒は、ますます取り残されてしまうとその研究は述べている。

「生徒が夏期休暇の間に、学校と生徒は怠惰になり、非生産的になります。実際、多くの場合、貧しい子供は学校に行けず退屈しているか、あるいは法的問題に巻き込まれ得るのです。そして、夏の間に、教師は仕事を行うことができません。そこで、私たちがそれを活用すべきなのです」と指摘した。

「夏期休暇に、創造性を発揮し、興味深いことを行えたため、人生で最良の時を過ごしたと言う人がいます。私が言っているのは、それを全学期で行うべきであるということです。全ての学習が個人仕様化されるべきです」と付け加えた。「それで、私たちは一年中夏季キャンプの最良の部分を持つべきで、それは一年中学習しているということなのです」。

●「多年齢」学校、「多学年」教室

カーンによれば、生徒が年齢別にグループ化されることや、同じクラスの全ての学生が同じ年齢であることも意味がないのである。それもまた、過去の馬鹿げた遺産なのだと断言した。「同じ歳の子供が同じクラスにゆくことで、ひどいことが起こるということではありません。みんながそうしてきました。しかし、子供を年齢で分けるというアイデアは、二〇〇年前のものです。有名な農村学校は、一部屋で多年齢の教室でした。もし数千年さかのぼってみれば、人間が学んでいたところはいつも部族の大家族でした。あなたの従兄弟たちや兄弟から学ぶのです。そしてこれが自然なプロセスだったのです」と説明した。

「そうですね、でも今日ではもっと学習できるのでは……」

「しかし、子供を持つ誰もが、もっとも小さな子供が大きな子供から学び、大きな子供が指導性を発揮しもっとも小さな子供を助けることを見ることができます。それは、現在の伝統的学校システムでは失われたのです。それで、多年齢の学習共同体の概念を再び選択するための良い機会であると思うのです」

「それはどのように機能するのですか?」

「私が多年齢と言う時は、そのプロセスの一部として第三世代の高齢者までを想像できます。私の母が私の子供たちの教育の一部であってほしいのです。これは、また、二次的に活用される資本です。子供たちと喜んで働く経験のある多くの高齢者がいるのです。そして、また、小さな子供を教えるプロセスに参加していない青少年の二次的な資本があるのです」

「青少年が小さい子供に教えたいと思うのは、少しユートピア的ではないですか?」

「人々が青少年の苦悩と反抗について話し、青少年が独立したいのだとするのは、伝統的な学校では、それらのことだけを考えるように仕向けてきたからだと思います。それで私は、子供が一三歳か一四歳になると、何らかの責任を引き受ける準備ができていると思うのです。多くが責任を持つ必要があるのです。一三歳か一四歳の青少年がより小さい生徒の教育係となり、学習を助ける申し分のない機会であるのです。そして同時に指導力の資質も獲得するのです」

●二〇二五年の学校

話の矛先を未来に転じて、二〇二〇年または二〇二五年の学校システムはどのように想像されるのかを質問した。

「その時の学校はどのようなものでしょうか？」と質問した。

「二〇二〇年または二〇二五年（それより前に起こることを期待しています。なぜなら、私は四歳と二歳の二人の子供を持っているからです）の教室は、完全に物理的な教室となるでしょう。その空間は、学習の軸となるのです。教室自体が私たちの知っている博物館のようなものとは違っていると期待しています。教室に三〇人の生徒とひとりの教師がいて、隣の教室にも三〇人の生徒とひとりの教師がいる代わりに、私たちは壁を壊し始められると期待しています。これらの壁が必要な唯一の理由は、学校が教室での講義に基礎を置いていたからです。全ての学習机は、前の方を向いており、子供たちは観察し、ノートを取らなければならないのです。今や私たちは、学校のインタラクティヴな領域を持つのです。会話を持ち、自分のリズムで学習をし、実践的な学習をしているでしょう。そうして、今やこれらの壁を壊し、共通の広い、活力に満ちた学習空間を持つことができるでしょう。図書館のような、静かで感化を与える学習の場です。そして、子供たちは自分のリズムで学習できるでしょう」

「それでは、教師は何をするのですか？」

「子供たちは指導教官を持つでしょう。指導教官の幾人かは年長の生徒で、より小さな生徒たちを指導しているでしょう。そして、生徒を指導し、その目標を達成するのを助ける正式な教師もいることでしょう」

「現在の学校のように評価はありますか？」

「子供たちは単に試験の結果だけで評価はされないでしょう。試験は引き続き重要ですが、生徒は、私の意見でははるかに重要である二つの追加的な方法で評価されるでしょう。最初は、教師が生徒についてどう考えているかです。もし私が誰かを雇うのであれば、このことが私にとって重要なことです。どれほどうまく教えられますか、どれほどうまく伝えられますか？ そして、二番目はあなたの創造性です。あなたが作ったもののポートフォリオは何でしょうか。代数の試験で優秀な成績を取るのは良いことです。しかし、その知識を適用できますか？ それでものを作れますか？ そうすると私にとって学校は、子供たちがより学び、よりものを作り、これらの基準に基づいて評価されるところとなるでしょう」

●オンライン教育のブーム

二〇〇七年及び二〇〇八年にカーンがユーチューブにいとこたちのための教育ビデオを載せ始めて以来、インターネット教育は米国で急増した。カーン・アカデミーより先に生まれた小学校生徒のための営利インターネット・サイトK12は、カーンの教育革命のおかげで途方もなく広まった。そして、二〇一二年以降は、インターネット教育は大学にも大幅に拡大し、数百万人に無料で大学の講義を提供するcoursera.org、edx.org、udacity.com等のインターネット・サイトが創設された。

ハーバード大学やコロンビア大学、その他の米国の名高い大学の多くの花形教授が、インターネットの大衆無料講座を提供し始めた。そして直ぐに、――カーンに起こったことと同様――数千人がフォローしていることが分かったのである。間もなく、これらの教授たちは、MOOCS（英語による大衆・公開オンライン講座）として知られるインターネットの無料大学講座企業を創設することを決定した。

そして、MOOCSに参加するかその他の企業により乗り越えられる危険を冒すかのジレンマにあった多くの大学は、MOOCSに参加することを選択したのである。本稿を執筆している時点で、coursera.orgは、四〇〇講座――インタラクティヴなビデオと試験による――以上を提供しており、わずか二年間で既に五五〇万人に受講された。ラテンアメリカでは、同様な考え方で、カーン・アカデミーの他、educabilia.com、educatina.com、kuerpa.com等のページがフルスピードで急成長しつつある。教育革命は既成事実なのであった。

●シリコンバレーをコピーできるのか？

私たちのインタビューを終える時に、私は、カーンにシリコンバレーの秘密について、そして、世界のその他の場所でそれをコピーすることが可能か尋ねないわけにはいかなかった。カーンは、彼がシリコンバレーのマウンテンビューに移り住んだのは、自らの決定ではなく、そこに彼が働いていた投資ファンドウォール・キャピタル・マネージメントが移転したからであることを私に思い出させた。しかしながら、カーンは、米国や世界の多くの都市で、最初の寄付者のアン・ドーアのような人に知り合うのは難しいと振り返る。

「そこは、人がリスクを取り、大きく賭け、慈善の賭けまでも行うことに慣れている場所です。アン・ドーアやビル・ゲイツ、グーグル等の人々は絶えず新しいアイデアを考察し、どれに機会を与えるかを決定することに慣れているのです。明らかにそれを行うための資力を持っているのです。そこには、リスクをとる文化があるのです。非営利のリスクあるいは営利のリスクです。私たちは科学技術に投資する人々に囲まれているのです。これら全てはポジティヴなことです」と指摘した。

「他方で、ネガティヴな側面があります。それは、暮らすには大変高い場所なのです。私は、何度も引っ越そうかと思いました」と付け加えた。「カーン・アカデミーでは、良い給料を支払おうと努めていて、それを行うことができます。しかし、給料でグーグルやフェイスブックと競争することは難しいのです。カーン・アカデミーで働く人は、良い給料が必要だと思います。家族を養うことが必要なのです。しかし、また、ここにいるのは、人生における使命を持ち、違ったことをできると感じているからなのです」。

シリコンバレーの現象をメキシコシティやブエノスアイレス、サンパウロ、その他のラテンアメリカの都市で複製することができるかとの質問に、彼はうなずいて同意し、「インターネットの時代、そしてどんな人も別の人との連結を可能とする接続の時代においては、それが別の場所で起こらない理由はないのです」と言った。本質的なことは、シリコンバレーのような「文化」があることで、この「文化」は、多くの要素が組み合わさったものである。それは、新プロジェクトに投資する多くの資金を持つ革新者たちの嗜好、スタンフォード並みの大学の存在による質の教育、いかなる革新プロジェクトにおいても失敗を自然なこととして社会的に受け入れること等であると説明した。

「第一にポジティヴなのは、シリコンバレーで富裕になった人たちで、起業家の前の世代の人たちですが、大部分が、いかに自宅が大きいか、いかに自動車が立派であるかについて考える人ではないのです。もちろん、大きな家や立派な自動車を持つ人もいます。しかし、一般的な文化は、いかに何か面白いことを行うために、また、いかに次の革新を行うためにその資本を使うかということです。

シリコンバレーの人々は、パーティーで家や車を自慢するのではなく、次のプロジェクトについて、また野心的なプロジェクトで一緒に働いてる若者たちの次のチームについて自慢するのです。これらが、彼らが誇りにすることです」とカーンは指摘した。

同様に、シリコンバレーは、よく準備された人材の大きな蓄えがある。そして、この人たちが別の人を引き寄せ、全員が試み、何度も失敗する人々に尊敬の念を持っているのである。「シリコンバレーは、高い質の教育を受けた人や、高い能力と知識のある人がリスクをとり、失敗を受け入れる用意がある場所なのです。世界の多くの場所では、良い教育を受けた能力のある人々は、リスクをとることを恐れるのです。なぜなら、人はこう考えるからです。『今まで随分と成し遂げてきて、もし企業を設立して失敗すれば、家族は私を恥ずかしく思い、私が信用を台無しにしたと考えるだろう』」と言い、さらに続けた。

「世界の多くの場所では、これは何かネガティヴなものと見なされるのです。しかし、シリコンバレーでは、リスクをとり失敗することは、ポジティヴなものと見なされるのです。人は、何度も試み続けます。そうして、もし、世界のどこでも、資本や才能へのアクセスがあり、リスクをとり、失敗を許す文化があれば、非常にポジティヴなサイクルを生むのです」と結論付けた。

【注】

1　カリフォルニア、マウンテンビューからの筆者とサルマン・カーンとのインタビュー、スカイプ経由、二〇一三年一〇月一八日。

2　同右。
3　筆者とサルマン・カーンとのインタビュー。
4　サルマン・カーン「一つの世界の学校の家」『トゥエルブ』誌、七六頁。
5　バージニア・ヘッファーナン「教育は、デジタル年齢を引き上げる必要がある」『ニューヨーク・タイムズ』紙、二〇一一年八月七日。
6　サルマン・カーン「一つの世界の学校の家」『トゥエルブ』誌、八〇頁。
7　サルマン・カーン「一つの世界の学校の家」『トゥエルブ』誌、一六九頁。

第九章　ゾレッジー、フォン・アンと社会的革新者たち

「科学技術は、もっとも必要とされる人たちに届くべきである」

多くの人々は、未だアルフレッド・ゾレッジーの名前を知らないが、おそらく直ぐに知ることとなろう。ゾレッジーは、水の浄化システムを発明したチリの工業デザイナーであり、それは、現在汚染水のみを摂取する世界中の七億八〇〇〇万人と適切な衛生サービスを持たない二五億人に飲料水を与えることを約束するものである。シンギュラリティ大学革新副学長であり、デューク大学とエモリー大学の教授のビベック・ワドワが私に――おそらくは熱狂しすぎであるが、明らさまな率直さで――述べたところでは、「ゾレッジーは、ラテンアメリカのトーマス・アルバ・エジソンです」と電球の先駆者に匹敵させた。しかし、さらに興味深いことは、ラテンアメリカの多くの社会的革新者のひとりであることで、彼の発明を数百万ドルで売却できたであろうに、地球上のもっとも貧しい人たちにもっとも安い方法でこの浄化システムが行き届くことを保証――彼の発見を別の用途で財を稼ぐということとは無関係に――するための非営利企業を創設しつつあることである。

ゾレッジーは、チリのビニャ・デル・マールにある先端革新センター（ＡＩＣ）企業の小さな研究所において、多くの科学者の支援で二〇一〇年に水の浄化実験を始めた。何年も前から、ゾレッジーは、石油と鉱山分野での革新プロジェクトで働いていたが、それらのいくつかは、比較的成功し大き

な潜在力を持っていた。しかし、その生活には満足していなかった。既に五五歳であり、最高の発明の一つ――米国エネルギー庁の技術支援で開発し、数年前から放棄されている油井の再活性化を可能にする固体石油を液体石油に変えるシステム――は、彼の頭の痛い大問題であった。ゾレッジーが私に語ったところでは、ニューヨークの銀行が彼の開発した科学技術の世界的インパクトを一五〇億ドルと見積もった後に、企業の運営について彼らの間で争いが起こり、彼が創設した会社は、仲介プロセスにより数年間麻痺したのであった。ゾレッジーは、数年前から、人生に大きな意味を与える社会的目的を持つ革新に完全に従事することを夢見ていた。「ある日、私の時間の八〇％を生き残りのために使っていることを発見したのです。家族と少しの時間しか過ごさず、創造のために少しの時間しか使っていなかったのです。そこで模索の段階に入りました」インタビューでそう語った[1]。二〇一〇年に石油精製所でのプロセスを向上するために石油をプラズマに変える実験をしていて、同様の方法を水に利用することを思いついたのである。「自分に言いました。『今までは、液体の石油を探すことだけを問題としてきた。別の物を発明しなければならない。もし、悪質の原油からプラズマを作る代わりに、質の悪い水から作ったらどうなるであろうか？　汚染水を飲料水に変換できるだろうか？　汚染水により、世界のどこかで、二一秒毎にひとりの子供が死んでいる。私たちは、この悲劇を止めるための科学技術を発明できるのだろうか？』」[2]。

●プロジェクトの始動

多くの科学者の助けとＮＡＳＡのビニャ・デル・マール研究所との協力合意により、ゾレッジーは、水の清浄器、プラズマ水衛生化システムを開発した。比較的簡単な器具であり、内部保管室のあるガラス管で、放電により汚染水をプラズマに変え、その後、プラズマを飲料水に変えるのである。ゾレッジーのこの器具の最大の利点はその簡易さ――水をプラズマに変えることで全てのウイルスやバクテリアを死滅させる――とその費用が水を浄化するための他の科学技術よりもはるかに安いことであった。しかしながら、ゾレッジーは、その発明を後押しする世界的に名声のある機関とのつながりを持っていなかった。誰も知らないビニャ・デル・マールの企業で世界をどうやって救えようか？

ゾレッジーは、その製品を売り出す前に、成果を示すことができるように、飲料水のない高い貧困率の地区で試す必要があると考えた。最初の一歩は、その器具が作る水を検査するためチリの研究所と契約し、それがチリの衛生基準を満たすことを証明することであった。次の行動は、既に証明書を手にして、チリの革新者は、「私の国のための屋根」という団体に接近し、その技術を実験するために、比較的小さく、組織され、生活条件を改善する意欲のある村を見つけるのを手伝ってくれるよう依頼することであった。

「私の国のための屋根」は、誰よりもチリの脆弱な定住地を知っていた。なぜなら、この非営利団体は、これらの村の住民のために二日間でプレハブ住宅を建設するために一〇年前から若者のボランティア――大部分が大学生――を募集することに従事してきたのである。二〇一一年八月に「私の国のための屋根」は、ゾレッジーに実験のための理想的なコミュニティを見つけたと言った。それは、サンティアゴのサンホセ・セリリョス・キャンプである。「それは、小さく非常によく組織されたコミュニティですと言いました。それで、保健当局に言って許可を求めるとどのくらい時間がかかるか分からないので、許可を申請せず、器具を設置しに行きました」とゾレッジーは回想した。

「それは、合法的ですか?」彼に質問した。

「全く分かりません」笑いながらゾレッジーは答えた。

「しかし、私たちは行き、人々と一緒に作ったのです。解決策は住民と共に共同で作られたのです」

ゾレッジーの器具は、一九の家庭に飲料水を作り始め、各家庭に一日五〇リットルの飲料水を手渡していった。以前は、サンホセのキャンプの住民は、——特に子供や老人が——汚染水につながる全ての種類の病気にかかっていた。水の浄化器の到来により、住民の健康状態は、本質的に改善した。人々は病気にかからなくなり、住民の医療費が削減し、瓶詰めの水を買う必要がなくなり、水を沸騰させる必要もなくなった。「結果は即座に出て、私たちは、科学を貧困に対する闘いと結び付けることを成し遂げ始めていたのです」とゾレッジーは振り返った。[3]

「私は全ての貯金を使い果たしました」

サンホセのキャンプの経験は成功であったが、今やゾレッジーは深刻な問題を抱えていた。資金がなくなったのである。彼の企業で働く工学士や科学者の給料や水浄化器開発のための費用、サンホセ・キャンプへの機材設置等で貯蓄のうちの五〇〇万ドルが費やされたのである。それは、固体石油を液体石油に変えるための新技術のわずかな売却益であった。

「一ペソも残りませんでした。私の貯蓄の一〇〇%ともう少しをプロジェクトにつぎ込んだのです」とゾレッジーは言った。「しかし、私は銀行やリスク投資家の所には行きたくなかった。科学技術を大企業に売るという通常の道に従いたくなかったのです。大企業は、支払いのできる資金のある人向けに製品化するからです。この科学技術がもっとも必要とされる人々に最初に届くことを確保したかったのです」。

ゾレッジーは、新しい科学技術を発明したかったのみでなく、社会的意義を持つビジネスの新モデルを創造したかったのである。「私は、ビジネスを行うことやお金を稼ぐことをあきらめたくなかったのです。むしろ、お金は稼ぎたかった。しかし、この科学技術がもっとも必要するセクターに届くことを確保したかったのです」と発明家は説明した。産業利用のための企業に科学技術を販売し――例えば、炭酸飲料の工場のために――、利益を上げることを可能とし、同時に全地球上で飲料水を欠く人のために非営利での販売を確保する新しいビジネス・モデルを模索していたのである。

ゾレッジーは、世界で消費される水の九〇％は、工業や農業に利用され、残りのたった一〇％のみが家庭用に使われること、また、後者の一〇％のかなりの部分が中上流階級にいき、決して貧者には届かないことを知っていた。彼の恐れは、もし科学技術を工業や農産業の企業に売却すれば、これらの企業は、アフリカ・アジア・ラテンアメリカのもっとも貧しい住民のために清浄な水を生産することには、決して優先度を置くことはないだろうということであった。運が良くて、副次的にこの目的に使われ、企業の社会的責任部局の担当となるのかもしれない。ゾレッジーは、もっと大きな野心を持っていた。彼のプロジェクトが、世界規模で数億人の命を救ってほしいということであった。

ほとんど破産し、その人道的プロジェクトを続けるための外部からの支援を模索しつつ、ゾレッジーは、「私の国のための屋根」の友人たちを通じて、ラテンアメリカで持続可能な開発振興に専念しているアビーナ財団と接触することができた。財団が支援のための資金やコンタクトを有していることは分かっていた。サンティアゴのアビーナ財団の事務所で、彼は、同団体の社会革新プロジェクト部長ギリェルモ・スカリャンに迎えられた。

●スカリャン「最初は変人かと思いました」

事務所でゾレッジーの話を聞いた後のスカリャンの最初の反応は、懐疑と不信であった。固形石油を液体石油に変えるための発明を持つ彼の人生の浮沈と、彼の世界における水の問題を解決する安価なシステムを発見したとの主張は、それが確かであるためにはあまりに空想的に響いたのである。スカリャンは、石油を変換するために一五〇億ドルの科学技術を発明した世界的な革新者であるのか、虚言症か大嘘つきであるのかを知るためにゾレッジーに聞かないではいられなかった。

もしゾレッジーが本当に石油産業のための技術を発明したのなら、それを販売しなかったことをどう説明するのか？　と訪問客の話を聞きながらスカリャンは考えていた。そして、もし、彼に八〇〇〇万ドルの前金で八億ドルのオファーがあったとして、プロジェクトの共同経営者の間の不一致により、取引が完了しなかったのであれば、本件がチリの新聞の第一面に出なかったことをどう説明するのだろうか？　スカリャンは、訪問者の話を忍耐強く、しかし大きな疑問を持って聞いていた。

「最初は、私のオフィスにやってくる多くの変わり者と同様に、ひとりの変人かと思いました」とスカリャンはほほえみながら思い出した。そして、NASAのために働き、並はずれた科学的発見をしたが、法的問題で成功しなかったと明言する発明家を出迎えたのは最初ではないと付け加えた。「石油特許を販売する機会をいかに失ったかとの話を語った時、私は信じませんでした。彼に言いました。『宜しいですか、申し訳ないですが、あなたのことは信じられません。私たちの信用ある弁護士に見せますから、仲介が行われているという本事案の前歴を持ってきてください』[4]」。

数日で、ゾレッジーは、アビーナ財団に文書を送付した。そして、スカリャンは、それを前よりはまじめに受け止めた。スカリャンは、著名なチリの弁護士、ファン・パブロ・エルモシーリャにゾレッジーが送付した企業の仲介についての書類を調べ直すよう依頼した。弁護士は、ゾレッジーの物語は、作り話ではないと結論づけた。そして、スカリャンは、ゾレッジーの発明は、米国のユタの七つの油田で成功裏に証明されたことを確認した。

同時にスカリャンは、先端革新センター（ＡＩＣ）の名簿に、ゾレッジーの企業の世界的な科学者たちが記載されていることを発見した。彼らのうちのひとりは、ライナー・メインケで、磁気と超伝導の世界的権威であり、世界の主要な科学雑誌に一〇〇以上の論文の発表を行っており、会議のためにチリに到着したばかりであった。

「メインケと知り合った時に、彼になぜチリにいるのかそして、なぜゾレッジーといるのか尋ねました。彼は、長い間ＮＡＳＡで働き、磁気シールドを開発し、将来人間が宇宙空間で動く時の問題を解決しようとしていたと言いました。しかし、ゾレッジーが世界中の生命を救うことに助けの手を差し伸べ、科学者としての人生に新しい意味を与えたと私に言ったのです」とスカリャンは振り返った。

「直ぐにも私の最初の疑念を払拭しました[5]」

●国際的な最初の評価

スカリャンは、アビーナ財団がゾレッジーの水プロジェクトに融資する可能性について真面目に評価をし始めた。「アルフレッドは破産して、アビーナ財団にやってきたのです。前に進み続けるための一ペソも持っておらず、給料を払い続ける事ができなかったのです。私たちは彼を支援することを決定しました。しかし、プロジェクトが信頼できることを確保するために、彼と共に、いろいろな段階の道筋を組み立て、各段階が遂行されればお金が支払われるようにしたのです」とスカリャンは回想した。アビーナ財団は、最初の共同協力段階のために、独自の資金と他の財団から集めた資金の中から六〇万ドルの出資を決めた。

最初の段階は、もっとも重要なことであるが、それは、水プロジェクトの国際的認証を得ることであった。ゾレッジーがサンホセ・キャンプで行ったことは、非常に素晴らしいことであった。そして、プロジェクトにとっては、良い宣伝となったが、国際的な認証を得なければ国際的な投資家からはあまり真剣にはとられないであろう。それ故に、アビーナ財団は、米国衛生基金（ＮＦＳ）にゾレッジーの水浄化システムの認証手続きを開始し、米国特許商標事務所に特許を登録するための資金を出資した。もし、ＮＦＳがゾレッジーの器具により作られた水が飲めることを認証すれば、アビーナ財団は、プロジェクトの次の段階の融資を続けるのであった。

少し後の二〇一三年末に、ＮＦＳの判断が届いた。その機関は、ゾレッジーの科学技術が汚染水を飲料水に変えることを達成したことを立証したのである。ＮＦＳの報告書は、新しい浄化システムにより得られた水の中には生きたバクテリアやウイルスは発見されなかったと述べていた。それはゾレッジーとアビーナ財団が次に進むために待っていたものであった。

●社会的革新の新しいモデル

ゾレッジーは、アビーナ財団との最初の会話でもっとも感激したのは、人道的な目的を具体化できるために受け取った示唆であったと振り返った。「私がスカリャンに、既に私には一ペソも残っておらず、リスク資本ファンドと話し始めるしか手段は残っていないと話した時、アビーナ財団は、特許や給与、旅行のための資金を支援できると述べ、それは、認証された製品を持たないうちに、リスク資本ファンドの手に落ちないためであると述べたのです。それは、私に自分の主義を裏切る必要なく交渉に入ることを可能としたのです。彼の答えは私を魅了しました」[6]。

アビーナ財団の支援で、ゾレッジーは、貧者に飲料水を届けることを可能とする社会的革新の方策を策定した。ゾレッジーは、一方で産業用に浄水技術を販売し、他方で貧者に飲料水の器具を贈与するために、特許権を譲渡する世界的な人道的機関を創設したのであった。

「私たちが使っている素晴らしい全ての科学技術は、支払える者たちのために作られているのです」とゾレッジーは説明した。「もし、それを大会社に販売すれば、台所器具、レストラン、オフィス等の収入の多いセクターのための製品を開発するでしょう。自動車を運転し、家に帰れば瓶入りの水を飲む二五億人の人がいます。人が台所に置き、汚染水を飲料水に変えられる器具を開発できることを想像してみてください。それは、数十億ドルの市場です。しかし、私は、家に小切手を持って帰る以上の何かをしたいのです。もし、水がないために二一秒毎に子供ひとりが死に続けるとしたら、科学技術は何の役に立つのでしょう？　私は社会的革新と科学技術の革新を収斂させるビジネス・モデルにおいても革新が可能であることを何としてでも示そうとしているのです」[7]。

●「私は決して天才ではなく、非常に才能があるわけでもありません」

ゾレッジーについて私が驚いたことの一つは、ワドワやその他の米国の革新のリーダーたちは天才であると描写されるが、彼は、科学的な教育も受けておらず、偉大な博士号の肩書きも持っていないことである。ゾレッジーは、ビニャ・デル・マールのマッカイ私立学校で勉強し、その後バルパライソ大学の建築デザイン学部を卒業し、産業デザイナーの資格をとった。学生時代は、熱心なスポーツマン――ラグビーをし、太極拳で黒帯をとり、その後でマラソンを走り始めた――であったが、決して学校で一番の生徒ではなかった。

「私は、子供の頃から常に非常に創造的でしたが、決して天才でも、非常に才能があるわけでも、何でもなかったのです」と指摘する。「良い学校に行き、良い大学に行きましたが、クラスでは、一番でも二番でもなかったのです。成績は良かったのですが、傑出してはいませんでした」[8]。

バルパライソのカトリック大学で勉強している間に、彼は変わった信号機や、ものを描くための機械やエアーバッグの変種で自動車事故に対する保護バッグのような新しいものを発明し始めた。もっと後になって、銅の生産性を向上するための超音波の利用について勉強しはじめ、何年もの間、ロシアの科学者たちと共同で仕事をするためにロシアで過ごした。そこから、多くのプロジェクトのうちで、固形石油を液体石油に変えるための超音波周波数利用について仕事を始めることとなった。いずれにせよ、私に説明したところでは、彼の役割はアイデアの開発であり、その後それを実現する事ができる科学者を集めることであった。

「私は科学者ではありません。方程式はやらないのです。もし、それが必要な時は、それを行う科学者を探すのです」とある機会にゾレッジーは言った。「私はモデルを持っているのです。そして、物事が動くようにするのです。人にインパクトを与えるのは、私が全然天才ではなく、博士号も持っておらず、何の専門家でもないことです[9]」。

●プロジェクトの離陸

ゾレッジーのプロジェクトは二〇一四年に世界規模で具体化し始めた。その時、チリの革新企業とアビーナ財団が米州開発銀行やその他の国際的な機関や公社の支援により、新しい水の浄化器をガーナ、インド、ケニア、ボリビア、ブラジル、パラグアイ、チリ、ハイチで試すためのパイロット・プランを始めたのである。なぜこれほど多くの国々なのか、とゾレッジーに尋ねた。なぜなら、気温の低いボリビアの高原で浄水器を設置するのと高温の熱帯の国で設置するのは同じではないのであり、プロジェクトに何百万ドルも投資する前に、機能することを保証する必要があったからであると説明した。

「ひとたびパイロット・プログラムが終了すれば、最終的に生産することとなる器具をどれにするか決定するのです」とゾレッジーは言った。彼の企業は既に浄水器を製造するために巨大な多国籍企業二社――産業用の水のフィルターとポンプの世界的リーダー企業の一つペンテア（Pentair）社と台所用品と家電製品のリーダー企業のジャーデン（Jarden）社——と事前交渉に入っていた。「二つの製造業者が欲しかったのです。なぜなら、一社だけでは危険だからです」[10]。もし、全てがうまくゆけば、二〇一六年は、ゾレッジーの器具は世界中の数千万人に飲料水を提供しているであろう。しかし、ゾレッジーを熱中させたのは、もっとも貧しい人たちに新技術を向ける人道的機関を創設するプロジェクトであった。それは新しいアイデアではなかった——ノーベル賞受賞者ムハンマド・ユヌスは、中でも数年前に非営利の「社会的企業」のアイデアを打ち出し、それは既に多くの国々で試験中であった——、しかし、ゾレッジーは、営利と非営利企業間の協力方式がはるかに有効であろうと確信していた。

アビーナ財団と共に描かれた計画の下、ゾレッジーは、米国に本部のある営利目的の多国籍企業を開設するのであった。その企業は、現在、一リットルの飲料水をつくるために八〇リットル以上の水を必要としている家電製品企業や炭酸飲料製造業者にその科学技術を売ることで水を大量に節約することができるのである。

しかし、ゾレッジーの営利目的の会社は、多くのNGO団体を統合して設立される「水のための同盟」に無料で科学技術を供与する。「水のための同盟」は、他方でゾレッジーの営利企業の一〇％の株主となり、継続的な収入を確保し、寄付のみに依存しないようにするのである。営利企業と人道的機関を含む社会的革新を統合する新モデルであろう。

「私たちの科学技術は、非常に速く乗り越えられる可能性があります。そして、どの科学技術でも起こるように、おそらくその通りでしょう。重要なことは、この新しい社会革新モデルが永続し、貧者への新科学技術の配給チャンネルとして役立つことです」とゾレッジーは説明した。[11] 彼の心は、明らかに、発明の側面ではなく社会的側面にあった。

●アショカと社会的起業家

世界で教育に革命を起こしているカーン・アカデミー創設者のサルマン・カーンと同様、ゾレッジーは、ますます拡大している社会起業家運動の一部分である。これらの企業家のアイドルは、ビル・ゲイツやスティーヴ・ジョブズでもまた、特許を数億ドルで売却した他の革新者でもなく、別の――あまり知られていない――世界を改善しようとしている企業家である。彼らの英雄は、マサチューセッツ工科大学（ＭＩＴ）の「子供にひとり一台のラップトップ」プログラム部長のニコラス・ネグロポンテのような人である。彼は世界中の約二〇〇万人の子供たちに配布されるよう、既に約一五〇ドルのラップトップ・コンピューターを手渡していた。あるいは「ソケット」の創設者たちである。九九ドルのサッカーボール「ソケット」は、試合で使われた後、掘立小屋を数時間照らすために十分な電気を発電するのである。そして、億万長者になるよりも世界を救うためにはるかに関心のある多くの他の企業家たちである。

これらの革新家たちの多くは、社会的企業の助成に専念するアショカのような財団により支援されている。一九八〇年に創設されたアショカは、既に七〇ヶ国に支所があり、三〇〇〇人の社会的起業家に資金的・技術的支援を与えてきた。どのように機能するのだろうか？　アショカは、貧者の生活環境の向上のために良いアイデアを持つ革新者たちを選び、彼らが完全にその計画の開発に専念できるように、彼らに給料を支払い、その上、戦略的、法律的助言を与えるのである。

「社会的問題を解決するために非常に強力なアイデアを持つ、プロジェクトの初期段階にある起業家を探すのです。そして、それを具体化できるようにするために彼らを支援します」。メキシコと中米担当のアショカの部長アルマンド・ラボルデは私に言った。「多くのインタビューからなる非常に厳しい選択プロセスを経た後、アショカは、個人的費用の支払いを申し出、そのビジネスを成熟させられるよう財団や企業、マスメディアとのコンタクトを支援するのです」。

アショカのアルゼンチン及びラテンアメリカ担当元部長のパウラ・カルデナウは、多くの社会起業家のひとりであり、勉強もせず働きもしない――有名な「n・i―n・i」（ないない）――社会の最貧セクターの三一〇〇万人のラテンアメリカの若者たちを支援しようとする多くの社会的起業家のひとりである。カルデナウは、大企業がますますデジタル・サービスを「第三者に外注している」ことに気がついた。他の企業と契約し、フェイスブックやツイッター、その他のソーシャルネットワークでマーケティング・サービスを提供し、ファイルをデジタル化したりオーディオ録音を口述筆記し文章にしたりしているのである。カルデナウは情報を付き合わせ、自問した。多くの場合ソーシャルネットワークで一日を過ごし、完璧にそれらを操る「n・i―n・i」（ないない）の若者たちと契約しながら、これらのサービスを提供する社会的企業をなぜ創設しないのだろうか。

二〇一三年に、まさにこれらのサービスを全ての種類の企業に対して提供する企業、アルブスタを創設した。「少女たちは、フェイスブックで遊びながらお金を稼げることが信じられませんでした」カルデナウは思い起こした。「アルブスタのもう一つのインパクトは、企業分野の中の文化的変化をわずかではあるが生み出していることです。軽視されている状況にある若者や女性が質のあるサービスを供給できるということを示したのです[12]」。

二〇一四年にアルブスタの「ｎｉ—ｎｉ」（ないない）の若者たちは、メルカード・リブレ（Mercado Libre）やＲＨＵＯグループを含む多くの大企業のために既に仕事をしていた。アルブスタは、会議やインタビューの草稿起こしのような「ミクロの仕事」のサービスを提供しつつ、インターネットのプラットフォームを創設しつつあった。

しかし、社員よりも少ない給与を支払いながら、これらの若者を搾取しているのではないか、とカルデナウに質問した。もしそうでなければ、どうして企業がアルブスタのサービスを利用するのだろうか。カルデナウは、それは逆で、アルブスタは、通常よりももっと高い給料を多くの若者に支払っていると応じた。そして、企業がアルブスタと契約する理由は、犯罪歴のある幾人かの若者を含む仕事を獲得する可能性のない若者に機会を与えていることを知っているからである。「多くの企業はそれを社会的責任と見ているのですが、そういうものではありません。なぜなら、彼らは寄付をしているのではなく、サービスに支払いを行っているからです」とカルデナウは明言した。

一目見ただけでは、アルブスタは、他の多くの団体と同様、慈善団体に見える。しかし、それは社会的企業なのである。寄付で生きる代わりに、ビジネス・プランを持ち、利益を得て、自分で維持できることを欲しているのである。「アルブスタがいつか配当を与えるかどうかは分かりませんが、ここにいる誰もがそのことは考えていません。私たちはますます人々を助けることを考えているのです」とカルデナウは結論付けた。

●ペリザリ、身体障害者のための衣類を作るアルゼンチン人

アルゼンチンのアショカの受益者のひとり、ベアトリス・ペリザリは、身体障害者のための最新モードの衣類の製造販売に従事するアマギと呼ばれる社会的企業を創設した。ペリザリが私に語ったところでは、一八歳で自動車事故に遭い、一年半歩けなくなり、それ以来常に身体障害者の自尊心の向上と社会的包摂のために何ができるかを考えていた。障害で動けない時期に思い出すことの一つは、ひとりで着替えられないことやプライバシーが奪われること、そして、流行の服が着られないことによる欲求不満であった。二〇一一年に、彼女は、身体障害者のためのエレガントな衣服を作るアイデアを開発し始めた。そして、シュメール語で「自由」を意味するアマギと呼ばれる企業を創設した。「私たちは、障害を持つ人々が、ひとりで誰の助けもなく着替えられ、快適できれいで流行の服を着られるようにしたいのです」とペリザリは私に説明した。「ラテンアメリカには、これに専念する企業はないのです。これに専念する国際的企業はありますが、それらは社会的企業ではないため高い費用をとるのです。なぜなら衣服を輸入しなければならないからです。この種の衣服は中流階級の住民には手が届きません。それで、美的な見地を大きく強調しながら、これについて考え始めました。なぜなら衣装は自尊心をとても助けてくれるからです[13]」。

アマギの市場は、潜在的に巨大である。世界人口の一五％が障害を持っていると見積もられている。世界労働機関（ＩＬＯ）の資料によれば、アルゼンチンだけで五一〇万人の障害者がおり、二一％の家庭が少なくとも障害者をひとり抱えている。ビジネス・プランを開発した直後に、ペリザリは、彼女のアイデアをオランダのビジネス・プラン・コンクールに持ち寄り、社会的企業の一等賞を獲得し

た。この賞と、アショカやエンハンブレと呼ばれる社会的インキュベーターにより、ペリザリは、ブラジルの財団から一万ドルの最初の投資を獲得した。それ以来、アマギは、コストゥレラ（お針子）と呼ばれる別の社会企業により製造された衣類の独自のコレクションをデザインし始めた。さらに多くの投資が到来し、企業は回り始めた。

「これは社会的企業です。営利目的を持ちますが、伝統的企業のように利益の配当はありません」とペリザリは私に説明した。「成長させるためにビジネスに再投資を行い、さらなるビジネスを生み、その他の社会的企業との価値の鎖を作るのです。給料は支払いますが、利益は配分しません。そして、私たちは、伝統的な慈善モデルからはかなり離れているのです。なぜなら自ら維持できるようになりたいからです」。

ペリザリが明らかにしたところでは、その偉大な感化を受けたのはバングラデシュのノーベル平和賞受賞者のムハンマド・ユヌスとその社会的企業に関する提案であった。ユヌスは、貧者のためのマイクロ・クレジットの創設者としてよく知られている――彼のグラミン銀行は、貧者もクレジットの対象となることができ、富裕者よりも時間を守って、債務を支払うことができることを世界に示した――、そして、まさにその仕事によりノーベル平和賞を受賞したのである。しかしながら、何十年も前から彼の主要な改革運動は、社会的企業の考えを教え込み、世界中に普及させることであった。

●ユヌス「資本主義は、間違った道に入りました」

私は、ユヌスに二〇〇七年と二〇一三年の二回インタビューする機会があった。そして、社会的企業に関する彼の提案は魅惑的なものと思えた。私は、現実とは少ししかつながりのない夢想的な理想主義者との出会いを待ち受けていた。しかし、彼は、ビジネス世界の素晴らしい知識を有する実用的な理想主義者であった。ユヌスは、米国のヴァンダービルト大学で経済を勉強し、卒業後、バングラデシュで教えるために帰国した。しかし、私に語ったところでは、直ぐに経済理論を教えることに飽きてしまい、行動に移ることを決心した。一九七四年に、隣り村の非常に貧しい女性たちが高利貸しに搾取されていることを知り、彼女たちの四二人に自分のポケットから二七ドルを保証を求めることなく貸し付けることを決心した。

間もなく女性たちが、全く几帳面に債務を支払うことを発見した。理由は非常に簡単であった。再び高利貸しの手に落ちたくないのであった。続く数年でユヌスは、現在有名となった貧者のグラミン銀行を創設し、それ以来、六〇億ドル以上を貸し付け、その返済率は九九%である。そして、二〇〇七年にノーベル平和賞を受賞した後、ユヌスは――ユヌス財団を通じて――、類似の他の企業とこの経験を繰り返し、もっぱら儲けに集中する資本主義と共存する「社会資本主義」を説いて回ることに完全に専念したのである。

彼のマイアミ訪問の間、私が最初にインタビューした時に、ユヌスは、資本主義は社会的機能に知らないふりをした時に、「間違った道に入ったのです」と述べた。そうして、寄付を行う代わりに、企業家たちは、――営利企業の他にも――「社会的企業」を創設すべきということである。それは、自給自足でき、慈善に依存するNGOや慈善団体よりもはるかに持続可能である。ユヌスによって提案された社会的企業は、普通の企業のように商取引を行うが、利益は、企業あるいは他の社会的企業に再投資され、株主は配当金を受け取らず、初期投資の回収を切望するだけなのである。

「伝統的な企業では、目的はお金を儲けることですが、一方で、社会的企業では、目的が社会問題を解決することなのです」と私に説明した[14]。「社会的企業では、自分たちのためにお金を儲けることはしないのです。この会社からいかなる個人的な利益も得ることはないのです。投資したお金を回収できますが、それだけです。なぜなら、人類の問題を解決するために会社を創設するからです。そしてそれが私たちの意図です」。

興味をそそられ、ユヌスに、企業家たちが社会問題を解決するために企業を開設すると考えるのは少々現実味がないのではないかと質問した。もしかすると企業家たちは、もっぱらお金を儲けるためだけにビジネスはしないということなのか、と私は固執した。

「私は、企業家たちに、お金をプレゼントする代わりに、社会的ビジネスに投資するように言います。それは、人が寄付をする時と同じようにお金を働かせるためなのです……、リサイクルさせるためです。慈善のために寄付する代わりに、寄付と全く同じことを行うビジネスに投資するよう求めているのです。それは、雇用創出ビジネスや保健供給ビジネス、住宅創設ビジネス、何でもやりたいビジネスです。しかし、ビジネスの形で行われ、投資したお金が両手に戻って来て、それで再び投資することができるのです。そうすると、お金は、問題を解決しながら、繰り返しあなたのために働くのです。そして、慈善にお金を寄付するよりも、お金を使うはるかに良い方法なのです。慈善行為では、お金は出てゆき、偉大な仕事をしますが帰ってきません。もし同じことを社会的企業を創設しながら行えば、同じ仕事をしますが、お金はあなたの両手に戻り、それを再び投資できるのです[15]」。

●「企業の社会的責任は、現代に適合していない」

ユヌスは、世界中で成功裡に運営されている社会的企業の多くの例を私に語った。バングラデシュでは、例えば、年間約一〇〇万件の白内障の手術を行う眼科の病院が開設されたが、それは社会的企業なのである。「私たちの国では、多くの白内障の患者がいますが、全員のための手術を行う十分なインフラを有していません。それで、白内障の手術に特化した病院を創設したのです。私たちは投資を行い、非常にきれいな病院の建物と全ての機材と外科医、それに必要な人材を有しているのです。そしてこれらの手術を行うのです。私たちが行っているのは、都市部で市場価格で徴収し、そこから得た資金を使い、資金のない国の大多数の人々に実際無料で手術を行っているのです。上層の人々からお金を徴収することで、下層の人々に実際無料でサービスを提供できるのです。このように全体として、全ての病院は全費用をカバーするために十分な資金を有するので、事業を順調に維持するための寄付者を探す必要がないのです[16]」。

ノーベル賞受賞者は、病院は誰も拒絶しないと付け加えた。ビジネスとして運営されているおかげで、「病院は、建物や、機材、外科医、看護師、そしてその他全ての費用をカバーする十分な資金を有しています。そして、投資資金が戻ってくるため、この病院から戻ってくる資金で毎年新しい病院を開設できるのです。このため、私たちは全国に病院のチェーンを展開しているのです」。

「企業家たちが社会的企業を始めるために、あなたは、どんなインセンティヴを与えることを助言しますか?」と質問した。

「インセンティヴは、あなたが達成したことに世界中が拍手するということです」と答えた。「もし問題を解決すれば、世界中が、あなたが誰であるかに関係なく、あなたを称賛するでしょう。なぜなら人類のために何かを行ったのですから。もし、小さな問題を解決する手助けをしたのであれば、称賛を受け、感謝されるでしょう。もし大きな問題を解決する手助けをすれば、世界中が総立ちとなるでしょう。なぜなら、あなたは以前に行われなかった何かを世界のために行ったからです。そうして、これが重要な部分ですが、もし、あなたが、人として、会社として何かを行えば、人々はそれを忘れることはないでしょう」。

「それでは、それが企業家たちを納得させたのですか？」私は固執した。

「はい。もしあなたがお金儲けだけを続ければ、人々はあなたのことを覚えていないでしょう。なぜなら、彼らにとってあなたは役に立たず、自分のためだけにやっているからです。ですから、もしあなたが利己主義者であれば、利己主義であり続けることはできます。誰もあなたのことには構わないでしょう。なぜなら、あなたが行った全てのことは自分のためだからです。しかし、もし、あなたが寛大で他人のために何かを行えば、世界中があなたを覚えているでしょう。結局私たちは、非常に短い期間しかこの地球にはいないのです。ただやってきて、少しの間留まって、さよならを言い、去ってゆくのです。そうして、ここにいる間に、この地球に砂の一粒を残したいのであれば、人々が私たちを覚えている何かをしなければなりません。そこが社会的企業ということです。人々はいつも言います。『もし、投資家に配当がないのであれば、社会的ビジネスでは何がインセンティヴなのですか？』と。そして、私は『儲けることが大きなインセンティヴであることに同意しますが、儲けだけが唯一のインセンティヴであるということには同意しません』と言うのです。他の多くのインセンティヴがあります。お金を儲けることは幸せをもたらしますし、私はそれに同意します。しかし、他人を幸せにすることは素晴らしい幸福をもたらすのです。これが私たちが目の当たりにしていることです。社会的ビジネスを通じて、私たちは素晴らしい幸福をもたらしているのです。そして、一度社会的ビジネスに惹きこまれ始めれば、人はこの素晴らしい幸福を享受し始めるのです」

「しかし、ユヌス教授、あなたが慈善事業の代わりに、社会的企業を創設することを提案する時、あなたは企業の社会的責任の概念が現代に適応していないと言っているのですか」私は質問した。

「企業の社会的責任の概念は、良き大義から来ました。なぜなら、企業は、毎日のビジネスで社会のために何か良いことを行う時間を持たず、ただ儲けることだけを探していると感じ始めたのです。そうして、企業の社会的責任の概念が生まれました。年末にお金を勘定し、いくら儲けたかを見て、必要とする人々を助けるために、儲けのうちのいくらかの寄付を決定するという方法です。そして、このように企業の社会的責任は始まりました。しかし、時が経つにつれ、この概念自体も商業化され始めました。人々は考えました。私の会社のイメージを向上するためにそのお金を使うのではなく、なぜ他人を助けるためにお金を与えなければならないのかと。社会的責任はしばしば会社のイメージを作るための資金に変わってしまいました。そして、これは間違った方向に行くのです。社会的ビジネスは社会的責任よりもはるかに大きな何かであると私は言っているのです」

「どのようにして両者を結べるのですか?」と質問した。

「あなたが年末に生み出した企業の社会的責任のお金で始めることができます。そのお金を寄付する代わりに、なぜ社会的企業に投資しないのでしょうか? そうすれば、そのお金は何度もリサイクルするでしょう。それは非常に簡単な解決策です。企業の社会的責任の資金を慈善事業に渡さないことです。そうではなく、社会的ビジネスの会社を創設するのです。そして、毎年この会社は成長するでしょう。なぜなら、投資のためのより多くの資金を持つからです。また、別の社会的ビジネスを始められますし、この資金流入が年末に消えてしまう代わりに、それを何か永続的なものに変えられるのです。企業の社会的責任の概念を未だ持つとしても、社会的企業の概念はより魅力的なのです」

「多くの人は、貧困問題の解決を担当すべきなのは企業ではなく政府であると考えています。社会的問題にとって、大企業は問題であって解決ではないとの見解についてどう思いますか？」

「そうですね。全てを政府に任せて眠りに行くか、四六時中お金を儲けながら忙しくしていることはできます。それは、私には良いシナリオのようには思えません。もし、政府が私たちの問題を解決する責任があるとしても、それは、市民が自分たちの問題を解決する責任がないということではないのです。誰かの家が火事になっていれば、私たちは消火を担当する消防隊が到着するまで待ってはいないのです。私たちは単にそれと闘うのです。こういう方法で火事に対応するのであり、消防隊員が到着するのを座って待ってはいないのです。社会的問題でも同じことが起こります。私たちは腕を組んで座って傍観することはできないのです」

●エンデバー——営利目的の社会的企業

ユヌス財団やアショカやその他の国際的団体が投資家に配当を分配しない非営利の社会的企業の推進に集中している一方で、他の団体——エンデバーのような団体——は、しばしば社会的な意義を持つ営利企業を創設する社会的革新者たちを支援している。ニューヨークに本部を持ち、全ラテンアメリカに事務所を持つエンデバー社の社長、フェルナンド・ファブレによると、エンデバーの創設者たちはアショカで働いたことがあるが、ある日営利企業を創設する革新者たちを助ける非営利機関が必要であるとの忠告を受けた。

ピーター・ケルナーとリンダ・ロッテンバーグ——エンデバーの創設者——は、ハーバード大学を卒業した直ぐ後の一九七七年にこの団体の創設を決定した。ロッテンバーグは、ブエノスアイレスに着いたばかりで、タクシー運転手との会話が、エンデバーのアイデアを抱くことにつながった。彼女に、タクシー運転手は工学士の肩書きで大学を卒業したと語った。そして、彼女が——驚いて——、なぜ企業を始めなかったのか尋ねたところ、その男は、ほとんど吐くように答えた。「企業だって？」ロッテンバーグによれば、それが彼女にひらめきが灯った時であった。ラテンアメリカの多くの国々で企業家の役目が評価されないばかりか、当時はEnterpreneurつまり起業家という言葉の訳語すらなかったと述べた。ハーバード卒のケルナーと共に、彼らは起業を推進し、雇用を創出し、ラテンアメリカにおける起業家や革新者に向けた新しい身構えを激励するための非営利団体の創設を決意したのである。

米国の多くの企業リーダーの支援により、エンデバーは、ビジネスの良いアイデアを持つ革新的若者を後援し始めた。今日では、エンデバー——ニューヨークに本部を持つ——は、メキシコ、ブラジル、アルゼンチン、チリ、コロンビア、ペルー、ウルグアイを含む二〇ヶ国に事務所を持っているのである。エンデバーを統括するメキシコ人ファブレが私に語ったところでは、運営している各都市には、最良のビジネス・プロジェクトを識別することを手助けする成功した企業リーダーのグループがある。「私たちは革新、野心、そして良いビジネス・モデルを探しているのです」とファブレは説明した。「そして、一度、選抜したあとは、彼らに最良の決定を行い、より速く成長するための助言サービスを与えるのです[17]」。エンデバーは創設以来、約五〇〇社を後援し、そのうち三〇〇社が成功し、約二〇〇社が売却されるか失敗したと付け加えた。

ファブレに対し、エンデバーあるいは支援する企業家たちは、成長を支援している企業から何%かの利益を得るのか尋ねたところ、彼はいいえと答えた。「起業家たちは慈善の形で助けるのです。経済発展と雇用を創出するために、国は高いインパクトのある起業家が必要と考えているのです」と断言した。大半の場合、エンデバーは、ひとりの革新家を選抜し、無料の助言を提供する上に、団体を支援する約六〇の投資ファンド網へのアクセスを与える。最近では、エンデバーは、自らの資金でいくつかの起業に参加し始めた。「私たちは、共同投資家として参加するのです。つまり、もし起業家が一〇〇〇万ドルの投資資金を獲得すれば、私たちは一〇〇万ドルで共同参画するのです」とファブレは指摘した。

●ゴメス・フンコ、エネルギーをプレゼントするメキシコ人

メキシコのモンテレイ市に本部を持つ、オプティマ・エネルヒア（Optima Energia）社の創設者エンリケ・ゴメス・フンコは、エンデバーの支援を受けた革新者のひとりであるが、非常に興味深いビジネスモデルを開発しつつある。彼の営利企業は、市に照明装置を寄贈し、その代わりに、節約した

電気代の中から市が一定割合を支払うのである。私にそのことを語った時に、私はある種懐疑的に反応した。しかしゴメス・フンコやエンデバーの職員と話した後、これは、社会的環境的に高い潜在力のあるビジネスモデルであり、その上、政府の汚職の可能性の削減を助けるものであることが明白となった。

ゴメス・フンコの企業は、メキシコの市政庁に、新しい照明システムを無料で設置することを提案するのである。それは、はるかに近代的な技術を持ち、既存のものより持続性があり、電力消費の六〇%を節約するもので、市は、節約された電気代を基に計算された支払いを行う。そして、この提案は、最初の月から機能し始めるのである。もし、市の電力消費が一〇〇ペソから四〇ペソに下がれば、例えば、市役所は、ゴメス・フンコに月約四五ペソを支払わなければならない。そして、残りの月一五ペソの節約分を橋や学校、病院を建設するために使えることとなる。市は、資金を節約するのみならず、より明るく照らすLED技術のはるかに近代的な照明機材を無料で受け取るのである。同様に、新しい照明機材は既存のものよりも一八年長持ちし、はるかに環境に優しいとゴメス・フンコは主張した。

「LEDライトは、水銀を含まないため、旧式のものよりもはるかに環境に優しく二〇年間使えます。メキシコの多くの市役所は、未だに水銀を含む黄色い古い電灯を使い、それはわずか二年しか持続しないのです。毎年それを取り替え、それを捨てるので、これら全ての水銀が土壌を汚染するのです」とメキシコ人企業家が言った。「その上、LED技術の白色光照明システムは、従来の黄色い照明よりもはるかに街を明るく照らすことを可能とします。それは、犯罪を減らすことに非常に役立つのです。

なぜなら、白色の光は、通りでのビデオ撮影やナンバープレートと顔の認証を容易にするからです」[18]。

ゴメス・フンコの市役所への「プレゼント」の利点の一つは、パフォーマンス契約システムという結果に結びついた契約システムであり、それは、サービスが有効に提供されることを保証し、より汚職の可能性が少なくなるのである。「このモデルの大きな利点は、私たちが投資を行い、サービスを提供するため、政治家が割り増し料金を支払ったり、賄賂を受け取ったりする余地がないのです」とゴメス・フンコは私に説明した。彼に――冗談半分で――、これは、市役所職員にサービスを提供する際、障害にならないのかと質問すると、彼は答えた。「もちろんです。私たちは、汚職によって多くのプロジェクトを失ってきました」。

●ゴメス・フンコの始まり

どうやってこのアイデアを思いついたのだろうか？　ゴメス・フンコが私に説明したところでは、パフォーマンス契約のモデルは、米国やドイツ、その他の先進国で何年も前から存在していて、そこでは、多国籍大企業がインフラ・プロジェクトのために資金を前貸しし、その後、市から徴収するものである。ラテンアメリカでは、このモデルは使われていなかった。一部には、多額の資金を含むために銀行が、この種のプロジェクトを行う民間企業に保証なしに資金を貸し付けることを恐れたためである。このビジネス・モデルをメキシコに適用し始めるアイデアは、偶然と必要性から生まれた。

モンテレイ工科大学の化学工学卒業生のゴメス・フンコは、一九八八年以来、太陽エネルギー機器やホテルでの電力節約システムの設置に従事する企業を持っていた。顧客の中にはいくつかの大ホテルを含む多くのホテル・チェーンがあった。ある日、ゴメス・フンコがカンクンのホテル経営者にエネルギー節約プロジェクトを売り込もうとしていた時、その彼がこう答えた。「もし、あなたが、これがそれほど多くのエネルギーを節約することを確信するのなら、なぜあなたは投資をしないのですか。そうすれば私は、節約して得た分であなたに支払いますよ」。ゴメス・フンコはその挑戦を受け入れた。そして、そこから、ますます多くのホテルにそのモデルを適用し始めたのである。

しかしながら、二〇〇八年の世界経済危機はメキシコのホテル部門に厳しい打撃を与え、二年後にゴメス・フンコは、そのモデルを市の照明に拡大する試みを始めた。直面した問題は、ホテルのエネルギー変換が平均一〇万ドルのプロジェクトである一方、市のエネルギー変換は平均二〇〇〇万ドルのプロジェクトであったことである。市に照明を設置するための資金をどこから引き出したのだろうか? エンデバーの支援からである。同社は、二〇〇五年以来助言を行い、企業構造を分析した後に、融資部長を雇用し、外部メンバーによる経営審議会を創設し、融資を探しに行くよう要望した。ゴメス・フンコは、オプティマ・エネルヒアの方向を変更した。

同社は、より家族的ではなく、より職業的となり、より野心的なプロジェクトを起業できるようにするために世界銀行や開発融資機関の借款を要請し始めた。二〇一四年にオプティマ・エネルヒア社は、既にメキシコの六都市――アカプルコ、リナーレスを含む――との契約書に署名し、一億ドル以上の見積もりを計画していた。

私たちの会談の終わり近くで、私はゴメス・フンコに、このモデルが全ラテンアメリカに適用されていない理由はなぜかと尋ねた。もし、これがそれほどうまく機能し、それほど多くの節約と経済的恩恵を生むのであれば、市が節約した中から支払う代わりに、市のためにあらゆる事業やサービスに投資するはるかに多くの企業があるべきだと人は考えるだろうと彼に指摘した。

「全てのモデルを開発するために、メキシコやラテンアメリカ全体で、大きな努力が払われ、特に米州開発銀行が努力しました。大きな制約は、私たちの企業の融資獲得能力でした」と答えた。「オプティマ・エネルヒア社の二〇〇〇万ドルの融資を要求するための能力は、一朝一夕には生まれなかったのです。それを可能にするための枠組みを作るのに一〇年かかりました。なぜなら、商業銀行は、小企業に貸し付けることを恐れるからです。小企業は、十分な保証を持っていないからです。しかしそれは、結果が見え始めるに従い変わり始めるにちがいありません。私は、これが、経済的な収益性のみでなく、社会的恩恵、治安、特に環境へのインパクトにより、世界中の全市町村にとっての規範となるべきことを疑っていません」。

●ルイス・フォン・アン、ドゥオリンゴを発明したグアテマラ人

世界レベルでもっとも成功を収めたラテンアメリカの革新家のひとりである三四歳のグアテマラ人ルイス・フォン・アンは、利用者に無料で製品を提供する営利目的の社会的企業を創設した起業家のひとりである。フォン・アンは、一七歳までグアテマラで勉強し、デューク大学で数学学士を取るために米国に行った。彼は、歪曲した文字のやっかいなボックスの発明者であり、それは、私たちがコンサートのチケットを購入したい時やウェブサイトに入ろうとする時に、私たちが人間であり、コンピューターでないことを確かめようとするコンピューター画面に現れるものである。CAPTCHA

と呼ばれる確認システムは、フォン・アンが二二歳の時に、もともとヤフーのために発明したもので、歪曲した文字を正確に自らのキーボードで書くことを要求するものである。そして、毎日世界中の一億八〇〇〇万人により使用されている。

しかし、それは、フォン・アンの多くの偉大な革新のほんの最初のものである。二〇〇三年に二三歳の時、ピッツバーグのカーネギー・メロン大学博士号を取得するところだった彼は、グーグルに「一〇〇万ドルから一〇〇〇万ドルの間で」――この企業と内密の契約に署名したからと指摘しつつ正確な数字を明かそうとしなかった――ＥＳＰゲームと呼ばれるゲームを売却した。そして、グーグルは、後でグーグル・イメージ・ラベラーと改めて名付けたが、それは記述されたそれぞれの名前で画像を識別することで検索する人の手助けをするのである。

「私は、その特許を取っていました」インタビューでフォン・アンは私に語った。「ゲームはプレスに出て、かなりの人が使っていました。そして、グーグルの人たちが私に電話してきて、私に言ったのです。『気に入りました。それを説明しに来てくれますか?』。私はどう機能するのかを説明しに行きました。そして、その場で私に言ったのです。『それを買いましょう』」[19]。三年後の二〇〇六年、既にカーネギー・メロン大学の教授となっていたフォン・アンと彼の学生のひとりと共に、認証システムCAPTCHAの変形である、RECAPTCHAを開発し、それをグーグルに合計「一〇〇〇万ドルから一億ドルの間で」売却したとフォン・アンは述べた。

元のシステムと似通った認証システムのことであるが、利用者に正しく書かれた言葉を活用し、デジタル本の間違いを矯正するのを助けるのである。若い起業家が私に説明したところでは、人が認証手続きの歪曲した文字を書き写すのに約一〇秒かかるが、それは、世界レベルでは、CAPTCHAの利用者がその仕事をするのに一日五〇万時間を使っていることになる。「これほど多くの人々が、これほどの時間を失っているということに気分の悪さを感じたのです。そして、この一〇秒を社会のために何か利益となるよう、どのように利用できるかを考え始めました」とフォン・アンは説明した。「そして、人々がCAPTCHAを書いているのと同時に人間として認証するのみでなく、加えて、言葉や判読できない文字のためにデジタル化ができなかった本をインターネットに載せるのを手伝えることを思いつきました」[20]。言いかえれば、フォン・アンは、文字や判読できない言葉のあるデジタル本の歪曲した文字を取り出し、CAPTCHAの利用者の批判的大衆によって正しく書かれた文字や言葉に置き換えるシステムを創造したのである。

二〇一二年に既に億万長者であった三二歳のフォン・アンは、最初の社会的企業を創設した。営利目的のウェブサイト、ドゥオリンゴ（Duolingo）であり、それは、無料の形で言語講座を提供し、創設から一年半で既に二五〇〇万人の利用者を有していた。インターネットでの無料講座を提供するためにフォン・アンにより創られた方式は、本書のための私の調査の中で聞いたもっとも天才的なアイデアの一つであった。

●言語講座をプレゼントするためのフォン・アンの秘密

「私は何か違ったことをしたかったのです。教育のための何かを。私の二番目の会社をグーグルに売却したところでしたので、既に私の残りの人生のために引退するための十分なお金を持っていました。

しかし、私は、教育のために何かをしたかったのです」とフォン・アンは語った。「グアテマラに育ち、英語を習いたいのに学ぶためのお金がない多くの人々を見てきて一つのアイデアが浮かびました。言語学習の市場を見始めました。世界には言語を習っている人が約一二億人おり、そのうち八億人は、英語を勉強している社会経済レベルの低い人たちです。しかし、問題は、講座が非常に高額なことです。コンピューターの講座プログラムは一〇〇〇ドルかかるのです[21]」。

フォン・アンは、インターネットで言語の無料講座を提供することにしたが、企業を作り上げるためには、プロジェクトから資金を得る何らかの方法を見つける必要があった。もし、生徒が支払わないのであれば、誰がウェブサイトの構築や講座の経営に資金を出すのであろう？ その時、利用者により書かれたものを生産的に使うとのアイデア――RECAPTCHAと類似したもの――が思い浮かんだのである。

「私たちのサイトは、生徒にこう言うのです。『もし練習したいのであれば、英語のこの文書をスペイン語に翻訳するのを手伝ってください』」フォン・アンは私に説明した。「その文章が翻訳され、協力して最良の翻訳と考えられる最終版ができ、私たちはその翻訳を依頼してきた企業に売却するのです。例えば、CNNは、私たちの顧客の一つです。彼らは、英語の記事を私たちに送付してきます。私たちはそれをスペイン語に翻訳するように生徒たちに与え、それからそれをスペイン語のウェブで使いたいCNNに送り返すのです[22]」。それは全員にとって良いビジネスであるとフォン・アンは付け加えた。「生徒たちは一ペソも支払いません。DuolingoはCNN等の顧客から得た収益で三五人の職員に給与を支払い、顧客は翻訳費用を節約するのです。米国では、プロの翻訳家は、一単語について一〇セント徴収するのに対し、Duolingoは――量によるが――、一単語について三セント徴収するのです」。

「それでは、文書がうまく翻訳されたかどうやって知るのですか？」と私は驚き面白がって質問した。「多くの人が同じ文章を翻訳します。各人は、他人の翻訳を見ることができ、彼らの間で、どれが最良の翻訳かを投票します。そして、最後に多くの生徒によりなされた一つの翻訳が生み出されるのです。そして、その質は、CNNが満足するほど、十分に高いのです」と説明した。

アップル社により、二〇一三年の最良のiPhoneアプリ賞を受賞した後、Duolingoは、二〇一四年アジアに参入し始めた。利用者の量を劇的に増加させることを期待してのことである。ところで、Duolingoは、言語講座を提供するはるかに大きな多くの企業と競合している。それは、投資家から一億二〇〇〇万ドルを集金したベネズエラ人の若者アンドレス・モレーノによりマイアミに創設されたオープン・イングリッシュ（Open English）を含むものである。同じ分野で競合しているその他の会社は、ヴォクシー（Voxy）や伝統的な大企業であるピアソンやロゼッタ・ストーンである。しかし、Duolingoは、講座を完全に無料で提供する数少ない企業の一つで、主に社会的な企業と考えられているとフォン・アンは述べた。彼は現在、カーネギー・メロン大学の教授を務めている。

●インドでは、費用を支払えない人のための救急車

二〇〇八年にインドのムンバイのタージマハル・ホテルでテロ攻撃が発生した時、けが人の搬送のために到着した最初の救急車の一部がZHLのものであった。それは、支払いのできない人々のために無料の救急車サービスを提供し、支払いのできる人から徴収する社会的企業である。同社は、イン

ドのケーララ州の成功した不動産企業家シャフィ・マザールにより三年前に設立された。彼は、彼の国では、救急車サービスに大きな問題があると警告し、社会的な革新家に転じていた。事故にあった彼の多くの従業員や友人、家族が何時間も救急車の到着を待っていたのである。明らかにそれは多くの人の命にかかわる問題であり、緊急の解決を必要とした。

マザールは、三人の友人と共に、今日ZHLとして知られる企業を創設した。営利目的の会社であり、その使命は必要とするどんな人にも、一日二四時間の第一級救急車サービスを与えることである。不可能な企業に思えたが、そうではなかった。「全員のための救急車財団」と連携し、バングラデシュで白内障の手術を行う社会的企業と類似した方法で、富裕な人々から徴収したお金で貧者のための無料サービスを補助し、さらに収益を得ている。二〇〇七年にZHLは、より多くの救急車を購入するための一〇〇万ドル以上の投資を受けた。二〇一三年には、同企業は既に二七〇〇人の従業員、国内の六州で活動する約一〇〇〇台の救急車を有し、公立病院にこれまで一六〇〇万人以上の患者を搬送したのである。

●米国では、自動車で旅を共有するプログラム

より注目を集める社会的革新家は、数千万人の貧者に飲料水や救急車を届けようとする人たちであるが、大都市の中流階級の問題を解決することに専念している他の多くの革新家もいる。米国やヨーロッパでは、例えば、Avego.comやRewardRide.com、Carpooling.comあるいはZimride.com等の自動車の旅を共有したい人々を結びつけることに向けられたスマートフォン用のアプリが急増している。

これら全ての場合、社会的革新家は、仕事の行き帰りの旅を、より快適で、ガソリンを節約でき、都市の交通混雑を緩和し、環境汚染を減らすようにし始めているのである。

米国人の七七％が自動車でひとりで仕事に行き、一〇％がひとりかそれ以上の同伴者がおり、五％のみが公共輸送機関を利用している。これは、都市を混雑させ、ますます深刻な交通渋滞を生んでおり、米国人ひとり平均で年三四時間を渋滞の中で無駄にしているのである。[23]

メキシコシティやボゴタやブエノスアイレスでは、問題ははるかに大きく、多くの車がおそらく交通渋滞で一〇倍から二〇倍の時間を奪われ、無駄にしているのである。そして、車の大群が増えるに従い、政府は、通りの拡張や新道建設にますますお金をつぎ込み、環境汚染を悪化させるのである。

類似の現象を前に、RewardRide.comやAvego.comのような営利企業は、これらの問題に一致協力して取り組み始め、人にガソリン代と駐車代を節約させ、運転手と乗客をコンタクトさせるようにした。Avego.comは、Carmaの名前でも操業しているが、二〇一三年にサンフランシスコの列車ストライキで四〇万人の乗客が仕事に行く手段がなくなった時に人気が出て、スマートフォン（携帯電話）でCarmaのサイトを利用し始めた人数は、一日で五〇〇％増加した。

同社は、二〇〇七年にアイルランドのコークに設立され、二〇一一年には、カリフォルニア州とワシントン州を含む米国の多くの州で仕事を始めた。そして、主に、企業の従業員や大学生に焦点を合わせた。支払い方法は都市により違っていた。ワシントン州では、例えば、交通局が道路の混雑緩和を手助けするために利用者ひとり当たりに月三〇ドルを贈呈し、公共事業で数百万ドルを節約した。その他の都市では、Carmaが各乗客の一マイルについて二〇セントを徴収し、手数料三セントを引いて、自動車の運転手に支払うのである。二〇一四年には、既に一万人の利用者を有していた。

どうやって襲撃者や泥棒、その他の危険な個人が登録するのを避けるのだろうか？　クレジットカードや多くのその他の企業が行うことと同じことをするのである。各利用者のデータを要求するということである。Carmaのサービスも推進しているボルチモア市では、市の運輸局が、各人に、データベースに氏名、住所、電話番号、上司の電話番号、勤続年数を登録したいかを質問するのである。データは裏付けが容易で、もし間違った情報の誰かがいれば、プログラムのデータベースには登録することができない。

「私たちは、自家用車を公共交通網に変えているのです」とAvego創始者シーン・O・サリバンは言った。[24] ドライバーは、その車の自由席を提供し、ガソリン代と駐車代を稼ぎながら、都市の交通渋滞の解決を助けているのである。そして、乗客は、多くの場合自動車を持っていないか、運転がおっくうであるかであるが、自動車、ガソリン、駐車の費用を支払う必要がなく、節約する。いいかえればそれは、現代生活の大きな問題の解決を助け、全員にとり申し分のないビジネスなのである。

●企業の社会責任　対　社会的企業

全世界における社会的革新家の急増は、非常に良いニュースである。なぜなら、特に、慈善や企業の社会的責任にとって良い選択肢となるからである。多くの研究によれば、ラテンアメリカでは、新しい社会的援助モデルが必要なのである。なぜなら、そこは、企業や富裕な人々が慈善事業にあまり貢献しない世界の地域の一つだからである。その理由は、地域の国の大半が企業や富裕な人にお金を寄付するような税のインセンティヴを提供しない事実や、政府に貧者の面倒をみる責任があるとの一般的な期待等を含めて多くある。その上、多くのラテンアメリカの国では、企業や豊かな人々は徴収される税金のほぼ全体を支払うのであり、それによって、多くの大企業家は国のために既に十分やっていると結論づけているのである。

ロンドンに本部のあるチャリティーズ・エイド財団が作成した世界一三五ヶ国の慈善事業ランキングであるワールド・ギビング指標によれば、ラテンアメリカ諸国は、リストの下半分にある。その調査は、ギャロップ世論調査に基づき、人がより多く寄付する国の中に英国、オランダ、カナダ、オーストラリア、米国を含めている。しかし、いくつかの数少ない例外――一八位のチリ、パラグアイ（二五位）、ハイチ（三〇位）、ウルグアイ（三五位）――を除いて、ラテンアメリカ諸国の大半は、さらにはるか下位にある。ブラジルは七二位であり、メキシコ七五位、ペルーとエクアドル八〇位、アルゼンチン八四位、ベネズエラ一〇〇位、エルサルバドル一一〇位である。英国の七六％、米国の六二％の人々が最新年にお金を寄付したと言うのに対し、他方でブラジルではその割合はわずか二三％、メキシコで二二％、ペルー二一％、アルゼンチン二〇％、ベネズエラ一四％であると調査は明示している。[25]

革新家や社会的企業がその空白を埋め始めている。そして、多くの場合に慈善事業や企業の社会的責任よりもはるかに効果的に行うことができるのである。ユヌスが私に述べたように、慈善事業はリサイクルできないお金であり、他方、社会的企業は持続可能であり、他の社会的企業を創設するための資金を生むのである。そして、企業の社会的責任は、多くの場合、社会的な問題解決を助けるというよりも、宣伝効果により強い関心を寄せる大企業のイメージ部局の延長と化しているのである。

社会的革新家は、新しい世界経済の英雄である。その幾人かは、インターネットの無償教育ビデオのカーン・アカデミーのように非営利企業を有している。別の者は、ゴメス・フンコの市の照明企業のように、営利の会社を有している。そして、第三のグループは、ゾレッジーの浄水企業のように、中間ビジネス・モデルを有している。しかし、全てのこれら社会的革新家は、世界を向上させ、より人間的な資本主義を創設するために支援をしているのである。ゾレッジーが私に、水不足で世界のどこかの場所で二一秒毎にひとりの子供が死に続けているとしたら、科学技術は何の役に立つのだろうと尋ねた時に、そして、科学技術の革新と社会的革新を収斂させる時が来たと指摘した時、それは正しかったのである。革新はリーダー的企業ともっとも名声のある大学から出現し続けるのであるが、もし、新しい科学技術の一部が社会的企業を通じて開発されれば、私たちははるかに良い世界に住むこととなろう。

【注】

1　筆者とアルフレッド・ゾレッジーとのインタビュー、二〇一三年一二月一七日。
2　同右。
3　同右。
4　筆者とギリェルモ・スカリャンとのインタビュー、二〇一四年一月四日。
5　同右。
6　筆者とアルフレッド・ゾレッジーとのインタビュー、二〇一三年一二月一七日。

7　同右。
8　同右。
9　「ゾレッジーの革命」『ケ・パサ』誌、チリ、二〇一四年一月二日。
10　筆者とアルフレッド・ゾレッジーとのインタビュー、二〇一四年一月二日。
11　同右。
12　筆者とパウラ・カルデナウとのインタビュー、二〇一四年一月一六日。
13　筆者とベアトリス・ペリザリとのインタビュー、二〇一四年一月一六日。
14　筆者とムハンマド・ユヌスとのインタビュー、スペイン語CNN放送「オッペンハイマー紹介」、二〇一三年九月八日。
15　同右。
16　同右。
17　筆者とエンデバー会長、フェルナンド・ファブレとのインタビュー、二〇一四年一月一六日。
18　筆者とオプティマ・エネルギー社長、エンリケ・ゴメス・フンコとのインタビュー、二〇一四年一月七日。
19　筆者とルイス・フォン・アンとのインタビュー、二〇一四年三月二七日。
20　同右。
21　同右。
22　同右。
23　ウィリアム・D・エッガース、ポール・マクミラン『解答革命――いかにビジネス、政府そして社会的企業が社会の難しい問題を解決するために協力するか』、ハーバード・ビジネス・レビュー・プレス、二〇一三年一〇頁。

24　同右、一一頁。
25　世界寄付指標、慈善支援財団、二〇一三年。

第一〇章　革新の五つの秘訣

●「眠れるエビは、流れが連れ去って行く」

二一世紀の一〇年代半ば、『米州救出』や『ラテンアメリカの教育戦略』で予言したことが現実となった。前の一〇年に、多くのラテンアメリカ諸国に多くの恩恵を与えた原材料ブームは終焉し、原材料の輸出を当てにしていた諸国――質の教育、科学技術や革新には投資しなかった――は、その結果に苦しみ始めている。パーティーは終わったのである。地域の経済成長は、二〇〇〇年から二〇一〇年の半ばでほぼ地域平均六％に達し――アルゼンチン等いくつかの国では、九％に達し、自信過剰を生み、クリスティーナ・フェルナンデス・デ・キルチネル大統領をして、国が「中国の成長率」で成長していると自慢させた――、二〇一四年には、地域平均二・二％に下落し、アルゼンチンやベネズエラではさらに低い率となった。

メキシコ、コロンビア、ペルー、その他の地域平均以上で成長している国でさえも、毎年労働力に統合される数百万人に雇用を与えるために必要な率を下回っているのである。世界の他の国からますます遅れて居残らないための地域のかつてない大きな挑戦は、教育の質の劇的向上、革新の刺激、大きな付加価値をつけた製品の輸出であった。

どのように失われた時間を取り戻すのか？　私たちは、近年科学技術大国となった韓国やシンガポール、イスラエル、その他の国々と競争できるのか？　もちろんイエスである。しかしながら、私たちは、コンピューターの天才を生み出そうとすること以上の事をしなければならない。よくプレスが革新をインターネットやビル・ゲイツ、スティーブ・ジョブズのような革新家と同一視するが、革新はそれ以上のものである。私たちの国は、どんな種類の新製品（「製品の革新」と共通して呼ばれるもの）を発明することであれ、あるいは既存の製品をより効率的に生産する方法を発見することであれ、革新をしなければならないのである。重要なことは、革新し、製品あるいは全ての種類のプロセスを作り、ますます大きな付加価値を付け、世界的に売れるようにし、静止しないことである。眠れるエビは流れに連れ去られるのである。

●人も再考案されなければならない

国のみでなく人も、二一世紀の創造的新経済の中により良く位置するためには、絶えず再考案されなければならない。これまでに説明したように、ますます多くの人々が、小学校に入学した時には存在しなかった職業で働くであろう。3Dプリンターやロボット、そして、「もののインターネット」をもたらす産業革命は、多くの仕事を消滅させ、新しい仕事を生むであろう。自動運転の自動車は、タクシーの運転手にとって代わるであろう、商業ドローンは、FedexやUPSの小包の配達トラックにとって代わり、ロボット——特に中国における最近の労働力の値上がりから既に起こっているように——は、ますます製造業の仕事を担当するであろう。そして、他方で、新しい雇用が生まれるであろう。それは、自動運転するタクシーの管理官であり、ドローンの操縦者、自宅やビジネスで手伝わせたい特殊な仕事のためにどのロボットのモデルを買うべきかを助言する顧問などである。前世紀を特徴づけた反復的な手作業の仕事を行う産業雇用はより少なくなり、ますます知的で創造的な職が要求されるであろう。

「私の世代はもっと容易でした。私たちは、職を『見つける』ことが必要でした。しかし、ますます、私たちの息子たちは、職を『考案』しなければならないのです」と『ニューヨーク・タイムズ』紙のコラムで、トマス・フリードマンは指摘した。「もちろん、より幸運な人は、最初の仕事を『見つける』でしょう。しかし、全てが変化している速度を勘案すれば、これらの人たちも、彼らの両親が行わなければならなかったよりもはるかにたくさん、職を再び検討し、再び適用し、再びイメージしなければならないのです[1]」。

私たちは多くの企業あるいは自分の企業のために、より少ない時間で働くことになることを全てが指し示している。既にそれは起こっているのである。米国労働省の統計によれば、米国の給与労働者が現在の職で働く平均時間は、わずか四年と七ヶ月である。そして若者たちの間では、在職期間はさらに短いのである。二五歳から三四歳の間の若いサラリーマンは、同じ職ではわずか三年と二ヶ月しか働かないのである[2]。多くの人々が、生涯労働生活にとどまり、その大部分を同じ企業で過ごすのは昔のことである。米国及び世界のますます多くの人にとって、再考案することが、労働生活では絶えず必要なのである。

幸いにも、おそらくこれら全ては、最初に見たほどには悲劇的ではないであろう。なぜなら、今日では、一〇年前よりも仕事を再検討することははるかに容易なのである。科学技術の民主化のおかげで、ウェブページの設計者やインターネットでの全ての種類の製品の供給者のように、自らの仕事をつくる若者がますます多くいるのである。そして、自分の責任による雇用の枠は、大きく拡大した。インターネットは、地域市場での製品を販売でき、世界のどの場所でも職につくことを可能とするのである。そして、クラウド・ファンディング――構想中の製品のための資金の集団的集金システム――のような新しい融資源のおかげで、新プロジェクトのための資金を獲得するますます多くの機会を有するのである。今日では、若者たちは、彼らの両親が持っていなかった可能性の世界へのアクセスを有する。しかし、その機会を活用できるためには、最良の質の教育――ＰＩＳＡの試験やその他の国際標準試験で測られるようなもの――のみならず、企業のための最適な枠組みと新しいタイプの教育、つまり創造的教育が提供されるべきなのである。

●ラテンアメリカ――革新で非常に遅れている

二〇一四年に、「多くの企業、しかし少ない革新」という題で発表された世界銀行のラテンアメリカの革新に関する広汎な調査は、この地域に生産的創造性における暗い写像を提示していた。この調査は、次のように結論づけている。「ラテンアメリカとカリブは、革新において遅れを被っており、全体的に、その起業家たちは、世界の他の場所の起業家たちよりも、それほど頻繁に新製品を導入しておらず、研究開発への投資もより少ない[3]」。

統計は自ら語っている。第一章で指摘したように、ラテンアメリカとカリブの全諸国は、世界知的所有権機関（ＯＭＰＩ）に対し、新発明についての特許の適用を年間約一二〇〇件しか申請していない。

それは、国連の同機関に韓国が年間申請する一万二四〇〇件のわずか一〇%なのである。イスラエルもわずか八〇〇万人の人口であるが、約六億人の人口を持つラテンアメリカ・カリブ諸国全体よりも多くの新発明の特許申請を登録している。

この問題は、一つにはラテンアメリカ企業の革新の不足であり、多くがこの地域の企業家のビジョンの欠如にあるとしており、また企業家の多くは、創造性に罰則を科す時代錯誤な法的枠組みにあるとしている。誰に責任があるにしても、確かなことは、ラテンアメリカ企業の平均が、その他の新興諸国の企業よりも市場に売り出す新製品が二〇%少ないということである。世銀によれば、リトアニアの企業の九五%、ポーランドの企業の九〇%が昨年市場に新製品を売り出したと報告している一方で、メキシコとベネズエラの企業の四〇%以下が同じことを行っているのである。

おそらくもっとも憂慮すべき統計は、本書の初めに示したことであり、それは、科学技術における世界の全投資のわずか二・四%しか、ラテンアメリカとカリブでは行われていないということである。他方で、世界の科学技術への投資の三七・五%が——外国と同様この地域でも——米国とカナダで行われ、アジアでは二五・四%であるのに、ラテンアメリカは革新における世界投資全体の取るに足らない割合を代表するのである。[4] そして、ラテンアメリカで革新に投資されるわずか二・四%の大部分がわずか三ヶ国に集中している。ブラジル（全体の六六%が投資される）、メキシコ（一二%）、アルゼンチン（七%）である。[5] この嘆かわしいパノラマの前に、これまで以上に私たちの国々は、革新の第一世界に参画するためのいくつかの本質的な枠組みを採用することが、かつてなく必要なのである。

●第一の秘訣――革新の文化を創り出すこと

既に指摘したように、より多くの生産的な革新を生み出すためには、国が教育の質を向上すべきこと、工学や科学課程の卒業生を奨励すること、研究開発への投資を増大させること、新製品開発のために企業に財政的インセンティヴを提供すること、新企業の創設を困難とする官僚的規制を撤廃すること、起業家により多くの融資を提供すること、知的財産権を保護すること等について、ますます幅広いコンセンサスがあること。これら全ては、疑いなく重要である。しかし、シリコンバレーの多くの偉大な革新家やリーダーたちと話した後での私の結論は、革新を刺激し、賛美する文化がなければこれら全ての措置は役に立たないということである。大半の偉大な革新は、起業の文化とリスクを取る人たちへの集団的称賛の文化のおかげで、下から上に向かって出現している。それらは、政府計画の産物では決してない。ガストン・アクリオは、決して政府プロジェクトの産物としてペルーの料理産業のブームを作ったのではない。ジョルディ・ムニョスは、決して政府の支援で商業ドローン産業の先駆者のひとりとなったのではない。また、リチャード・ブランソンは、何らかの政府プログラムのおかげで、彼の音楽の中心地や宇宙観光企業を構築したのではない。サルマン・カーンやチリ人のアルフレード・ゾレッジーやグアテマラ人のルイス・フォン・アンやその他の傑出した革新家の多くも、そうしてはいないのである。多くの場合、革新は、革新者が敬われ、その潜在力を実現することを許す文化の産物である。

革新の文化とは何であろうか？　それは、創造性への集団的高揚感を生み出し、偉大な芸術家や偉大なスポーツマンを称賛するのと同様に生産的革新家を称賛し、失敗による汚名を着せられる恐れなしに、リスクを引き受けるよう人に挑ませる雰囲気である。もし革新の文化がなければ、政府の刺激策や工学士の大量生産、ましてや、多くの場合に自己宣伝の目的で多くの大統領が推進している「科学技術パーク」はあまり役に立たないのである。

下から上への創造性を激励する革新の文化を創り上げることは見た目ほど難しくはない。今日では、マスメディアやソーシャルネットワークにより、創造性や革新への集団的熱意を生むことが以前よりも容易である。意見キャンペーンは、ソーシャルネットワークの出現前の喫煙習慣と闘うためのテレビキャンペーンも含めて示されたように、機能するのである。もし、米国やヨーロッパ、ラテンアメリカ諸国で、テレビキャンペーンによりタバコの危険性――化学的常用癖――について警告しながら、喫煙者の数を劇的に減らすことに成功したのであれば、どうして物理的依存を生まない倒産や共生への許容欠如に対して戦うことができないのであろうか。

これらの文化を変え、革新家を人気のヒーローに変えることは、政治的意思の問題であり、政治家や企業家、学術セクターやプレスが応援することができるのである。

多くの人にとって、これは、政府の基本的な機能であるべきであろう。オフィス・ネットの創設者のひとりで――ゴールドマン・サックスのような投資家から創設のために五〇〇〇万ドルを集金し、その後、米国の巨大企業ステープルズ社に売却した――現在はアルゼンチンでスタートアップに投資し、起業家文化の促進に従事しているアルゼンチンの起業家、アンディ・フレイレによれば、「リスクを取るよう勇気づけるカウンターカルチャーを創出する必要があり、それは、上から来るべきなのです」。アルゼンチンのサン・アンドレス大学の経済学部を優秀な成績で卒業し、ハーバードで博士号を取得したフレイレは、その鍵は、起業を「経済開発次官の政策の代わりに、国家政策」に変えることであると私に述べた。彼の答えが私を面白がらせたのを見て、こう付け加えた。「真面目に言っているのです。今日では、革新を刺激するための全てのイニシアティヴは、統治者の三五番目の優先順位なのです[6]」。

実際、フレイレが言うように、政府ができることは多くあるが、具体的成果を生み、起業に対する敵対的な文化を変えることを支援する別の方法もある。もっとも効果的なもののいくつかは、科学者や技術者を称賛する国民と家庭の文化を称揚するための市民社会によるメディア・キャンペーンである。それは、成功した科学者の例に従うよう、子供たちを激励するものである。革新を生むもう一つの方法は、報償である。昔から、経済的報償は、特殊な革新のみでなく、創造性を鼓舞する文化的変化の大きな原動力の一つであったのである。

●科学のメッシや科学技術のネイマールが必要

二〇一四年のワールドカップが終了する前に、アルゼンチンとブラジルが準決勝に進出し、多くの人がどちらかがチャンピオンとなるだろうと思っていた時に、私は、『マイアミ・ヘラルド』紙に「科学のメッシを求む」とのタイトルでコラムを執筆した。その中で、私は、なぜ、ラテンアメリカ人は、科学技術のメッシやネイマール、ジェイムズを生むことができないのかと質問した。その質問は、ブラジルでの会議で、米州開発銀行（ＩＤＢ）のルイス・アルベルト・モレノ総裁により提起されていた。ラテンアメリカが世界のサッカーの最良の選手を生み出しているのと同様に、この地域は、次の「ソフトウェアのネイマール」や次の「ロボット工学のメッシ」を生み出すべきであるとモレノは述べていた。

その答えは、全ての私たちの国々が現在スポーツに適用しているのと同じ情熱と規律を科学にも適用し、才能を生むためのシステムを創出しなければならない、ということである。IDBの総裁は正しかった。サッカーに関しては、毎日数百万人の子供たちがサッカーをするが、国家は、ひとりあるいは多くの天才を生む可能性を増大するために科学者の大きな蓄えが必要なのである。ある時期毎に、新しいメッシや新しいネイマールが出現する理由の一つは、競争しようとする多くの子供たちがおり、より大きな潜在力を持つ子供たちを応援することに専念する年少リーグをサッカーチームが持っているためである。

しかし、残念ながら、ラテンアメリカは、米国やヨーロッパ、アジアと比較して、ひとり当たりの科学者の蓄えは総体的に少ない。世銀のデータによれば、全ラテンアメリカは、住民一〇〇万人当たり平均五六〇人の研究者を有するが、一方で、韓国は、一〇〇万人当たり五四五一人の研究者を持つのである。つまり、韓国がより多くの特許を生み出すことは偶然ではない。韓国は、ひとり当たりより多くの科学者を持つのみならず、常に科学技術で勝利する者を祝福し、数千人の若者にとっての即席の英雄に変える文化と報道メディアを持つのである。私の中国、インド、シンガポール、その他のアジアの国への取材旅行では、報道メディアが数学や科学オリンピックの勝者にまるでスポーツのスターのように大きな見出しを割くことにいつも印象づけられた。私たちの国でも同じことをすべきである。サッカー選手のために行っているのと同様に、科学者たちに称賛の文化を創出すべきなのである。

●世界を変えた賞金

多くの人が知らないのではあるが、人類の偉大な発明の多くは、特定の科学技術の挑戦を克服した成功者に与えられる経済的賞金の産物である。一九二七年にチャールズ・A・リンドバーグにより実現された最初の大西洋横断飛行は、パリとニューヨーク間を寄航せずに飛行することを達成した最初のパイロットに与えられる二万五〇〇〇ドルの賞金を得るための競争の産物であった。賞金は、一九一九年に米国在住のフランス人ホテル経営企業家レイモンド・オルティーグにより、五年間、提供された。その時までに、パリとニューヨーク間の五八〇〇キロの距離は、史上最長飛行の約二倍であった。それは、巨大な挑戦であり、それまで試みた者は少なく、多くのパイロットは離陸してから直ぐに旋回して引き返した。

賞金の期間が失効すると、オルティーグは、さらに五年間延長した。一九二七年五月にリンドバーグが偉業を達成するまで、一九二六年と一九二七年に多くのパイロットが試みたが失敗した。

歴史家によれば、リンドバーグは、二五歳の米国人パイロットであり、賞金を獲得するにふさわしいとはあまり思われていなかった。既に逝去したその他の競争者と違い、彼は無名であり、彼が死ねば会社の悪い評判となることを恐れ、どの航空企業も彼の飛行機のためにエンジンを売りたくはなかったのである。しかしながら、リンドバーグは、世界を驚かせ、三三時間半の飛行の後に、パリの郊外のル・ブルジェの飛行場に無事に到着した。

「これが、まさに賞金の魅力です。世界中の参加を可能とし、勝つ可能性の少ない者たちの参加も可能とするのです。そしてしばしば、後者が勝利するのです」。ピーター・H・ディアマンディスとスティーヴン・コトラーが、その著書『「楽観主義者の未来予測――テクノロジーの爆発的進化が世界を豊かにする』で指摘している。ディアマンディスは、シンギュラリティ大学の創設者のひとりであり、後になって私に、リンドバーグの伝記を読んだが、オルティーグの賞金の物語が印象深かったと語った。

賞金は世界中のトップニュースとなり、航空機の歴史に新しい時代を開いたのである。直ぐに他のパイロットたちが大西洋を横断し始め、商業飛行機は世界的な産業となった。わずか一八ヶ月で、飛行機の乗客数は、米国で六〇〇〇人から一八万人に急上昇し、飛行機の数は、四倍増となった。オルティーグの賞金は、革新の印象的な加速器となったのである。敗者は、何の報酬を受けとらないにもかかわらず、パイロットの九チームが賞金を獲得するために四〇万ドルを投資した。なぜなら、賞金は勝者のためのみだったからである、とディアマンディスは語った。

リンドバーグの例に鼓舞され、NASAが宇宙旅行のための予算を削減している時に同様の懸賞をかけないことに不満を抱いて、ディアマンディスは、自らの賞金エックスプライズ（X Prize）の創設を決心した。それは、その後アンサリ・エックスプライズとして知られ、民間の再利用可能な弾道飛行宇宙船を作った者への賞金一〇〇〇万ドルから成っていた。それは、二〇〇四年に億万長者ポール・アレンが獲得した賞金である。政府の資金によらずに行われた有人飛行であり、その後、リチャード・ブランソン卿やイーロン・マスクにより建造された民間宇宙船の先駆であった。米国政府としては、二〇一〇年に全ての省庁が賞金を提供することを許可するための独自のデジタル・プラットフォームを創設した。Challenge.govである。その最初の二年間に、challenge.govは、合計三四〇〇万ドル以上の賞金で二〇〇以上のコンテストを打ち出した。それについて読んでいる間に、私は、なぜラテンアメリカで類似のより多くの賞金を提供しないのであろうか、と考えないわけにはゆかなかった。

●「全ての偉大な発明は、常軌を逸したアイデアとして始まった」

リンドバーグがオルティーグ賞を獲得するために大西洋を横断するはるか以前に、英国議会は、一七一四年に、海での経度をどう測るかを最初に発見した者に二万ポンドの賞金を提供した。英国の賞金の成功は、多くの他のヨーロッパの国々が特殊な問題を解決するために独自の賞金を打ち出すことにつながった。一七九五年にナポレオン一世は、食料を保存するための方法を発見し、ロシアへの行軍の間、軍隊の栄養摂取を可能とする者に一万二〇〇〇フランの賞金を出した。ほぼ一五年の実験の後、パリのシェフ、ニコラ・アペールが、今日でも未だに使われている密閉容器の方法を発明して賞金を獲得した。それ以来、革新への賞金はヨーロッパと米国で増大し、大きな成功を収めた[7]。

「賞金は、革新的な解決策を生むための励みとなり得るのです」とコンサルタント会社のマッキンゼー・アンド・カンパニーの調査は述べている。「数世紀の間、社会問題や文化の技術的挑戦を緊急に解決することを模索していた君主や王立機関や民間の慈善家により使われた鍵となる道具であったのです[8]」。同様に、長いインタビューでディアマンディス自身が私に述べたところでは、賞金は、不可能と考えられているものを実際に可能にするとの考えを社会において確立するために重要なものである。

「これらの賞金の背後にあるアイデアは、どの発明も日の目を見る一日前には、常軌を逸したクレイジーなアイデアであったということです」とディアマンディスは言った。「前日にクレイジーなアイデアでなければ、偉大な発明ではないのでしょう。そこで、私が企業や機関、政府に対して行う質問はこうです。その機関の内部にクレイジーなアイデアが生まれる場所を持っていますか、と。なぜなら、もし、クレイジーなアイデアや失敗しうるアイデアで実験していなければ、改善は少しずつ継続しても行き詰まり、決して新しいものを発明できないでしょう。そして、賞金はまさに、このクレイジーなアイデアを推進するためのメカニズムなのです」[9]。

再利用できる宇宙船を発明した者に与えられるアンサリ・エックスプライズ賞が創設される前には、誰もそれが可能であるとは信じず、それ故にどの企業もそのプロジェクトには投資を行わなかった。しかし、賞金が、多くの企業を競技に参加するようにし、そしてアランが賞金を獲得した後は、賞金を獲得する目的で半ダースの航空宇宙企業が創設され、その投資額は、一〇億ドルを超えたのである。

同様に二〇一〇年に海底油田掘削プラットフォームの英国石油のディープウォーター・ホライズンがメキシコ湾で環境災害を引き起こした時に、海上の石油を回収するための既存のものよりも良いシステムを作れるとは、誰も思っていなかった、とディアマンディスは振り返った。ディアマンディスのエックスプライズを含む多くの機関が、流出石油を回収するための最良のシステムを迅速に発明した者に賞金を出すために団結した。「競争の結果は、素晴らしいものでした。優勝したチームは、産業における既存の科学技術を四倍効率化することを達成しました」とディアマンディスは明言した。

懐疑主義者たちは、いくらかの確実な理由を持って、しばしば賞金が――革新へのインセンティヴ以上に――企業の変装した広告戦略となるか、良いアイデアを少額で買うための洗練された方法となると指摘している。そして、また、賞金が新製品を発明し、既存の製品を改善するために各国が必要とする基礎研究の代替ではないことも確かである。しかしながら、賞金は、挑戦を果たす興味を惹起し、多くの才能を鼓舞し、革新の文化を創造するためにますます有効な道具なのである。賞金が提供する利点は批判者が指摘する限界よりも優れているのである。

●失敗を受け入れ、失敗から学ばなければならない

革新の文化を作るための基本的な鍵は、失敗はしばしば成功の待合室であるという考えを社会で確立することである。子供たちには、早い年頃から、世界のもっとも有名な起業家が勝利する前に何度も失敗したこと、そして、起業に失敗することは起業家が失敗することを意味しないことを教えなければならない。最近の例として使うには、おそらくは、二〇一四年にフェイスブックによるワッツアップ（WhatsApp）社のインスタント・メッセンジャーの一九五億ドルでの買収物語を、まさしく学校で語る必要があるであろう。

WhatsApp社を創設したシリコンバレーの二人の若者——米国人ブライアン・アクトンとウクライナ人ジャン・コウム——は、億万長者となる前に、多くの試みに失敗していた。二人のうちの一人、アクトンは、二〇〇九年にツイッターでの職を求めたが、拒否された。アクトンは、シリコンバレーの文化を忠実に反映し、彼の失敗を隠さなかったのみならず、ツイッターの彼のアカウントで公表した。「僕は、ツイッターの本部で拒否されました。やれやれ、いいさ。長い時間行ったり来たりすることになってただろうから」とツイッターに書き込んだのである。しかし、もっと愉快なことは、数ヶ月

後にアクトンがフェイスブックに職を求め、またもや拒絶されたことである。五年後に彼のアイデアを一九五億ドルで購入することになる同じ企業である。新たにアクトンはツイッターに書き込んだ。「フェイスブックは、僕を採用しませんでした。それは、素晴らしい人と接続するための大きな機会であったのです。人生で次の冒険が到来することを願いつつ」。フェイスブックの人材部長は、五年後にフェイスブックがWhatsAppを買収した時には、どんな顔をしたであろう。「フェイスブックの人材部長は震えれば良い。その冗談に一九五億ドルの代償を払うこととなった」とフェイスブックによるWhatsApp買収の発表の日に、スペインの『エル・パイス』紙は、皮肉ったのである。

愉快な話であるが、勝利する前に何度も失敗する企業の数千の事例のほんの一つである。第一章で話した事例——電球の発明者トーマス・アルバ・エジソンの場合は、電球の生産を達成する前に、一〇〇〇回の試みに失敗している。あるいは、電話の発明者アレキサンダー・グラハム・ベルの場合は、今日ウエスタン・ユニオンと呼ばれる会社に彼の通信機器は拒絶された——も、よく知られた事例である。私のお気に入りの一つは、自動車産業の先駆者でフォード・モーター・カンパニー創設者のヘンリー・フォードの場合である。フォードは、以前にデトロイト・オートモービル・カンパニーという企業を創設していたが破産した。そして、彼の失敗はそこでは終わらなかった。彼の自動車を「T型フォード」と呼ぶのは、「A型フォード」から始めたからであり、Tの文字に行きつくまで全ての試みが失敗したのである。しかし、確かなことは、その起業家は、それが時間の無駄で、「もっと速く走る馬」を作るのに時間を投資した方が良いだろうとの同時代の幾人かの嘲笑には怖気づかなかったことである。フォードは、大事なことは、多くの人がクレイジーであると思ったとしても、リスクを引き受け、物事を大胆に行うことであると述べている。

●失敗のための賞金？

シリコンバレーの大きな秘密は、機会を失う恐れが失敗する恐れよりもはるかに大きいという文化を創り上げることができたことである。「スタンフォード・ビジネススクール・ニュース」で発表された記事で、ババ・シブ教授が指摘したように、「この種の人にとって恥ずかしいことは、失敗することではなく、他人が偉大なアイデアで走り出している間に座って眺めていることです」。この精神で、ラテンアメリカとスペインにおいて失敗への恐れの文化を変え始めようとするために、シンギュラリティ大学は、二〇一四年にブエノスアイレス、メキシコシティ、モンテレイ、マドリード、バルセロナで、そのプロジェクトの結果とは無関係に、「リスクを引き受ける起業家」に対し、いくつもの賞を創設した。「私たちの目的は、大きなリスクをとった人を祝福し、認めることです。失敗した人も含みます。なぜなら、大半の文化の中では、失敗は罰せられるからです。私たちは、リスクに賞を与えたいのです。それは、成功した企業を創設することの一部分なのです」とシンギュラリティ大学の国際関係担当のサリム・イスマイルは私に言った。[10]

私には素晴らしいアイデアに思える。WhatsAppの共同創設者がツイッターとフェイスブックによって拒否された後、彼がツイートで書いたのと同様の率直さと楽観主義で、私たちの起業家がその失敗についてコメントする日に、私たちは革新の文化を達成することだろう。失敗を罰する社会においては、そのプロジェクトの結果とは無関係に、リスクをとる起業家に対する集団的な称賛を創り出さなければならない。

●第二の秘訣――革新のための教育を醸成する

ラテンアメリカ地域において革新のための人的資本の不足――工学士、科学者、技術者の不足――は劇的である。そして、その理由は何ら秘密ではない。ラテンアメリカの大半の大学生が人文学や社会科学に没頭しているためである。他方でラテンアメリカの教育システムは一九世紀の学習計画にしっかり固定されたままで、それが数学や科学の勉強を拷問に変えているのである。その上、若者たちは大学に入学すると、社会のより白熱した問題を専門とする課程に魅力を感じるのが常なのである。それが、なぜラテンアメリカがこれほど多くの経済学者を生み、工学士や科学者をわずかしか生み出さないのかを説明している。理由はともかく、確かなことは、フィンランドやアイルランドでは、住民一〇〇万人につき二五人の工学部卒業生がいる一方で、チリでは一〇〇万人の住民につき工学部卒業生はわずか八人、メキシコ七人、コロンビア六人、アルゼンチン五人、その他の地域ではさらに少ないのである。[11]

先進国では、どのようにして数学、科学、技術の勉強を奨励しているのだろうか？　多くの場合、遊びながらである。冗談ではない。私はビル・ゲイツにインタビューで、若者が科学や工学課程を選択するようにするために何を勧めるかと質問したことを覚えている。彼は、小学校が教科を教える方法を根本的に変えなければならないと述べた。

「子供たちにとって、面白いようなプロジェクトを行わなければなりません」とゲイツは言った。「例えば、小さな潜水艦や小さなロボットを設計するのです。そして、子供たちに、科学は作りたい何かを作るための道具であり、良い仕事を見つけるために横断しなければならない砂漠ではないことを、理解させることです[12]」。

シンガポールのようないくつかの国では、小学校は、算数でより能力のある子供たちを選抜し、小さい頃から技術学校に導くのである。数年前にシンガポールの小学校を訪問中に、私は、例えば、算数で子供たちに抽象的な計算をさせる代わりに、先生がいかにしてサッカー場でのフリーキックの距離やロック・コンサートの間にステージのミュージシャンが動いた距離を計算させるのかを見ることができた。中学校では、もっとも成功を収めている国は、全ての学校が近代的な物理の実験室を持ち、できるだけ楽しく科学が学べることを確保しているのである。鍵は、全ての研究が一致するところであるが、科学と工学が優秀な生徒のみが理解できる抽象的な何かではなく、面白い教科となるようにすることである。そして、大学では、フィンランド等の多くの国は、各課程を勉学できる生徒の数に制限を付しており、したがって大学は、毎年何人の科学者や何人の中世文学の学士に卒業証書を渡したいかを決定できるのである。

経済協力開発機構（OECD）――世界中で一五歳の生徒のPISA試験を運営している先進工業国クラブ――のメキシコ、ラテンアメリカ・センター所長のエウヘニア・ガルドゥーニョは、若者たちが中学生になってからでは、既に科学技術課程を履修するよう奨励するには遅すぎるので、就学前から行う必要があると述べた。「既に幼稚園入園前において、生徒の傾向が決定され始めているのです」と指摘した。「それ故、子供たちが学校に入学する前から、数学や科学でより脆弱な二つのグループである特に女児やより貧しい家庭の生徒が、科学の活動に巻き込まれることがきわめて重要です」[13]。これらの二グループの住民を数学や科学に惹きつけるための就学前プログラムを創設し、もっとも必要とする学校に最良の先生を派遣する国が、ＰＩＳＡの標準試験で平均点を上昇させているのである。

知識を授けるのではなく、知識を処理することを教えるべきである

インターネットのどの検索エンジンでも実際全ての情報を入手できるグーグルの時代においては、私たちの学校はもはや知識を教える必要はなく、情報を処理することや創造性を醸成することが必要である。ハーバード大学の教育専門家のトニー・ワグナーは、その著書『未来のイノベーターはどう育つのか』で、学校の主要な目的は、大学のために若者を準備させることではなく、革新のために若者を準備させることであると述べている。「人が知っていることはますます重要ではなくなり、人が知っていることで行うことができることがより重要なのです。革新する能力、すなわち問題を創造的に解決する能力、あるいは新しい可能性を現実に変えること、そして、批判的思考、コミュニケーション能力、他人と協力する能力等が、学問的知識よりもはるかに重要なのです」とワグナーは言う[14]。

ワグナーにとって、革新は学校で教えることが可能である。その鍵は、先生が、獲得した知識――つまり「知っている」こと――を基に生徒に賞を与える代わりに、分析し、問題を解決し、失敗から学ぶ能力に応じて賞を与えることである。「大半の中等学校と大学では、失敗は悪い評価で罰せられます。しかし、試行錯誤がなければ、革新はないのです」とワグナーは述べている[15]。彼の覚えているところでは、多くの科学の賞を獲得している生徒を持つカリフォルニア州サンホセの教師が「私が生徒に教

えるもっとも重要なことの一つは、失敗する時には学んでいるということです」と彼に言った。ワグナーは二一世紀の経済に向かう生徒にうまく教えている学校は、勉強することと同様に問題の解決能力、チームでの勉強、その計画をやり通し、失敗から学び、失敗を恐れないことに対して良い評価を与えていると結論づけた。

ワグナーの別の偉大な助言は、学校や大学が学際的思考を強調するということである。「現在の大学システムは、専門性を要請し、賞を与えます。教授たちは、非常に限定的な学術分野での研究を基に地位を得るので、学生にも特定の課程を卒業するよう求めるのです。しかし、教授たちが行うことのできるもっとも重要なことは、個人的な訓練の文脈の中では、問題は決して理解されず、また、解決されないということを教えることなのです」と言う。[16]最良の大学は、既に学生が、ロボット医学や医療工学等の自分たちの学際的な課程を構築することを可能にしている大学である。オリン大学では例えば、学生は、「持続的開発のためのデザイン」あるいは「数学生物学」等の独自の課程を創設している。このようなものが、ますます未来の大学教育となるのであろう。

幼年期からレンズを変えなければならない

学際的に考え、革命的な革新——あるいは多くの人が断絶的と呼ぶ——を創造できるためには、物事を見るレンズを変えなければならない。そしてそのためには、多くの革新のリーダーたちは、子供たちの間で革新を促進するための鍵が、正しい質問をするように教えることであると示唆している。私たちは、特殊な問題を解くように求める代わりに、問題を再定式化するように教えるべきで、私たちの最終目標は何なのであろうかという、はるかに広範な質問から出発すべきなのだと確言している。

ウィリアム・D・エッガースとポール・マクミランは、その著書『解答革命』で、基本的な質問を再び行う事が、いかに、物事を別のやり方で見ることを助ける事ができるかについて素晴らしい事例を示した。著者たちは学校の事例を挙げた。もし私たちが、どうやって学校を改善しようか、と自らに質問するなら、私たちは、建物の煉瓦や教室、黒板や勉強机の学校システムをどう改善するか考えることに頭脳を限定しているのである。このような形で質問する代わりに、私たちの最終目標に焦点を合わせて、若者をより良く教育し、将来の労働市場のために彼らを準備させるためには、どうするかとの質問をすれば、はるかに創造的な解決に到達することができると明言している。

「この最後の質問は、私たちが伝統的に知っている教育を含めることができるか否かのあらゆる可能性を開くものです」と筆者たちは指摘している。そして、第二の質問は、遠距離教育あるいはサルマン・カーンが普及させた「反転授業」のような可能性を熟慮することに私たちを導くのだと付け加えた。「もし、人が既存の条件で問題を解決しようと考えるならば、潜在的な解決策を欠陥ある現状維持の範囲に留めてしまうのです」。

同じことは人生の全ての局面で起こる。もし、企業が、どのようにしてもっと販売するのかと自問すれば、製品を改善し、配給網を迅速化し、市場開拓戦略を改善するかに思考領域を制限しているのである。しかし、その代わりに、もし、どのように収入を増加させるのか、社会により貢献するのかと自問すれば、劇的にその視野を拡大でき、決して思いを巡らせなかった新製品やサービスを見つけることができる。同様に、どうやって私たちの雇用を進めることができるか自問することに留めるならば、非常に少ない可能性の領域に限定してしまうことになる。おそらくこう質問すべきであろう。自分の経済的必要性を満足させ、生活の質を向上し、より幸福となるには何ができるのだろうか、と。ルーク・ウィリアムズの著書『断絶』で示唆された物事を見るレンズを変える別のやり方は、私たちの仕事の仮説を意図的に非常識な主張に変えることである。それを達成するためには、ウィリアムズは、私たちの仕事の仮説を完全に逆さまにするか否定することを勧めている。例えば、煉瓦の建物、教室、黒板、勉強机で学校は改善するかとの質問の場合、ウィリアムズは、こう自問することを勧める。これらのいずれの要素もなしに、息子たちを教育することを試みるのであれば何が起こるだろう、と。何が私たちの目的なのかに焦点を合わせ、質問を作る時と同様、伝統的な質問を逆さまにすることは、革命的な解決に眼を開かせるのであると主張している。その形式が何であれ、確かなことは、革新の文化を創造するための鍵の一つは、——眼科に行った時の視力検査のように——物事を見るレンズを変えることである。学校や、企業、政府において、私たちは、違った質問を提起することを通じて多様な角度から問題の分析を奨励する習慣を取り入れなければならない。しばしば、その秘訣は答えにあるのではなく、質問にあるのである。

●第三の秘訣——革新をつぶす法律を廃棄する

本書の最初のページで指摘したように、大半のラテンアメリカ諸国は、企業を開設したり閉鎖したりする手続きを簡素化すべきであり、知的所有権を尊重させる法律を採択すべきであり、起業に失敗する人たちを過度に罰しないために破産法を修正すべきである。企業が、絶えず発明され、再発明され、消失し、再生する生産的革新の新世界においては、企業の開設と閉鎖はできる限り容易であるべきである。

チリやメキシコのようなラテンアメリカの多くの国が、新しい企業創設のために官僚的障害を削減したのであるが、その他の多くの国は、世界の「官僚主義」の世界チャンピオンの座に居続けている。世銀の資料によれば、アルゼンチンでは、新企業を登録するためには一四の手続き、ブラジルとエクアドルでは、一三の手続き、ベネズエラではなんと一七の手続きが必要であり、一般的に何ヶ月もかかり、多くの監査官に賄賂の支払いが必要とされるのである。[17] 同様の障害――そして、手続きを「迅速化」するために支払わなければならない賄賂の費用――を前に、多くのラテンアメリカの企業家たちは、地下経済で商取引をするか、あるいは、決してそのプロジェクトが実現に至らないのは偶然ではない。

そして、もし、これに知的所有権を十分な厳格さで保護しない法律を加えれば、革新へのインセンティヴはさらに少ないのである。人がアイデアを盗むのではないかとの恐れがあればあるほど、それを実現しようとするインセンティヴは少なくなる。私たちの多くの国では、知的海賊行為は制圧されていないばかりでなく、当局により保護された日曜日の気晴らしである。ブエノスアイレス州のラ・サラーダの巨大な闇市やメキシコシティのテピート市場、エクアドルのグアヤキル湾市場に行ってみるだけで十分である。音楽、映画、ビデオゲーム、コンピュータープログラム、あるいは非常に安い薬品等の不法な複製品を買うことができる。これらの闇市で買う人々の多くは、これを、無害のいたずらとして、また最悪の場合でも、既に十分お金を稼いでいる多国籍企業のみに影響を与えると見ているのである。しかし、知的海賊行為は、外国企業に影響を与えるのみでなく、地元の経済に影響を与えることをあまり知らないのである。多くの場合、潜在的な革新家がそのプロジェクトを始動すらさせなくなり、あるいは、海賊品と競合することが不可能なことを前にして、誰もそれに融資しなくなるのである。

●失敗を罰する破産法

本書のために私がインタビューした多くの起業家が指摘した、革新にとっての主要な障害の一つは、私たちの諸国の硬直化した破産法であり、それは、プロジェクトで失敗した革新家が、再び立ち上がり、第二、第三の試みを行うことをほぼ不可能にするのである。ラテンアメリカの多くの国において破産法は、支払い停止に陥らなければならなかった起業家を本当の社会ののけものと変え、どんな新しいビジネスも始められない無能力者にし、小切手さえも振り出せず、個人的な財産までも失うこととなるのである。

ここでは、革新を奨励する諸国の法的枠組みとは大きな違いがある。米国や多くの工業国においては、法律が、支払い停止と宣告された企業に対し、その企業幹部たちが同日に別の企業を開設できることを認めているのである。その上、米国の法制は、破産した企業の債権者たちが、その企業のオーナーや幹部の個人的財産を要求することを非常に困難にしている。それは、大半のラテンアメリカ諸国では可能な――そして日常的な――ことである。ラテンアメリカの法的伝統は、その論理性――企業を空にすることを避ける――を有しているが、同時に何十年もかかる破産企業の清算プロセスが終了するまでは、新しい起業を開始することを起業家に禁止するような馬鹿げた状況を生むのである。

「アルゼンチンでは、失敗することは困難なのです」航空宇宙産業に革命を引き起こし得るナノ衛星を生産しているアルゼンチン人エミリアーノ・カルギーマンは私に語った。「企業を閉鎖することは、物理的にも経済的にもつらいものです。何年もの裁判となり、そのプロセスはひどいものです。このことを再び起こしたくないために、別の国に出て行ってしまった友人がいます。それは、企業を創設することを抑制するのです。失敗することが容易なものとなる必要があります。企業の出生率を増大させることを達成するのみでなく、企業の死亡率も増大させる必要があるのです。重要なことは、立ち上がって別のことを始められるために、できるだけ速く失敗できることです[18]」。

革新を奨励する国は、企業を清算する代わりに、再編を奨励し、破産事例解決のためのかなり迅速なプロセスを有する傾向にある。多くの工業国は、再編あるいは破産のプロセスを迅速化するための特別な裁判所を設置している。そしていくつかの場合には――韓国のように――再編のプロセスはインターネットにより処理される。シンガポールでは、破産裁判の平均期間は、――再編であれ、生産であれ破産であれ――八ヶ月であり、他方でフィンランドでは九ヶ月である。これに比して、世銀の統計によれば、エクアドルでは、平均で五年三ヶ月、ブラジルとベネズエラでは四年、アルゼンチンでは二年と七ヶ月、メキシコでは一年七ヶ月である[19]。

「多くのラテンアメリカの国では、銀行破産が犯罪であった時代の法制で取引を行っているのです」世銀の専門家アウグスト・ロペス・クラロスが私に言った。「チリでは、破産法を改正したばかりで、少し前までは、破産すると小切手さえ振り出すことができなかったのです。一生社会ののけものとの烙印を押されます。一度失敗すると永遠に失敗するのです。米国やその他の国では、失敗は一つの機会です。アメリカン航空に起こったことを考えてみてください。再編され、それがUSエアウェイズとの合併を可能とし、強化されたのです[20]」。

「私たちの国は、うまくいかない人を鞭で打つのです」

グーグルやリンクトイン（Linkedin）、ドリームワークスのためにソフトウェアを生産し、アルゼンチン、コロンビア、ウルグアイ、ブラジル、英国、米国に配置された約三万二〇〇〇人の職員を持つアルゼンチン企業グロバント（Globant）の共同創設者マルティン・ミゴヤは、革新を奨励するために彼の国で破産法改正のキャンペーンを行っている非常に成功した多くの起業家のひとりである。「私たちの国は、非常に罰を与える国です。そして、うまくいかない人を明らかに懲らしめる国です。うまくゆく人は上昇し、そうでない人は葬られるのです。実際には、二つのことははるかに結びつき一緒でなければならないのです」とブエノスアイレスでのインタビューでミゴヤは言った[21]。

成功した革新家の大多数と同様に、ミゴヤは勝利する前にしばしば失敗した。「私は、Globant社を起業する前に、若いころ二つか三つの事業を起こし、全てうまくゆきませんでした」と回想した。電子工学部を卒業する少し前の二一歳の時に、ミゴヤは、ひとりの友人――Globantの現在の共同経営者のひとり――と共にシンセサイザーに似た電子ボックスを作り上げた。それは、ミュージシャンに多くの楽器を同時に弾くことを可能にするものである。しかし、そのプロジェクトは離陸しなかった。なぜなら、多くの音楽会社を回った後、その機器にはあまり関心がないことが分かったのである。

そのプロセスにおいて、二人の若者は文房具店では、箱を作るために必要な極小の段ボールを見つけることができなかった。文房具店の店主たちは、この種の厚紙を手に入れることはできないと言った。それで、若者たちは分野を変更しようと計画した。極小の段ボールを販売しようとしたのである。しかし、新しい企業は全く成功しなかった。ミゴヤと彼の共同経営者たちは、数年後の二〇〇三年にGlobantを創設した時に、非常に簡単な方式で当てたのである。海外でソフトウェアを販売するためにアルゼンチンの当時の安い労働力を活用した。彼らは非常にうまくゆき、二〇一四年に米国株式委員会に登録され、ウォールストリートの証券取引所に上場し、公的企業を作るための五八〇〇万ドルを集めたのである。しかしながら、ミゴヤと彼の共同経営者たちは、非常に若い時に小さなプロジェクトで破産の制裁のないまま、以前のプロジェクトで失敗する幸運を持ったのである。もし、銀行破産のプロセスで法的に争わなければならなかったら、アルゼンチンの法律は、おそらくGlobantのような企業を開設するために頭を持ちあげることを許さなかったであろう。

●第四の秘訣――革新への投資を刺激すること

研究開発により多く投資する国は、たいてい多くの発明特許を持ち、市場により多くの新製品を売り出す国であることは何ら秘密ではない。革新と開発により多く投資している世界の国は、イスラエルであり、国内総生産の四・三％をこの分野に充て、特許に関しては、世界レベルでもっとも多く登録している国の一つである。経済協力開発機構（ＯＥＣＤ）の統計によれば、フィンランドが国内総生産の四％の投資、日本三・三％、米国三％、独二・八％、仏二・二％が続くのである。これに比して、ブラジルは、国民総生産の一・二％を充当し、他方でその他の全てのラテンアメリカの国は、国内総生産の一％以下しかこの分野に投資していない[22]。

ラテンアメリカにおける革新の投資の欠如の第二の大きな問題は、資金の大部分が、市場をよく知る民間企業ではなく、公立大学を通じて政府により支出されていることである。革新により成功した国の秘訣——イスラエル、フィンランド、米国、ＥＵ諸国や中国のような非常に早く進歩している国——は、研究開発における投資の大部分は、民間企業によって行われている。イベロアメリカ諸国機構（ＯＩＡ）の資料によれば、米国のほぼ七〇％の研究投資が民間企業により実施されているのに対し、アルゼンチンではわずか二一％、メキシコ四三％、ブラジル四六％である[23]。多くの場合、ラテンアメリカでは、どこに何を投資するかを決めるのは、政府の役人であり、潜在的に商業化の可能性を持つ製品開発についての彼らの知識と経験は乏しいか、無なのである。

●企業と大学の役割

ＯＩＡによれば、ラテンアメリカにおける民間企業と大学との乏しい協力は、大部分「文化の衝突」によるものである。ラテンアメリカの大学が自らを、商業的な利益に汚染されていない純粋な知識の生産者と見ている一方で、民間企業は、もっぱら利益増加に従事するものと自らを見ているのである。これは変わりつつある。たとえ多くのラテンアメリカの教授や研究者が未だに、新技術や新製品の発明のために民間企業と協力するとの仮説的テーマについて学術的記事を書くことがより権威があると考えているとしても、である。より革新的な国では、大学自らが、教授や研究者、民間企業と共同で特許を生むために民間企業を創設している。イスラエルのエルサレム・ヘブライ大学を訪問した時に、私は、イッサム（Yissum）社の幹部と知り合った。それは、数ヶ月毎に、各教授を呼び民間セクターに提供できそうる何か新しい発見があるのか質問する大学企業である。肯定的な場合には、イッサム社は、国際レベルでの特許登録のための書類作成——それは、長く高くつくプロセスである——を担当し、そのプロジェクトに関心のある企業や民間投資家を見つけるのである。もし、プロセスの最後に登録される特許が成功し、商業的に出荷される製品となれば、利益を教授または研究者（四〇％）、大学（他の四〇％）、プロジェクトに参加した大学の研究所（残りの二〇％）の間で分配するのである。

このエコシステムにおいて、特許を生み出した教授たちは大学の花形である。イッサム社は、既にエルサレム・ヘブライ大学のために、約二四〇〇の発明のうち八三〇〇の特許を登録していて、それらの多くが、ＩＢＭ、バイエル、メルク、あるいはマイクロソフト社等の企業により取得されているのである。ラテンアメリカの全ての大きな大学が自らのイッサムを作り、特許取得可能で製品になりうるものを発明したかどうかを知るために、六ヶ月毎に教授の研究室の扉をたたくことが急務ではないだろうか。

●リスク投資家

ラテンアメリカにおける革新を刺激するための第三の大きな挑戦は、スタートアップに投資を賭ける用意のあるリスク投資家や、開業したばかりで失敗する可能性の大きい企業を出現させることである。インターネットDuolingoで無料の言語講座の企業を創設し、いくつかの以前の発明をグーグル社に売却したグアテマラ人、ルイス・フォン・アンは、米国では、Duolingo社のプロジェクトのためにリスク資本家から四〇〇〇万ドルを集めることができたと語ったが、それは、どのラテンアメリカの国においても達成することが難しいものである。

「Duolingoに投資したリスク投資会社は、その資金を回収できない可能性が九五％であることを知ってるのです。なぜなら、スタートアップの科学技術が失敗する可能性は九五％であるからです。しかし、これこそが、リスク投資の考え方なのです」とフォン・アンは私に述べた。「もし一〇〇％スタートアップに投資し、全て高いリスクがあれば、九五％は失敗するでしょう。しかし、五％は、次のグーグルや次のツイッターとなるだろうとの考え――これはラテンアメリカに欠けるものである――で投資をするのです。そして、この五％がその残り全てを支払い、さらに多くのお金を稼ぐこととなるのです[24]」。

フォン・アンは、私に二〇一四年にフェイスブックによるWhatsApp社の買収を例として挙げた。このニュースが周知された時に、全ての新聞がフェイスブックはWhatsApp社の二人の創設者に天文学的な合計一九五億ドルを支払ったと報じたが、WhatsApp社に投資していたリスク投資家も巨額の資産を取引で獲得したのであった。「リスク投資家は、レストランに投資していても一九五億ドルを決して儲けることはないことを知っていて、それ故に、どんなにリスクがあっても科学技術スタートアップへの投資を選択するのです」とフォン・アンは説明した。「私たちは、私たちの国々にリスク投資の文化を創らなければなりません。なぜなら、ラテンアメリカの多くの投資家の考え方はこうです。『あなたに出資しましょう。しかし、投資を一〇〇％回収する可能性を保証してほしいのです』。それにひきかえ、リスク投資家は、プロジェクトの大半が失敗するであろうことを知っていますが、構わないのです。なぜなら、成功を得る大プロジェクトで、その他のどの投資よりも儲けることとなるからです[25]」。

それでは、どうやってリスク投資家をつくるのかと質問した。フォン・アンは、易しいことではないことを認めたが、おそらく政府がこの種の投資を行う人に対して財政的インセンティヴを与えられるだろうと付け加えた。悪いアイデアではないであろう。リスク投資家は、シリコンバレーのエンジンの一つであり、成功する大半の革新エコシステムの鍵となる要因の一つなのである。

●クラウド・ファンディングの集団的投資

幸運にも、kickstarter.comのように、インターネット・サイトを通じて数千の小さな投資家の個人的寄付による資金を集めることを革新家に可能とさせるクラウド・ファンディングのような別の新しい融資の源泉がある。銀行融資へのアクセスの少ない国のますます多くの革新家がインターネットによる集金のおかげで彼らのプロジェクトを実現している。

それは、ウルグアイの若者ラファエル・アティハスの場合である。彼は、子供が楽器の演奏を学ぶことを手助けするために、三本弦のギターを発明した。伝統的な六本弦ギターは、小さな子供にとって非常に複雑なのである。アティハスの物語は、今日の革新家が享受する可能性について分かりやすく説明するものである。アティハスは、ウルグアイでギターを発明し、kickstarter.comを通じて中国で製造しはじめ、米国で保管し、今日では、主に米国、日本、カナダ、英国、ニュージーランド等三〇ヶ国に販売しているのである。そして、全てをウルグアイのモンテビデオの彼のラップトップ・コンピューターから行うのである。

どうやったのか、と彼に質問した。ウルグアイで広報宣伝学部を卒業したアティハスは、ニューヨーク大学で統合マーケティングの修士を履修している時に、子供のために三弦ギターを発明したと語った。卒業するために、新製品のためのビジネス・プランで論文を書かなければならなかった。つまり、何かを発明しなければならず、そのアイデアをいかに実現するかの計画を作らなければならなかったのである。そして、論文のためのアイデアを探していて、アティハス——ミュージシャンであった——は、彼の六歳の甥を訪ねている間にそのプロジェクトを見つけたのである。「私は、私の好きな音楽や工業デザインの方で何かを探していたのですが、私の甥が子供用のギターを弾こうとしているのを見てアイデアが浮かんだのです。それは、単なる普通のギターですが、より小さなものでした。子供にギターが弾けるようにし、音をもっと簡単に聴くことができるようにするために三本弦ギターを作るのは良いアイデアだろうと思いつきました[26]」。

ニューヨークで修士課程を修了した後、アティハスはウルグアイに帰り、工業デザイナーの企業とコンタクトをとり、原型や設計、子供のためのギターの研究開発と関連した全てのことを委託するために九万ドル——そのうち四万五〇〇〇ドルはウルグアイ研究革新庁から、残りは自分の貯金や家族、友人から来ていた——を投資した。しかし、資金がギターの生産を支払う額には達しなかったので、二〇一一年三月にそのプロジェクトをkickstarter.comに掲載した。Kickstarter.comが要求するように、アティハスは、具体的な目標を定めた——一ヶ月に一万五〇〇〇ドルを集めることである——。そして、関心ある人たちが、クレジットカードで製品を注文し始めた。もし、プロジェクトが離陸しないのであれば、三弦ギターを受け取らず、購入は無効となり、クレジットカードで返金するのである。驚いたことに、アティハスは、期限を定めた月に六万五〇〇〇ドルを集めることができた。「信じられませんでした」とウルグアイの若者は語った。「コンピューターでkickstarter.comのページを一日中見て過ごしました。『リフレッシュ』をしたり、寄付がどのくらい増えるかを見たりしていました[27]」。

その後、ウルグアイのラップトップ・コンピューターからアティハスは、ウェブページalibaba.com――中国における大量の工場の便覧――で彼のギターを作れる工場を探し始めた。特に信頼できると思われる工場を選び、工場が作り話ではないかを自分の目で確認するために中国に旅し、ギターの最初の見本を注文した。kickstarter.comで集めた六万五〇〇〇ドルで、アティハスは最初の六〇〇本のギターを注文し、そのうち四〇〇本をkickstarter.comで注文していた人々に手渡した。そして、残りをウェブサイトloogguitars.comで一本一五〇ドルで販売し始めた。次の二年間で、アティハスと彼の共同経営者――彼もまたモンテビデオのラップトップから企業を経営している――は、三〇ヶ国に約三五〇〇本を販売したのである。

後になってアティハスと私が話した時、kickstarter.comに新しい製品――三弦ギターの電気ギター版――を掲載したところであった。そして、一ヶ月で七万ドルを集めていた。今や子供のために、ピアノやドラム等の新しい楽器を開発中である。そして、彼の全企業は銀行貸し付けやリスク資本なしに構築されたのである。

●第五の秘訣――革新をグローバル化すること

革新は、ますます協力的プロセス――多くの場合、ジョルディ・ムニョスやブレ・ペティスとメーカーズあるいはラファエル・ユステのように公開されている――なのであり、世界中の同様のプロジェクトで仕事をしている人たちとリアルタイムのより近いコンタクトを要求する。そしてそれを得るためには、教育や研究をグローバル化する必要がある。チリやブラジルのような国が行い始めた――遅くにではあるがちょうど良い時に――のであるが、ラテンアメリカのその他の国の大半が行うには、程遠いのである。

アジアで起こっていることと違い、大半のラテンアメリカ諸国は、その領内に外国の大学を許可せず、第一級の最良の大学との共同学位の協定を持っていない。さらに悪いことに、ラテンアメリカの多くの大学は、英語の基礎知識以上のものを要求しない。英語は――好むと好まざるとにかかわらず――世界の科学技術の混成言語に変わったのである。中国では、共産主義の国であり、違う文字体系を持つにもかかわらず、政府が「教育の国際化」を五ヶ年計画の主要な目標の一つとして定めて以来、英語学習において長足の進歩があった。一〇年以上前、中国は、小学校の三学年から、週に四時間全ての公立学校で英語の必修化を布告した。そして、私の最近の中国への取材旅行で自分の目で見て確認することができたように、インパクトは、直ぐにあったのである。通りの誰ともコミュニケーションがとれなかった一五年前に私に起こったこととは違い、今や中国の大都市の多数の若者が英語を話し、コミュニケーションをとることができるのである。

一部にはそのおかげで、中国、韓国、シンガポール、ベトナム、その他あらゆる政治体制を持つアジア諸国は、米国、カナダ、ヨーロッパ、オーストリアの大学の科学技術学部を卒業させるために多くの学生を派遣しているのである。そこでは、入学のために英語での試験の合格が要求される。二〇一三年の米国国際教育協会のオープン・ドアーズの調査によれば、米国の大学には、中国人学生が二三万五〇〇〇人、インド九万七〇〇〇人、韓国七万一〇〇〇人、サウジアラビア四万五〇〇〇人、ベトナム二万人、メキシコ一万六〇〇〇人、ブラジル一万一〇〇〇人、コロンビア七〇〇〇人、ベネズエラ六〇〇〇人、ペルー二五〇〇人、チリ二四〇〇人、アルゼンチン一八〇〇人がいるのである。[28]

ユネスコにより行われた世界レベルでの学生の流入についての別の調査――そして、米国のみではない――は、同様の結果に達している。二〇一〇年のユネスコの「世界教育ダイジェスト」によれば、中国は海外に四四万一〇〇〇人の学生を有し、インド一七万人、韓国一一万三〇〇〇人である。これに比較して、米国は五万一〇〇〇人の学生を海外に有し、メキシコ二万六〇〇〇人、ブラジル二万三〇〇〇人、スペイン二万二〇〇〇人、アルゼンチン九〇〇〇人、チリ七〇〇〇人である。学生人口に占める割合としては、韓国の大学生の約三・五％、中国の大学生の一・七％が海外で勉強しており、他方で、メキシコ人学生のわずか一％、ブラジルとアルゼンチンの学生の〇・四％しか海外で勉強していないとの結果を示している。

韓国のようなメキシコの半分以下の人口の国が、米国への留学生がもっとも多いメキシコよりも四倍の数の学生を米国の大学に留学させていることを、どう説明するのだろうか？　そして、共産主義の国で別の文字体系を持つベトナムの若者が、米国の大学でメキシコよりも多く勉強していることをどう説明するのか？　最初の説明は、アジア諸国は、中国が一九七八年に資本主義への成功裡の旋回を始め、急速に貧困を削減し始めてから、グローバリゼーションに完全に没頭したが、他方で、ラテンアメリカ人たちは、遠くから座って見ているだけで、一九世紀の古い国家主義的、国家管理主義的なイデオロギーにしがみついていたというものである。もう一つの理由は、米国の大学の多くの学長が私に指摘したところによれば、はるかに単純なものである。多くのラテンアメリカの学生は、米国の大学が要求する語学試験に合格するための英語の準備が十分ではないのである。

●なぜサッカーでのグローバリゼーションに拍手喝采し、科学ではしないのか?

「科学技術のメッシを求む」と題するコラムで私が書いたように、ラテンアメリカ諸国は、サッカーを行うのと同様、科学のグローバリゼーションの利点を最大限受け入れ、活用すべきである。最近のワールドカップでも見られたように、サッカーは世界でもっともグローバル化された活動である。ラテンアメリカの選抜されたほぼ全ての選手が外国でプレーしており、定期的に国内選抜でプレーするために喜んで帰国するのである。これは、スター選手がずいぶん昔からヨーロッパの主要リーグでプレーするアルゼンチンやブラジルのようなサッカー大国で起こるのみならず、コスタリカやチリのようなより小さな国でも起こるのである。これら二ヶ国は、中でも最近のワールドカップで歴史的な成果を獲得したが、かなりの部分、その選手たちがヨーロッパリーグにおいて世界で最良の選手と競争しながら経験を積んだからである。二〇一四年のワールドカップで四強に入ったコスタリカのチームは、史上初めて、スペイン、米国、ベルギー、ノルウェー、ドイツ、スイス、デンマーク、オランダ、ギリシャのクラブで活躍する選手たちで構成されていた。一一人のチーム構成員のうち、コスタリカでプレーしていたのは二名のみであった。

サッカーのグローバリゼーションは、偉大なサッカーの歴史のない国が先入観なしに、大チームと同等にプレーできることを助けたのである。二〇一四年のワールドカップでは、コスタリカはイタリアに勝利し、英国と引き分けたが、数年前には考えられないことであった。スペインも英国やイタリアと同様はるかに小さな対戦相手に蹴散らされた。ラテンアメリカの大半の国では、グローバリゼーションが選手の質を向上することを助けることが既に一般的に受け入れられている。なぜ同じことを科学者で受け入れないのだろうか？　なぜ、「頭脳の還流」として知られる新しい現象の一例として利用する代わりに「頭脳流出」の現象の一例として、しばしば排除するのであろうか。

二一世紀のグローバル化された世界では、より進歩する国は、送出国のみならず受入国にも恩恵を与える「頭脳の還流」を生む国である。外国に、より多くの割合の科学技術者を送る中国、韓国、その他の新興科学技術大国が行っているように、ラテンアメリカ諸国は、より将来性のある科学者を世界の著名な科学者たちと仕事をするように、そして、ワールドカップのため四年毎に国内選抜のサッカー選手が行うのと同様、定期的に帰国し、教え、あるいは、研究プロジェクトに協力することを奨励するべきである。「頭脳の還流」が大きければ大きいほど、私たちの科学者たちはより競争的となり、私たちが、スティーブ・ジョブズや科学のメッシ、あるいは技術のネイマールを持つ可能性はより大きくなるであろう。

●チリ、ブラジル、メキシコの学生プログラム

幸運にも、ラテンアメリカのいくつかの国は既に力を入れている。チリは、二〇〇八年に、ミチェル・バチェレ大統領の第一期政権の間に、チリの学生を米国やその他の国の世界の最良の大学の博士課程に留学させる目的で、年六五〇〇件の奨学金を与えるための六〇億ドルの基金を創設した。ブラジルは野心的な「国境なき科学」と呼ばれるプログラムで後を追った。そこでは、海外で博士号を取るために工学、科学技術の卒業生一〇万人を派遣することが提案されたのである。ブラジルの科学技術大臣、アロイジオ・メルカダンテは、新プログラムの下、学生が「世界の最良の大学」で修士号や博士号を取得するために、政府が七万五〇〇〇件、民間セクターが二万五〇〇〇件の奨学金を付与する予定であると発表した。

二〇一三年にメキシコ政府は、PROYECTA100000と呼ばれる学生のグローバル化の独自の巨大計画を発表した。この計画の下では、メキシコが米国の大学に留学する一万六〇〇〇人の学生を倍増することを提案し、二〇一四年の二万七〇〇〇人から二〇一五年には、四万六〇〇〇人とし、さらに継続的に二〇一八年までには米国の大学のメキシコ人学生が一〇万人に到達するのである。言いかえれば、メキシコ政府は、米国の大学に留学するメキシコ人を累計で三一万九〇〇〇人にすることを期待しているのである。

そして、並行的に、米国大統領バラク・オバマが米州における「一〇万人の力」計画を進めており、それは、二〇二〇年までに米国の大学でのラテンアメリカ人学生数を一〇万人に増加することに向けられたものである。

これらの計画がその目標を達成するかどうかは見なければならないが、——事実大半のプログラムは、発表したよりもゆっくりと進展している——、良いニュースは、少なくともいくつかの国が教育をグローバル化し、世界の主要な科学技術センターで科学者や技術者を働かせる必要性について気付いたことである。

海外に留学や働きに行くラテンアメリカの科学者や工学士は、戻らないことも確かである。しかしながら、中国、インド、韓国、その他の海外に大量の留学生を持つ多くの国で行われたように、米国に留まる人々を含め、外国投資家、企業家、客員教授、あるいは、科学技術プロジェクトの協力者として、出生国の開発の加速化に貢献するのである。その秘訣は、出身国がそれを行う機会を与えることである。かつて「頭脳の流出」と呼ばれたものを新興国のために「頭脳の環流」や「頭脳の利潤」も含めたものに変えてゆく必要があるのである。

●国は既に領土ではなく才能により競争する

チリとブラジルも最近、革新家を輸入するプログラムを打ち立てた。冗談ではない。両国は、より進歩する国は、既に領土ではなく、才能で競争するとの前提のもと、世界中の若い起業家を惹きつけるためのインセンティヴを創設した。カリフォルニアのシリコンバレーでは、世界の科学技術の最良の頭脳が集中しているように、チリとブラジルは、科学技術の革新の自らの飛び地を創設したいのである。

ブラジルは、チリの歩みを追い、二〇一三年に国内外の科学技術の起業家に約一〇万ドルの政府支援とさらにオフィスのための無料スペースや企業への助言、法律的、会計的サービスを提供するプログラムを開始した。スタートアップ・ブラジルと呼ばれる官民プログラムの下で、恩恵を受ける企業の二五％までが外国企業となり、その幹部たちは在住ビザを獲得することが計画されている。スタートアップ・ブラジルの運用部長、フェリペ・マトスの言うところでは、応募企業九〇九社――その中には米国からの六〇社がある――が定数五〇企業の第一ラウンドに志願したが、興味深いことに、米国が、外国からの応募としてはもっとも多い国であった。

「私たちは興味深い頭脳や私たちがより競争的になることを助けてくれる人々を惹きつけたいのです」とマトスは言った。[29]「私が、なぜ米国の科学技術の若い起業家は、企業を開設し閉鎖する際に世界でもっとも官僚的障壁のある国の一つであるブラジルに転居したいのかと彼に質問した。「ブラジルでは、成熟した経済国よりもはるかに多くの成長分野があるのです。ブラジルは、ラテンアメリカの最大の消費市場です。八〇〇〇万人のインターネット利用者がおり、ようやくインターネットで買い物を始めたばかりなのです」とマトスは答えた。

チリでは、スタートアップ・チリの政府プログラムは二〇一〇年に始まり、主としてインターネット企業の外国起業家のためだけに向けられたもので、政府は、各起業家に対し、労働ビザと無料オフィスの他に、四万ドルを提供するのである。既に五〇ヶ国以上から七二〇〇人以上の起業家が応募し、そこから六七〇件が選抜され、若者の大半が平均年齢二七歳だったと同機関の執行幹部オラシオ・メロが述べた。私がメロと話した時には、選抜された六七〇件のスタートアップのうち、一六〇件以上が米国からであった。メロによると、スタートアップ・チリは、外国の科学技術の才能を惹きつけることのみに集中しており、国に居残るよう義務づけてはいない。チリで六ヶ月を過ごし、企業を開業すれば、――地元起業家と経験を共有し、大学で話す等の他の条件を果たすのに加えて――、これら基金の恩恵は、出身国や好きな場所どこにでも還付できる。三〇％がチリに残るのである。いかに米国の企業家にチリでスタートアップを開業するように説得するのかと質問すると、メロは答えた。「なぜなら、私たちが、米国の天使のような投資家にとっては、未だに非常にリスクがある早い段階でのスタートアップを受け入れるからです。そうして、彼らはチリにやってきて、仮説を確認し、この仮説が機能し、潜在的な投資家のためにリスクを削減することを確認するのです[30]」。

明らかに、スタートアップ・ブラジルやスタートアップ・チリは、ラテンアメリカにおけるシリコンバレー創設を希求するには、未だあまりに初期的なプロジェクトである。しかし、海外での博士課程の奨学金を増大する計画と同様、近年における中国、インド、韓国、その他の新興国に大きな恩恵を与えた才能の循環の創造を助けるであろう。そして、それを受け入れた外国の志願者の数は、ラテンアメリカに世界の創造的な頭脳を惹きつける考えが常軌を逸したプロジェクトではないことを示している。

●ラテンアメリカの希望

幸いにして、国家及び個人レベルでラテンアメリカにおいて不足していないのは、才能、創造性、新しい物事をするための大胆さである。ラテンアメリカ諸国は、硬直化した未知の実験をすることを恐れる社会であるどころか、大統領職への女性の選出――多くの場合裏目に出たが、それは別の話である――、学校支援のための条件付き補助金、学校のラップトップ大量購入、同性婚、マリファナの合法化等のテーマでは世界の前衛なのである。これらの決定のいくつかは、幸せな結末とはならなかったが、ダイナミックな実験に開かれた社会からのみ生まれることができるのである。これは良い前兆である。

ラテンアメリカの多くの都市は、既に都会的革新の前衛である。コロンビアのメデジンは、『ウォールストリート・ジャーナル』紙とシティ・グループにより開催されたコンクールで、ニューヨークやテル・アビブ等の競争相手をしのいで、二〇一三年の世界でもっとも革新的な市として選出された。二〇年前、メデジンは、コカインの世界の首都として知られていた。しかし、わずか二〇年間で、もっとも立ち後れた地区を市に統合するために第一世界の工事を行う「都市の鍼療法」戦略で、メデジンは殺人率を約八〇%削減することに成功し、はるかに躍動的な繁栄した大都市に生まれ変わったのである。

例えば、メデジンは、二〇一一年に約四〇〇メートルの長さの巨大なエスカレーターを、もっとも疎外され少し前までは危険であった地区の一つに設置した。エスカレーターは、六区間に分かれ、共同集落13――メデジンで最貧地区の一つ――の住民に、小山の山腹を降り、市の中心部と接続する地下鉄の駅に近づくことを可能にしたのである。それまでは、共同集落13の一四万人の住民の多くは、自宅に帰るためには三五〇段――ほぼニューヨークの高い摩天楼の高さ――を上らねばならず、それは、実際、都市で働くことを不可能にしていたのである。

ブエノスアイレス、リマそしてグアヤキルでは、同じく新しいことが行われた。アルゼンチンの首都の政府は、市の公立学校の全生徒のために無料のWi-Fiシステムを設置した上、二〇一四年に政府の政庁を市のもっとも後れた地区の一つのパトリシオス公園にある超近代的な建物に移すことを発表した。市政府は、既にこの地区に科学技術パークを創設していて、主要な企業や大学にそこに移転するための経済的インセンティヴを与えていた。市政府の庁舎は、世界のもっとも著名な建築家のひとり、ノルマン・フォスター卿のスタジオに委託された。彼は、今まで、ドイツ議会の議事堂や未来的な北京空港を建築していた。リマとグアヤキルは、一〇年前までは、ラテンアメリカでもっとも醜い都市に含まれていたが、新しい海岸通りのおかげで観光の中心地に変わり、一夜にして外観が変わったのである。

メキシコシティでは、地下鉄――そこを毎日、五〇〇万人が往来する――での医療看護クリニックのような魅惑的な都市の実験が行われた。そこでは、人は血液や尿検査からエイズ検査まで行えるのである。地下鉄路線の主要な交差点に位置する保健クリニックは、病院での患者の混雑を削減し、病気を予防するのである。

「中国やその他の多くの国からやってきて私たちの地下鉄のクリニックを見て、皆が言うのです。『素晴らしい！』」連邦区保健長官のアルマンド・アウエドが私に言った[31]。「私たちは六六の一般的な病気を探知するために、地下鉄のラボで一九の検査を行うのです。社会保険を持たない人のために無料で行うのです。人々は、血液検査を行うことができ、次の日にその結果を調べるために立ち寄ってゆくのです」。

そして、個人レベルでは、ラテンアメリカの革新家の例は余るほどある。ペルー人ガストン・アクリオ、メキシコ人ジョルディ・ムニョス、アルゼンチン人エミリアノ・カルギーマン、チリ人アルフレッド・ゾレッジー、グアテマラ人ルイス・フォン・アン、その他、本書で記述した人々である。コロンビアやベネズエラ、その他の国には、彼らと同様かそれ以上に際立った多くの革新家がいるが、紙面が限られており、これらのページに含めていない。なぜなら、あまり知られておらず、より独創的なことを行っている何人かに集中することに決めたからである。

彼らの多くは、事実、母国以外で成功しつつある。今や大きな挑戦は、自分たちの国々で自分たちのものとしてはるかに大きく開花できるように、革新にとって有利となるエコシステム——革新家を称え、起業家を賞賛し、その失敗を許容しながら創造性を醸成する文化——を創造することである。それは間もなく獲得することができるであろう。なぜなら、才能は余っており、それを達成するための段階——記述したばかりの五つの秘訣のようなもの——は、十分に世界の他の場所で証明されているからである。

証拠は目に見えるものである。全ての政治的傾向の国——中国の共産主義独裁からシンガポールの右派独裁、あるいは韓国、台湾、フィンランドのような民主主義——があり、教育と革新に賭けたおかげで、最近の五〇年間にラテンアメリカ諸国よりもはるかに繁栄してきたのである。これらの国は、ますます新しい発明の特許を生み、それは、ますます収入を増加させ、ますます貧困を削減しているのである。彼らと同様、ラテンアメリカにおいては、知識経済の時代に完全に参画する時であり、二一世紀の最大のジレンマは、「社会主義か死か」ではなく、「資本主義か社会主義か」でも「国家か市場か」でもなく、はるかにイデオロギー色の少ないこと——革新するか停滞し居残るか、あるいはより劇的な言葉にすれば――創造か死か、なのである。

【注】

1　トマス・フリードマン「職が必要ですか？　それを考案しなさい」『ニューヨーク・タイムズ』紙、二〇一三年三月三〇日。
2　「非雇用者在職期間、米国労働省、労働統計ビューロー」二〇一二年九月一八日、http://www.bls.gov/news.release/tenure.nr〇.htm.
3　「ラテンアメリカの起業家――多くの会社、しかし少ない革新」、世銀、二〇一四年。
4　「開発と社会のつながりのための科学、技術と革新」、イベロアメリカ諸国機関、二〇一二年、三四頁。
5　同書、三五頁。
6　筆者とアンディ・フレイレとのインタビュー、二〇一四年四月二六日。
7　ピーター・H・ディアマンディス、スティーブン・コトラー「楽観主義者の未来予測――テクノロジーの爆発的進化が世界を豊かにする」『フリー・プレス』誌、二二二頁。
8　同書、二二一頁。
9　CNN「オッペンハイマー紹介」プログラムとTV公開討論会のための筆者とピーター・ディアマンディスとのインタビュー、二〇一四年五月八日。
10　筆者とサリム・イスマイルとのインタビュー、二〇一四年二月七日。
11　「ラテンアメリカの起業家――多くの会社、しかし少ない革新」、概要、世銀、二〇一四年、グラフ一八、一八頁。
12　アンドレス・オッペンハイマー「ゲイツ――ラテンアメリカはより良い学校が必要」『マイアミ・ヘラルド』

紙、二〇〇八年四月八日。
13 筆者とエウヘニア・ガルドゥーニョとのインタビュー、二〇一四年四月二六日。
14 トニー・ワグナー「次のスティーブ・ジョブズを教育しながら」『ウォールストリート・ジャーナル』紙、二〇一二年四月一三日。
15 同右。
16 同右。
17 「ビジネスをしながら、二〇一四年」、世銀、二〇一四年、二三三、二三四頁。
18 筆者とエミリアーノ・カルギーマンとのインタビュー、二〇一三年八月一三日。
19 「ビジネスをしながら、二〇一四年」、世銀、二〇一四年。
20 筆者とアウグスト・ロペス＝クラロスとのインタビュー、二〇一三年一〇月二九日。
20 筆者とマルティン・ミゴヤとのインタビュー、ブエノスアイレス、二〇一三年三月二八日。
20 「開発と社会のつながりのための科学、技術と革新」、イベロアメリカ諸国機関、二〇一二年、三四頁。
20 同書、三五頁。
20 筆者とルイス・フォン・アンとのインタビュー、二〇一四年三月二七日。
20 同右。
26 筆者とラファエル・アティハスとのインタビュー、二〇一四年二月二三日。
20 同右。
20 「オープン・ドアーズ」、国際教育協会、国際的な学生：出身地、二〇一三年。
29 アンドレス・オッペンハイマー「ラテンアメリカの科学技術の賭け」『ヌエボ・ヘラルド』紙、二〇一三年六月一五日。

30　同右。

31　筆者の連邦保健長官、アルマンド・アウエド博士とのインタビュー、二〇一四年三月三一日。

訳者あとがき

本書は、『マイアミ・ヘラルド』紙の名物コラムニストでピューリッツアー賞受賞者、米州で絶大な人気と発信力を誇るジャーナリストのアンドレス・オッペンハイマー氏の『米州救出』（二〇一一年六月、時事通信社）、『ラテンアメリカの教育戦略』（二〇一四年一一月、時事通信社）に続く、完結編ベストセラーの初の邦訳です。

本書では、二一世紀の発展の柱である革新と創造についての米州での驚くべき現状が紹介されます。マイクロ・ソフト創始者ビル・ゲイツや冒険企業家リチャード・ブランソン、反転学校のサルマン・カーン、3Dプリンター発明者ブレ・ペティス、ペルー革新料理人アクリオ、革新的サッカー監督アルゼンチン人グアルディオラ、社会的起業家チリ人ゾレッジー、コンピューターの認証文字発案者グアテマラ人フォン・アン等、世界的革新者たちとのインタビューを通じ、その革新の秘密が明らかにされてゆくのです。

そして、なぜ中南米にビル・ゲイツやスティーブ・ジョブズが生まれないのかにつき考察し、中南米の潜在的創造力と革新を開花させるための五つの秘訣（失敗を容認する革新文化等）を引き出します。本書は、創造と革新を切り口に、北米から見た米州の知られざる状況を複眼的視点から紹介した極めて興味深い本です。

同人の米州に関する考察は、これまで実に中南米の現実に驚くほど当てはまってきました。過去に執着し未来を見ず、国威発揚のために国家の英雄の墓を掘り起こし、イデオロギーや主義に固執し、教育を国際化せず、天然資源に依存し続ける中南米の国々は、教育、科学技術、技術革新の知識経済時代にますます遅れをとるだろうとの考察は、現在凋落傾向にある中南米の強権イデオロギー的な国々にとっては、まさに現実のものとなっているのです。

本書は、ほぼ一五年毎のサイクルで左派と右派、自由市場経済と国家主導経済との間を振り子のように揺れ動く中南米が真に発展の地域となるための多くのヒントと助言を提供しているのです。

現在の中南米は、世界の食糧資源やエネルギーの一大供給国で、六億人の巨大な成長市場を擁する製造拠点として世界経済の牽引力であり、さらに核、環境、水、ＰＫＯ、国際場裡での協力等でますます重要な役割を担い、日本の国益に死活的に重要な地域となっています。そして大事なことは日本移民の歴史もあり、長い友好協力関係に基礎を置く真の友人がいる地域なのです。本年はリオのオリンピック、二〇二〇年は東京オリンピックで日本と中南米との関係をさらに深める絶好の機会が到来しています。

本書が日本での中南米への理解を助け、知的関心を惹起することを願ってやみません。

最後に、本書の編集、発刊にご理解、ご協力を頂いた明石書店の森本直樹社長、編集部の兼子千亜紀氏に感謝の意を表したいと存じます。

二〇一六年三月

渡邉尚人

【著者紹介】

アンドレス・オッペンハイマー（Andrés Oppenheimer）

『マイアミ・ヘラルド』紙の名物コラムニストであり、同紙のオッペンハイマー・レポートは、米国及びラテンアメリカの主要60紙に掲載されている。国際関係に関する4冊のベストセラーの著者であり、1987年にイラン・コントラゲート事件を暴いた同紙チームの一員としてピュリツァー賞を受賞。1998年コロンビア大学のマリア・ムーアズ・キャボット賞、2001年スペイン国王賞、2002年海外記者クラブ賞を受賞。フロリダ州マイアミビーチ在住。

【訳者紹介】

渡邉尚人（わたなべ　なおひと）

東京外国語大学スペイン語科卒業後、外務省に勤務。スペイン・ラテンアメリカ、北米（マイアミ）等での在外公館勤務を経て、現在、地球環境課に勤務。ニカラグアの詩人ルベン・ダリオの代表作「青...」「ニカラグアへの旅」等を邦訳し、ニカラグア政府よりルベン・ダリオ勲章を受章。ニカラグア言語アカデミー海外会員。著書に『ロスト・ファミリー』『鰐の散歩道』（共に文芸社）、『葉巻を片手に中南米』（TASC双書、山愛書院）等。

創造か死か
ラテンアメリカに希望を生む革新の５つの鍵

2016 年 4 月 20 日　初版第 1 刷発行

著　者　アンドレス・オッペンハイマー
訳　者　渡　邉　尚　人
発行者　石　井　昭　男
発行所　株式会社 明石書店
〒 101-0021　東京都千代田区外神田 6-9-5
電　話　03（5818）1171
ＦＡＸ　03（5818）1174
振　替　00100-7-24505
http://www.akashi.co.jp

装丁　明石書店デザイン室
印刷　株式会社文化カラー印刷
製本　本間製本株式会社

（定価はカバーに表示してあります）　ISBN978-4-7503-4340-2

ブラジルを知るための56章【第2版】
エリア・スタディーズ14　アンジェロ・イシ　◉2000円

ペルーを知るための66章【第2版】
エリア・スタディーズ35　細谷広美編著　◉2000円

コスタリカを知るための55章
エリア・スタディーズ37　国本伊代編著　◉2000円

パナマを知るための55章
エリア・スタディーズ42　国本伊代、小林志郎、小澤卓也　◉2000円

アルゼンチンを知るための54章
エリア・スタディーズ50　アルベルト松本　◉2000円

アメリカのヒスパニック＝ラティーノ社会を知るための55章
エリア・スタディーズ52　大泉光一、牛島 万編著　◉2000円

ボリビアを知るための73章【第2版】
エリア・スタディーズ54　真鍋周三編著　◉2000円

エクアドルを知るための60章【第2版】
エリア・スタディーズ57　新木秀和編著　◉2000円

グアテマラを知るための65章
エリア・スタディーズ61　桜井三枝子編著　◉2000円

エルサルバドルを知るための55章
エリア・スタディーズ80　細野昭雄、田中 高編著　◉2000円

パラグアイを知るための60章
エリア・スタディーズ86　田島久歳、武田和久編著　◉2000円

コロンビアを知るための60章
エリア・スタディーズ90　二村久則編著　◉2000円

現代メキシコを知るための60章
エリア・スタディーズ91　国本伊代編著　◉2000円

ドミニカ共和国を知るための60章
エリア・スタディーズ122　国本伊代編著　◉2000円

ホンジュラスを知るための60章
エリア・スタディーズ127　桜井三枝子、中原篤史編著　◉2000円

メソアメリカを知るための58章
エリア・スタディーズ130　井上幸孝編著　◉2000円

〈価格は本体価格です〉

アンデスの都市祭礼　口承・無形文化遺産「オルロのカーニバル」の学際的研究
兒島 峰　◉6800円

ブラジル日本移民　百年の軌跡
丸山浩明編著　◉4500円

フィデル・カストロ自伝　勝利のための戦略
キューバ革命の闘い
フィデル・カストロ・ルス著　山岡加奈子、田中 高、工藤多香子、富田君子訳　◉4800円

キューバ革命勝利への道　フィデル・カストロ自伝
フィデル・カストロ・ルス著　工藤多香子、田中 高、富田君子訳　◉4800円

グローバル化時代を生きるマヤの人々
宗教・文化・社会　桜井三枝子　◉4700円

アメリカの中南米政策　アメリカ大陸の平和的構築を目指して
明石ライブラリー 122　ロバート・A・パスター著　鈴木康久訳　◉6000円

地図でみるアフリカ系アメリカ人の歴史
大西洋奴隷貿易から20世紀まで
ジョナサン・アール著　古川哲史、朴 珣英訳　◉3800円

超大国アメリカ100年史　戦乱・危機・協調・混沌の国際関係史
松岡 完　◉2800円

教皇フランシスコ　キリストとともに燃えて
偉大なる改革者の人と思想
オースティン・アイヴァリー著　宮崎修二訳　◉2800円

教皇フランシスコ　いつくしみの協会
共に喜び、分かち合うために
教皇フランシスコ著　栗栖徳雄訳　◉2000円

教皇フランシスコ　喜びと感謝のことば
山田經三　◉1500円

教皇フランシスコ　「小さき人びと」に寄り添い、共に生きる
山田經三　◉1500円

映画で読み解く現代アメリカ　オバマの時代
越智道雄監修　小澤奈美恵、塩谷幸子編著　◉2500円

アメリカの黒人保守思想　反オバマの黒人共和党勢力
上坂 昇　◉2600円

日系アメリカ移民 二つの帝国のはざまで　忘れられた記憶 1868-1945
東 栄一郎著　飯野正子監訳　飯野朋美、小澤智子、北脇実千代、長谷川寿美訳　◉4800円

物語 アメリカ黒人女性史（1619-2013）
絶望から希望へ　岩本裕子　◉2500円

〈価格は本体価格です〉